저서 |

박병기. (2018). 제4차 산업혁명 시대의 리더십, 교육 & 교회. 수원: 거꾸로미디어.
박병기. (2019). BPSS 미래저널. 수원: 거꾸로미디어.
박병기, 김희경, 나미현. (2020). 미래교육 마스터키. 수원: 거꾸로미디어.
박병기 외 (2020). 언택트 시대의 마음택트 리더십. 수원: 거꾸로미디어.
박병기, 박혜안 (2020). 내 인생 노답인데 싶을 때 펼칠 책. 수원: 거꾸로미디어.
박병기, 강수연 외 (2020). 청소년들이 함께 연구한 서번트 리더십. 수원: 거꾸로미디어.
박병기, 김희경, 나미현 (2020). eBPSS 마이크로칼리지와 빅데이터 수집 및 개발. 광주시: 광주시청소년수련관, 거꾸로미디어.

논문 발표 |

"Being a Global Communicator in Learning English" - with Sae Bom Lee. International Symposium on Business and Social Sciences 7th-9th January 2020 Seoul, Korea. 국제심포지엄에 영어 프로그램 관련 논문 제출 및 발표.

"I.E.V. Study in the post-COVID-19 era." Byung Kee Park(WGST) with Kwame Korang Brobe-Mensah(WGST), Mi Hyeon Na(WGST). ICCC2020 International Conference on Convergence Content Program, November 12~14, 2020, The Westin Chosun Busan, Busan, Korea. 국제 컨퍼런스에 지정의 학습 관련 논문 제출 및 발표

경력 |

웨신대 초빙교수(2017년-현재. 미래교육리더십 전공 담당교수)
송도 뉴욕주립대(SUNY) 강사(2019년)
웨신대 평생교육원장(2020년)
미 육군 First Lieutenant으로 명예 제대(2013년)

AI시대에 꼭 필요한

미래저널과
미래리딩

AI시대에 꼭 필요한

미래저널과 미래리딩

박병기 편저

거꾸로미디어·미래교육플랫폼

Future Journal and Future Reading / **Leading**

AI시대에 꼭 필요한 미래저널과 미래리딩

들어가는 말

2020년 11월 26일, 편저자(박병기)는 레전드 강의를 한 편 보게 되었다. 유튜브 채널인 '체인지 그라운드'에서 2020년 9월 11일에 올린 <독서는 '일'이어야 한다>라는 제목의 영상 강의였다. 강연자는 최재천 교수였다. 최재천 교수는 한국의 대표적인 생태학자이자 과학 커뮤니케이터이고 수많은 책을 쓴 저명한 저자이다. <강연 내용은 QR코드 참조>

이 강연에서 최재천 교수는 과학자들이 글쓰기를 더 잘해야 한다고 말했다. 글쓰기를 못 하면 연구한 내용을 제대로 세상에 알릴 수 없다고 그는 강조한 것이다. 최 교수는 또한 치킨집을 해도 글쓰기를 잘하는 게 홍보할 때 유리하다고 했다. 그는 '인간만이 글쓰기를 한다'라는 사실을 시청자와 필자에게 다시 한번 상기시켜주었다.

인간만이 하는 이 글쓰기를 강조하지 않는 교육은 정말로 이상한 교육이다. 특히 4차 산업혁명 시대가 되면 인간만이 하는 활동이 중요한데, 글쓰기는 그 주요한 활동이 될 전망이다. 물론 인공지능(AI)도 글쓰기를 하지만 고도로 학습된 인간의 수준을 넘어서기는 쉽지 않을 것이다. 이런 상황에서 우리는 여전히 외우고 시험 보고 잊어버리고를 반복하는 교육을 한다.

이것이 반복되는 교육을 하는 현 상황에서 편저자는 오랫동안 지정의 학습과 미래저널의 중요함을 강조했지만 많은 공감을 얻지는 못했다. 그러던 중에 보게 된 최재천 교수의 유튜브 강연이 참으로 반가웠다. 깊은 사고를 하며 인간만이 하는 글쓰기를 지정의 학습과 미래저널에서는 강조하는데 최재천 교수께서 마치 우리에게 칭찬을 해주는 강연을 하는 것처럼 들렸다.

'지정의 학습'은 단순한 학습법이 아니라 누구나 꼭 해야 하는 학습법이다. 왜냐하면, 이 학습에서는 지식을 단순히 습득하는 게 아니라 깊은 성찰, 분별, 묵상을 하도록 이끌기 때문이다. 여기에 모든 글쓰기의 기초가 되는 '미래저널'에서는 내가 누구인지, 이웃이 누구인지, 나는 언제 행복하고, 언제 화나고, 언제 슬픈지 등을 쓰게 하기에 인간의 내면을 깊이 들여다보는 하루를 만들어준다고 할 수 있다. 이는 저널링을 통한 인생 학습법이다. 자기를 깊이 있게 알아갈수록 실력은 점점 향상되게 되어 있다. 미래저널은 그런 뜻으로 수년 전 만들어진 것이다.

최재천 교수의 레전드 영상을 보았던 비슷한 시기에 편저자는 김동연 전 아주대 총장의 인터뷰를 읽을 기회가 있었다. 중부일보라는 신문에서 2016년 당시 아주대 총장이었던 김동연 박사를 인터뷰한 내용이었다. 이 기사는 굉장히 흥미로웠다. <인터뷰 내용은 QR코드 참조>

그는 성공의 요체는 '자기다움'이라고 이 인터뷰에서 말했다. 김동연 전 아주대 총장의 말에 필자는 미래저널에 있는 '나는 누구인가'라는 질문을 떠올렸다. '고졸 신화'를 쓴 김동연 박사는 '자기 인생을 사는 사람이 성공 신화를 쓰는 사람'이라고 했다. 자기 인생을 산다는 건 자기가 누구인지 아는 것이다. '자기중심 잡기'는 자기를 앎으로 시작한다. 그는 "진정성과 겸손함, 배려와 같은 '매력'까지 갖추면 금상첨화(錦上添花)"라고 덧붙였다.

이 기사를 읽으며 김동연 전 아주대 총장과 같은 인물을 키워내는 것이 미래교육이라는 생각이 들었다. 자신을 발견하며 자기중심을 잡고 다른 사람을 배려하는 사람을 키워내는 것은 AI 시대를 살게 될 후배들에게 우리가 줄 수 있는 소중한 선물이다. 편저자는 김동연이라는 분에 대해 전혀 몰랐지만, 이 기사를 읽으며 참으로 감사했다. 이런 사람이 대한민국에 탄생할 수 있음에 감사했다. 필자는 미래교육을 통해 이러한 인재를 양성하기를 원한다. 그것을 위한 두 가지 중요한 도구가 미래저널과 지정의 학습이다.

미래저널과 지정의 학습은 마음을 만들어주는 도구이고 학습법이다. 모든 건 마음가짐에 따라 달라진다. 내가 어떻게 마음을 갖느냐에 따라 결과가 달라진다. 마음은 뇌를 움직이고 뇌는 우리의 몸을 움직인다. 이는 지정의 회복과 연관이 있다. 지정의 회복은 지(지식)와 정(감정)과 의(의지)가 회복된다는 의미다. 지정의 학습을 통해 이것이 가능하다는 것을 편저자는 입증하고자 노력 중이다. 무엇을 보고 읽고 뇌에 신호를 주고 그것이 마음에 연결이 되고 행동으로 이끌게 하는 것이 지정의 학습이다. 지정의 중에 하나만 깨어져도 제대로 순환이 안 된다. 많은 이가 지정의 모두가 깨어져 있든지 하나나 두 가지가 깨어져 있다. 그러니 많은 사람이 어떤 일을 할 때, 수업할 때 집중을 하지 못한다. 아무 생각 없이 일하고 수업에 참여한다.

나는 코로나 19로 많은 아이가 온라인으로 수업을 받을 때 잘 관리 받은 아이는 온라인에서도 학습 부진이 거의 없었지만 관리를 못 받는 아이들은 학습 능력이 크게 떨어져 성적이 잘 나오지 않는다는 보도 내용을 접한 적이 있다. 그러한 보도를 접하면서 관리가 중요함에 동의하면서도, 오프라인으로 수업을 하든 온라인으로 수업을 하든 집중을 못 하고 목적의식이 뚜렷이 없는 것은 지정의가 깨어져 있는 것에 기인한다고 편저자는 생각했다. 집중하지 못하고 목적의식이 없음은 무엇인가 하나가 깨어져 있다는 것이다.

이렇게 깨어진 것이 회복되기를 바라는 마음으로 편저자는 지정의 학습을 시작했다. 이 학습을 통해 지정의가 회복되면 인간은 자신이 정말로 좋아하는 것을 찾아 집중하게 되어 있다는 가설을 통해 우리(거꾸로미디어 연구소)는 이 일을 진행하고 있다.

지정의가 회복된 사람은 수업이나 일에서 집중하지 못하는 사람에서 수업이나 일을 신성하게 여기는 자로 탈바꿈할 것이라는 믿음으로 우리는 일을 진행 중이다. 미래저널이나 지정의 학습을 진행하면서 필자는 청소년이나 성인 학습자들에게 늘 말한다. "정말 신나고 좋아하는 것을 찾는 것이 중요합니다."

여전히 미래저널과 지정의 학습 효과성에 대해 확신을 못 갖는 사람들이 많다. 아직은 실행 기간이 짧아 결과가 그다지 크게 나타나지 않았기 때문일 것이다.

사람들은 기존의 방식과 내용을 꼭 잡고 놓지 않으려고 한다. 마치 캔디를 움켜쥐고 있는 어린아이에게 5만 원과 사탕 하나를 바꾸자고 해도 절대 사탕을 놓지 않으려는 것처럼 말이다. 어린아이에게는 캔디가 최고의 소유물이다. 어린아이들은 그렇게 순진하다. 우리 대한민국 사람들도 그렇게 순진하다.

4차 산업혁명 시대를 준비하는 학습과 프로젝트가 검증 과정에서 제공되고 있지만 놀랍게도 캔디를 움켜쥐고 오만원권을 거부하는 어린아이와 같은 순진한 사람들의 이야기가 자주 들린다. 그들의 마음은 충분히 이해가 된다. 이해하지만 언젠가는 꽉 쥔 손을 펴고 캔디와 5만 원을 교환하는 날이 올 것으로 기대하며 나아간다.

나는 늘 생각한다. 캔디를 포기하면 상위 1% 안에 들 것이고 그리고 그들은 자신을 위해 사는 것이 아닌 이웃을 위해 사는 상위 1%가 될 것이라고. 그 복을 누가 얻게 될 것인가. 그 누구도 강제로 1% 안에 들게 할 수는 없다. 그 복을 누리는 자는 따로 있다. 누가 그 복을 누리는 자가 될 것인가. 결과는 시간이 말해줄 것이다. 지금은 용기와 미래보기가 필요한 시점이다.

우리가 세운 eBPSS 마이크로칼리지에서는 작은 열매로 청소년들이 책을 쓰기 시작했다. 그리고 더 나아가 책을 만들기 시작했다. 책을 쓴 경험과 책을 직접 만든 경험, 어렸을 때부터 매달 '천원의 기적'에 참여해 용돈을 어려운 처지에 있는 사람을 돕는 일에 쓴 경험, 외국인들과 지정의 학습 안에서 토론한 경험, 각종 학술지에 논문을 쓴 경험, 영어로 책을 쓴 경험, 국제 학술회와 컨퍼런스에 참여한 경험, 유네스코나 유엔 보고서 작성 경험 등등. 이 모든 것의 기초는 미래저널과 지정의 학습이다.

우리 목표는 미래저널과 지정의 학습을 통해 위와 같은 일을 하며 세상이 감당하지 못하는 사람을 키워내는 것이다. 우리는우리의 미션을 향해 묵묵히 걸어갈 것이다. 왜냐하면, 이 열매를 얻게 될 날이 반드시 올 것이기 때문이다. **<박병기>**

추천의 글

저는 미래저널을 1년 이상 쓰면서 저도 모르게 제 삶의 이야기를 쓰는 작가가 되었으며, 제 삶을 조각가처럼 새기고 다듬는 시간을 갖게 되었습니다. 자신의 삶을 설계하고 세워나가면서 삶을 아름다운 작품으로 만들고 싶은 사람은 지금부터 미래저널 쓰기를 시작하시길 바랍니다.

- 류철식(한국영상대학교 사회복지학과 겸임교수)

미래저널을 1년 정도 쓰면서 저는 큰 변화를 느끼게 되었습니다. 생각이 더 긍정적으로 되었고, 하루를 돌아보면서 저에 대해 더 자세히 알게 되었습니다. 또한, 미래저널로 온라인 소통을 하면서 참가자들과 더 쉽게 가까워지게 되어 좋았습니다. 다른 분들도 미래저널을 통해 변화를 느끼셨으면 좋겠다는 마음으로 이 책을 추천합니다.

- 문정현 (증강학교 학생)

저는 100감사를 1000일 동안 쓰면서 좀 더 깊이 있는 감사를 어떻게 쓸까 고민하던 중에 미래저널을 만나게 되었습니다. 미래저널 쓰기 100일째가 되면서

‘아~ 이것은 평생 써야겠다’라는 마음이 들었고 벌써 630일째가 되었습니다. 매일 마주하는 질문에 깊이 생각하게 되고 진심을 담아 생각했을 때 어제보다 더 성장한 나를 만나게 됩니다. 어느 질문 하나 허투루 보내기엔 너무 소중하고 깊이가 있습니다. 가끔 그 깊이에 못 미치기도 하지만 셀프 주간리뷰를 통해 다시 한번 되돌아볼 수 있습니다. 미래저널은 단순 일기가 아닙니다. 내 삶을 깊이 있게 통찰하고 삶의 의미를 찾고 싶은 분들께 적극적으로 추천합니다. 미래저널은 여러분 인생에 동반자가 되어줄 것입니다.

- 이찬희 (증강학교 FT)

‘나는 누구인가?’ 이 질문에 선뜻 답하실 수 있으신가요? ‘왜 공부하는가? 왜 그 일을 하는가? 왜 사는가?’ 이 질문에 주저하지 않고 답하실 수 있으신가요? 만약 이러한 질문을 받고 당황스러운 당신이라면 이 책을 적극적으로 추천합니다. 내 인생 가장 중요한 질문에 답을 찾아가는 미래저널과 미래리딩. 이 책을 읽고 실천하는 당신은 (코로나 시대에도) 희망을 노래할 수 있습니다.

- 노지남 (eBPSS 마이크로칼리지 학부모)

처음 미래저널을 손에 넣었을 때가 생각납니다. 250여 쪽에 달한 저널을 내가 과연 다 쓸 수 있을까? 기대 반, 의심 반! 그렇게 저의 저널링은 시작되었습니다. 처음 써 내려간 저널이 2년 사이에 세 권의 책을 거치면서 벌

써 네 번째 책을 맞이했네요. 참으로 감격스러운 순간입니다. 하루의 시작을 감사로 열던 어느 날 하루의 마무리도 감사가 됩니다. '내가 누구인지' 정의하는 과정에서 과거의 나를 소환하며 지금의 나와 마주했을 때, 때론 눈물로 때론 벅찬 마음으로 진짜 나를 만났습니다. '왜'라는 질문에 답을 하며 비로소 나의 큰 그림을 새롭게 그려갔고, 이제는 흔들리지 않는 뿌리처럼 견고한 자아가 완성되었습니다. 매일 비타민 한 알씩 입에 넣듯 그렇게 습관처럼 써 내려갔던 저널은 무엇보다 인생의 길잡이가 되었습니다. 거센 폭풍우 같은 어려움에도 이길 힘을 주었고, 방황하던 어느 날에는 제자리로 돌려놓는 신기한 마법의 저널이었죠. 어느 때보다 힘들고 어려운 지금 이 시대! 나의 정체성을 찾고 나의 길을 안내해 줄 유일한 등대 같은 책 한 권이 여기 있습니다. 이 세상 모든 이들에게 밝은 빛을 비춰주며 희망의 미래로 안내할 책임을 확신합니다. 나를 정의하고 나의 길을 찾아 세상에 기억되는 존재로서 자신의 역사를 써 내려갈 유일한 책! 미래저널과 미래 리딩으로 꼭 함께하시길 추천합니다.

- 강수연 (거꾸로미디어연구소 연구원)

미래저널의 감사를 통해 어떤 환경 속에서도 감사를 잃지 않고 발견하는 힘을 훈련하게 되었고, 내가 누구인지, 무엇을 원하며, 왜 공부하고 일하는 사람인지를 고민하게 되었습니다. 세상의 선한 영향력을 미친 사람을 매일 찾아보고 생각하며 타인을 알아가게 되었고 나 또한 세상에 선한 영향력을 미치는 사람이 되고 싶은 열망이 생겨났습니다. 자신을 깊이 있게 통찰하고 돌아봄으로 성장할 수 있는 미래저널과 여러분도 함께하길 소망합니다.

- 심삼종 (한양대 음대 관현악과 겸임교수 역임, JIU 겸임교수, 웨신대 박사과정)

미래저널을 처음 쓰기 시작했을 때 저는 미래저널을 무슨 이유로 쓰는지 알 수 없었습니다. 미래저널을 쓰는 것도 과제로 했고, 제대로 생각을 하고 적지도 않았습니다. 그렇게 미래저널 쓰기를 계속 반복하면서 미래저널을 쓰는 이유를 찾을 수 있었습니다. 그리고 미래저널은 이제 제 매일의 삶에 습관이 되었습니다. 왠지 미래저널을 쓰지 않으면 허전하고, 이상한 것 같습니다. 미래저널을 쓰는 그 시간은 하루 중에서 가장 감사를 많이 느끼는 시간이고, 나의 내면을 제일 많이 보게 되는 시간입니다. 제가 미래저널을 쓰면서 느낀 것들을 다른 분들도 느끼시면 좋겠습니다. 과제로서가 아니라 하루의 일부분으로 느껴지는 것을요.

- 정지원 (증강학교 학생)

미래저널을 적기 시작했을 때 솔직히 적기 귀찮을 때가 많았습니다. 하지만 적으면 적을수록 내 안의 나를 아주 미약하지만 알아간다는 것이 매우 좋아서 미래저널을 적는 것이 습관이 되는 것 같았습니다. 처음엔 적기 싫어도 계속 적으면 나의 본래의 모습을 알게 하는 마법을 가진 책이 미래저널이라고 저는 당당히 말할 수 있습니다. 마지막으로 미래저널을 적어 모두가 새 시대에 필요한 역량을 키울 수 있었으면 합니다.

- 문준호 (eBPSS 마이크로칼리지 학생)

2019년부터 세 자녀와 함께 '미래저널'을 쓰고 있는 학부모입니다. 처음에는 자녀들이 매일 쓰는 과제 겸 일기라고 생각했었는데, 꾸준히 '미래저널'을 쓰고, 네이버 밴드를 통해 자녀들의 저널에 댓글을 달면서, 함께 성장하고 생각을 공유하는 소중한 연결고리가 되었습니다. 이제는 매일 저녁 각자의 하루를 돌아보고, 감사를 고백하고, 오늘 하루에 대한 반성과 함께 삶의 이유에 대해 정리해 보며, 새로운 다짐을 하는 가장 소중한 시간이 되었습니다. 손때 묻은 '미래저널'이 한 권, 두 권 쌓이면서 저도, 자녀들도 조금씩 자신을 알아가고, 성장하고 있습니다. 돌아보니 부모님이 꼭 쓰셔야 한다고 말씀해 주신 미래저널 개발자 박병기 교수님께 진심으로 감사드리게 됩니다. 이제는 저의 성장과 미래를 위해서 즐겁게 저널링 하고 있습니다. '미래저널'은 자신을 찾고 매일 성장하고자 하는 누구나 꼭 써야 하는 가장 가치 있는 짧은 글쓰기임을 나누며, '미래저널'로 의미 있는 삶을 만들어 가시길 권합니다.

- 우유종 (증강학교 학부모)

제 생각에는 미래 저널은 나와 내가 사는 세상을 알 수 있다는 점에서 다른 어떤 것과도 비교할 수 없이 좋다고 생각합니다. 미래 저널을 쓸 때는 생각을 정리하고 나 자신을 바라볼 수 있게 됩니다. 그래서 이 책이 나오는 것이 굉장히 기대됩니다.

- 정하진 (증강학교 학생)

나는 누구인가를 쓰며 내가 누구인지 알 수도 있고 하루를 되돌아볼 수도 있습니다. 그리고 미래저널을 매일매일 쓰다 보면 삶이 완전히 바뀌고 성취감도 느낄 수 있는 것이 좋습니다. 새 미래저널 정말 기대 됩니다.

- 이주원 (eBPSS 마이크로칼리지 학생)

Contents
목차

Future Journal and Future Reading
Leading

미래저널

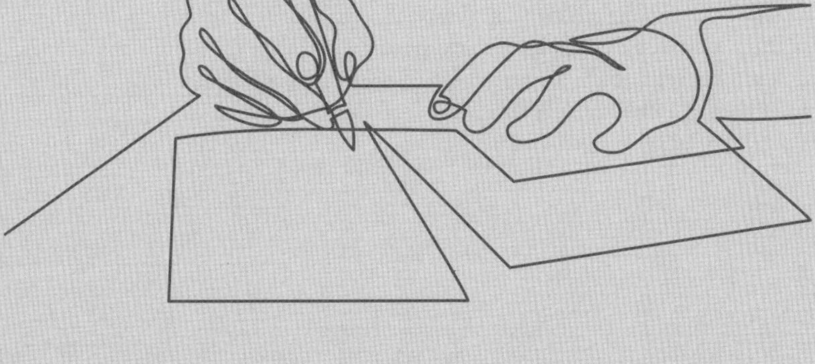

●

이 장의 내용은 '내 인생 노답인데 싶을 때 펼칠 책'(박병기, 박혜안, 2020)과 '청소년이 함께 연구한 서번트 리더십(박병기, 강수연, 정지원, 김주혜, 2020)'의 내용을 적법하게 발췌했음을 밝힙니다.
기타 인용 출처는 다음과 같습니다.

Davis, L. (2018). The Anger Management Workbook For Men And Women: Simple Strategies on How to control Anger: Hewlett-Packard.
Greenleaf, R. K., & Spears, L. C. (2002). Servant leadership : a journey into the nature of legitimate power and greatness (25th anniversary ed.). New York: Paulist Press.
Greenleaf, R. K., & Spears, L. C. (2012). Servant leadership : a journey into the nature of legitimate power and greatness (25th anniversary ed.). New York: Paulist Press.
Kwon, S., Kim, K., & Lee, H. (2006). Validation of the Korean version of gratitude questionnaire. The Korean Journal of Health Psychology, 11(1), 177-190.
Spears, L. C., & Lawrence, M. (2002). Focus on leadership servant-leadership for the twenty-first century. New York: J. Wiley & Sons.
권수영. (2005). 섬기는 자의 리더십, 가능한가? [Is "Servant Leadership" Possible? : A Systemic Approach to Pastoral Relationship and Power]. 신학논단, 39, 299-333.
글로벌SQ연구소. (2015). 이것이 SQ다. 대전광역시: 도서출판 세종문화.
김난예. (2012). 영성지능 측정 가능성 탐색. 한국기독교신학논총, 80(1), 335-360.
박병기. (2018). 제4차 산업혁명 시대의 리더십, 교육 & 교회. 수원: 거꾸로미디어.
박병기, 김희경, & 나미현. (2020). 미래교육 마스터키. 수원: 거꾸로미디어.
손지희. (2009). 몰입경험의 교육적 가치. (국내석사학위논문), 이화여자대학교 대학원, 서울. Retrieved from http://www.riss.kr/link?id=T11551276
박병기 외. (2019). BPSS 미래저널. 수원: 거꾸로미디어.
이소윤 & 이진주. (2018). 9번째 지능. 서울: 청림출판.
조명주 & 전원희. (2014). 간호대학생의 희망, 감사성향이 영성에 미치는 영향. 한국간호교육학회지, 20(4), 569-576.

서울 발산초등학교 2학년 학생인 김안나 양이 다음과 같은 글을 보내왔다. 책에 싣기 위해 약간의 편집을 했음을 밝힌다.

◇◇◇◇◇◇◇◇◇◇◇◇◇◇

안녕하세요. 제가 미래저널을 쓴지 20일이 되는 날인데요. 20일 동안 미래저널을 썼다는 게 저 자신이 정말 자랑스러워요. 20년 동안 쓴 것을 한 장 한 장 넘겨보다 보니 하루를 알겠더라고요. 그전에는 하루만 지나도 '내가 어제 뭘 먹었었지?' 이런 생각을 했어요. 기억이 하나도 안 나더라구요.

그런데 미래저널을 들여다보면 '아~ 그때 김치찌개 먹었었지. 맛있었어' '아~ 그때 문방구도 갔었지.' 미래저널에 쓰는 감사 거리 하나에 하루가 떠오르는 것 같아서 뿌듯하고 만족스러웠어요.

미래저널에 보면 감사 거리 세 가지 쓰는 게 있는데 세 가지를 쓰면서 다음과 같은 상상을 하게 되었어요.

감사를 쓰는 것은 마치 물고기를 낚는 것처럼 감사거리를 낚는 일 같다는 상상을 했습니다. 감사거리를 낚는데 필요한 게 있는데 바로 행복 렌즈에요. 낚싯대가 바로 '행복 렌즈'에요.

행복 렌즈를 빼고 화난 렌즈를 끼면 모든 게 다 화난 것처럼 보여요.

그래서 감사거리를 찾기 힘들죠. 예를 들어 누가 '당신이 물건을 떨어뜨렸어요.'라고 말할 때 화난 렌즈를 끼면 물건 떨어뜨린 것에 대해 무지 화를 낼 거에요. 하지만 행복 렌즈를 끼고 있으면 '말해줘서 고마워'라고 말할 수 있겠죠.

행복 렌즈를 끼면 행복해보여요. 그러면 감사거리를 찾는 게 좀 더 쉬워져요. 행복 렌즈라는 낚싯대가 없으면 감사거리를 찾을 수 없어요.

감사거리를 찾을 때 필요한 두 번째 준비물은 낚싯줄이에요. 낚싯줄이 없으면 물고기를 못 잡죠. 낚싯줄은 오늘 하루를 잘 관찰하는 거에요. 오늘 하루는 내가 이거 했었고, 이거 먹었고, 저거 했었지. 그렇게 하루를 다 관찰해야 해요..

그리고 세 번째는 미끼에요. 미끼는요. 물고기인 감사거리를 찾는 거예요. 미끼를 쓰면 감사 거리인 물고기가 알아서 오잖아요.

제가 생각하는 미끼는 왠지 미래 저널 하다 보면 경험과 약간 노하우 이런 게 쌓이잖아요. 이런 노하우를 쌓은 다음에 감사거리를 찾아서 보는 거에요.

일단 낚싯대(행복 렌즈)에 낚싯줄(관찰)도 꿰고 미끼(저널을 쓰면서 쌓은 노하우)까지 넣은 다음에 바다에 던져서 물고기를 잡는 거에요. 바다는 바로 일상생활이에요. 우리는 관찰을 잘해야 해요.

아! 오늘 내가 비빔면 먹었고, 아! 오늘 내가 문방구 갔었고.
이런 걸 다 관찰한 다음에 그때의 기분을 살피는 거에요
'아, 내가 수학 문제를 풀었었지. 엄청 기뻤었지.'
하루 동안 있었던 그런 감정들을 다시 한번 느끼게 되는 것 같아요.

아! 그때 화났었지. 화가 난 일에 대해 적고. 감사했던 일은 감사거리에 적자.
아, 맞다. 나는 이런 사람이었지. 여기에 적자.
이렇게 하루 동안의 기억을 천천히 더듬으면서 적어보는 거에요.
하루를 뒤돌아보는 거에요.

사실 처음에 제가 감사한 걸 찾기 어려울 때가 정말 많았거든요.
그리고 제가 어떤 것에 대해서 너무 당연하게 생각하고 있다는 것도 알게 되었어요.

예를 들면, '어, 수돗물이 나오는 거 당연한 거지'.

그런데 내가 진심으로 감사하지 않더라도 '수돗물 나오는 건 당연하지만 한번 적어보자'.

이렇게 감사하지 않은 것도 억지로 연필로 적다 보면 또 그쪽으로 부드럽게 가게 되요. 그러니까 억지로 적다 보면 점점 이거 감사할만한 것 같기도 하고. 전에는 안 그랬을 것 같은데, 이것도 감사한 거 맞

네. 감사하네. 이렇게 되는 거에요.

제가 미래저널을 쓰니까 요즘 뭔가 하루가 더 보람이 있고 값진 삶 같아요.

◇◇◇◇◇◇◇◇◇◇◇◇◇◇

초등학교 2학년이 보내온 이 내용은 철학자의 글보다 더 철학적이고 깊이가 있다. 미래저널을 쓰는 것은 그저 스쳐 지나갔던 일을 종이에 기록하며 의미 없어보였던 일을 의미 있게 만드는 작업이다. 이 2학년생은 주로 감사거리 쓰는 것에 집중해서 말했지만 미래저널에 나와 있는 7개 항목은 스쳐 지나가는 일들에 의미를 부여하는 작업을 돕는다. 의미 없던 일을 의미 있게 만들고 비뚤어진 생각을 바로 잡도록 돕는 것이 미래저널이다.

미래저널을 쓰기에 앞서 미래저널이 무엇인지 살펴보자. 박혜안 작가가 쓴 '내 인생 노답인데 싶을 때 펼칠 책'과 김안나 양의 관찰 내용을 중심으로 살펴본다.

먼저, 미래저널에는 다음과 같은 7개 항목이 있다. 각 항목이 어떤 의미를 갖고 있는지 살펴보도록 하겠다.

1) 날짜
2) 사람, 동물, 식물, 미생물, 자연, 현상에 내가 고마움을 느낀 점
3) 나는 누구인가?
4) 오늘 세상에 선한 영향을 준 사람은?
5) 오늘 내가 몰입한 놀이가 있다면?
6) 오늘의 '왜'라는 질문에 떠오른 답이 있다면?
7) 오늘 화가 났던 일이 있다면 가장 화났던 일은?
8) 서번트 리더십

1. 사람, 동물, 식물, 미생물, 자연, 현상에 내가 고마움을 느낀 점

학교에서 감사 일기를 적어본 적이 있나? 진부해 보이지만 시도해 보아라. 김안나 양에 말을 빌린다면 '화난 렌즈'를 끼고 있으면 '그지 같고' 짜증 나는 사회라고 생각해 버릴 수도 있는데 의도적으로 '행복 렌즈'를 끼고 세상을 바라보면 생각보다 그렇게까지 '그지같지'만은 않다는 걸 알 수 있게 된다. 행복 렌즈로 바꿔 끼면 세상에 꽤 좋은 일이 많다는 걸 알게 된다. 수돗물이 나오는 것도 감사하다고 생각하면 정말 세상에 많은 당연한 일들이 감사 목록에 들어갈 수 있다.

학교에서 감사 일기를 적어본 적이 있나? 진부해 보이지만 시도해 보아라. 김안나 양에 말을 빌린다면 '화난 렌즈'를 끼고 있으면 '그지 같고' 짜증 나는 사회라고 생각해 버릴 수도 있는데 의도적으로 '행복 렌즈'를 끼고 세상을 바라보면 생각보다 그렇게까지 '그지같지'만은

않다는 걸 알 수 있게 된다. 행복 렌즈로 바꿔 끼면 세상에 꽤 좋은 일이 많다는 걸 알게 된다. 수돗물이 나오는 것도 감사하다고 생각하면 정말 세상에 많은 당연한 일들이 감사 목록에 들어갈 수 있다.

미래저널 책에는 기본적으로 감사 3개 쓰기를 기준으로 삼고 있다. 처음엔 하나도 쓰기 힘들 수도 있지만, 행복 렌즈를 착용하면 하루 5~8개도 가능한 날도 있다. 처음에는 힘들기에 하나만 써도 되겠지만 감사의 수는 조금씩 늘어날 것이다. 이 과정에서 가장 중요한 것은 무의미하게 하루를 통치고 날려 버려버리지 않는 것이라고 박혜안 작가는 강조한다.

2. 나는 누구인가?

이것은 이름이나 직업을 묻는 게 아니다. 이건 나에 대한 총평이다. 편저자(박병기)는 '그동안 쌓아온 나'라는 표현을 쓰기도 한다. 다양하게 자신에 대한 생각을 적어주는 것이다. 이렇게 자신을 정의하는 과정은 매우 중요하다. 생각해보면 우리는 자신에 대한 평가를 늘 타인에게 미뤘고, 타인의 기준으로 우리 자신을 보았다.

유의할 점은 타인은 그 사람이 존재하는 상황과 기준으로 우리를 본다는 점이다. 선생님이 우리를 볼 때의 기준은 학생으로서의 기준일 것이고, 회사의 동료가 보는 나와 상사가 보는 우리는 다른 사람일 것이다. 우리는 정말 다양한 사람들의 평가 하나에 우리를 자책하기도 하고 몰아치기도 한다. 그게 무수히 많고 다른 가치들을 기준 삼아 나온 평가인 것을 간과하고 말이다..

타인에게 넘겨진 나에 대한 평가는 이제 내려놓자. 이제는 타인이 아니라 내가 나를 정의할 순간이 되었다. 처음에는 어려울 수 있다. 너무 막연해서, 또는 너무 오그라들어서 '이게 뭐야!'하고 웃을 수 있다. 매일 한 번 이상 자신이 누구인지 생각하는 것이 습관이 되고 이것에 익숙해지면 조금씩 자신을 보는 시간을 늘려 좀 더 깊게 자신을 정의해 보게 된다. 철학적으로 말하면 실존적인 자아를 찾게 되는 것이다.

이 항목의 궁극적인 목표이자 의도는 그동안 '쌓아온 나'를 되짚을 수 있다는 점이다. 그건 어떤 특정 일에서의 '나'일 수도 있지만, 동시에 하나의 시간선 속에서의 나의 의미를 찾는 경험이기도 하다. 조금 더 쉽게 보자면, 박혜안 작가는 가끔 자기 자신을 하나의 도서관으로 표현한다.

박혜안 작가가 7살 때 썼던 글은 당시의 그가 중요하게 생각했던 가치관을 고스란히 드러냈고, 16살 때 쓴 소설책은 10대의 날 것 그대로의 감정이 담겨있다고 했다. 그 모든 기록은 결국 '그'를 이루는 무언가이다.

기록은 남는다. 처음에는 가벼운 오늘 하루의 나를 정의하는 것이

종래에는 나의 인생을 통틀어 하나의 선 안에서 자신을 정의할 수 있도록 당신을 도울 것이다. 그게, 곧 당신의 정체성이자 나침반이 될 것이다. 누군가 내가 누구인지 모른다는 것은 나에 대한 생각을 하루 1분도 내어주지 않은 사람이다. 내가 누구인지 생각하는 것은 사실 1분도 걸리지 않는다. 물론 처음 '나는 누구인지' 기록해보는 사람 중에는 온종일 걸려도 답이 안 나온 분이 있다는 말을 들은 적이 있다. 하지만 익숙해지면 1분도 걸리지 않고 내가 누구인지 발견할 수 있다

3. 오늘 세상에 선한 영향을 준 사람은?

선하다는 것은 단순히 '좋다'는 의미보다 그 상대방의 의도를 더 포함하는 경우가 많다. 그게 작은 호의라 하더라도 타인을 위해서 초콜릿을 준비한 친구, 함께 우산을 나눠쓰자고 제안한 낯선 이 등등. 그래서 여기에서 선한 영향을 준 사람들은 단순히 좋은 결과를 내어준 것보다 더 광범위한 사람을 포함한다.

혹시 '시간을 같이 보내는 사람과 닮아 간다.'라는 이야기를 들어본 적이 있나? 뛰어난 사람이 되고 싶으면 뛰어난 사람들과 어울리라는 말은? 사람들이 그렇게 말을 하는 이유는 단순히 긍정적인 암시 때문만이 아니다. 피터 바잘게느는 우리의 뇌에 '거울 신경'이라는 신경 시스템이 존재한다고 말한다. 우리는 생각보다 많이, 그리고 매일같이 타인을 모방한다. 그러니 시간을 많이 보내는 사람들의 습관, 행동, 태도 등이 닮아 가는 것이다. 사랑하면 닮는다는 이야기도 마찬가지

다. 사랑하는 만큼 상대의 많은 부분을 관찰하고 따라 하다 보니 저절로 서로가 같아지는 것이다. 그러나 어떻게 매번 내가 닮고 싶은 부분에 맞추어 그런 사람들과 어울리고 함께할 수 있겠나. 하늘에서 뚝 떨어지는 것도 아닐 텐데.

그래서 우리는 '거울 신경'의 대상을 '모든' 사람으로 잡기로 했다. 내 주위의 사람들, 내 곁을 지나가는 행인, 오늘 잠깐 만났다가 헤어진 거래처 직원 등등. 세상에 해악만 끼칠 것 같은 사람도 의외의 부분에 서는 선한 행동을 할 때가 있다. '월리를 찾아라'를 할 때처럼 고개를 들고 주위를 한번 살펴보아라. 의식적으로 다른 사람이 한 선한 부분을 알아내다 보면, 단순히 '우와' 하는 순간의 따뜻함 뿐 아니라 어느 순간 그렇게 되어있는 자신의 모습을 볼 수 있을 것이다.

혹시나 정말, 정말 주위에 한 명도 그런 사람이 없다면, 미디어의 도움을 받는 것도 하나의 방법이다. 유튜브에서 시청한 유튜버나, 티브이 프로그램에서 발견한 점이 있다면 해당 내용이라도 적어보자. 그래도 자신이 없다고? 우리에게는 검색이라는 쉬운 수단이 있다. 구글에 '선한 영향력'이라고 검색을 해 보면 세상에 선한 영향력을 미치는 사람이 아주 많다는 것을 알 수 있다.

감사를 쓸 때도 그렇고 나는 누구인지 쓸 때도 그렇게 이 작업은 상당히 의도적이어야 한다. 의도적으로 하지 않으면 선한 영향력을 미치는 사람보다, 세상에 악영향을 미치는 사람에 집중하게 된다. 그러면 우리는 놀랍게도 무의식적으로 악영향을 미치는 사람을 모델링하고 있을지도 모른다.

4. 오늘 내가 몰입한 놀이가 있다면?

좀 뜬금없다는 생각이 들 것이다. 저널에 왜 놀이가 있을까 하고 말이다. 놀이는 초월에 해당하는 부분 중 하나이다. 미래저널만의 기준이 있다. 시간 가는 줄 모르고 한 게 있다면 그게 '놀이'가 된다. '논문 놀이'라는 말이 있다. '강의 놀이'도 있을 수 있다. '걷기 놀이'가 있을 수도 있다. '노래 부르기 놀이'도 충분히 가능하다. '연주 놀이'도 가능하다. 미래저널에서 '놀이'의 개념은 크다. 이 밖에 영화를 보며 영화의 내용에 빠져 시간 가는 줄 몰랐다면, 그것 역시 일종의 초월적인 경험의 놀이에 속한다. 스포츠도 마찬가지다. 내가 현실의 나로부터 유리되어 해당 행동에만 온전하게 집중하게 된다면 그 모든 것이 하나의 '놀이'가 된다. 그러니 내 오늘 하루가 다람쥐 쳇바퀴 같다고 좌절하지 말자. 가족과 한 시간이든, 친구들과 보낸 시간이든 당신이 몰입하고 집중한 것이 있다면 그게 무엇이건 적어보자.

5. 오늘의 '왜'에 답이 떠오른 게 있다면?

나는 왜 사는지, 오늘 왜 최선을 다했는지, 왜 그 일을 했는지. '왜'는 이유를 찾는 것이고 의미를 찾는 것이다. 하루를, 또는 그날을 반

추하다 보면 '어?' 하는 생각과 함께 '맞아. 나 이래서 이렇게 안달이 났었구나.' 같이 Why에 대한 답이 나올 때가 있다. 알았으면 되었지, 왜 적어야 하냐고? 그 생각은 빠르게 지워지고, 다시 떠올리려고 보면 그때의 감정과 그때의 느낌들이 잘 생각나지 않기 때문이다. 글자는 생각보다 많은 것을 말한다. 글자 속에 순간적으로 반짝였던 시간을 담아 보아라. 눈에 보이지 않는 시간이라는 것을 유일하게 잡을 방법이다. 또한, 비슷한 시기가 다가왔을 때 해당 부분을 다시 찾아보면, 같은 실수를 저질러 혼자 삽질을 하는 것을 방지할 수도 있다! 또한, 위기가 왔을 때 '왜'라는 질문을 하고 답을 찾다 보면 의외로 위기를 쉽게 극복할 수도 있다. 중요한 것은 '미션'이 있느냐 없느냐다. 내 인생에 '미션'이 있으면 이 '왜'라는 질문을 하고 기록하는 것이 큰 의미로 다가온다. '왜'를 기록해두자. '미션'은 미션을 준 이가 분명히 있다. 그 '미션'을 준 이는 과연 누구일까. 각자가 다르다.

6. 오늘 화가 났던 일이 있다면 가장 화났던 일은?

나의 부정적인 감정을 모른척하지 않는 것은 중요하다. 정말 정말 중요하다. 그리고 그 생각이 떠올랐을 때 탄력적으로 회복하는 '회복탄력성'을 키우는 것 역시 우리에게 매우 중요한 일이다. 부정적인 감정을 제대로 인지하고 그것을 충실하게 거쳐 가는 것은 중요한 일이지만, 그렇다고 계속해서 그 부정적인 감정과 상황에 머무는 것 또한 건강한 것은 아니기 때문이다.

그 첫 단계가 화가 났던 나를 객관적으로 인지해보는 과정이다. 어쩌면…. '적어서 더 화가 나는 거 아니야?'라고 생각할 수 있으나, 감정을 언어화하다 보면 생각보다 뿌연 안개같이 광범위하게 퍼졌던 분노라는 감정이 생각보다 간결한 하나의 실체가 되기도 한다. 그리고 그런 나를 있는 그대로 받아들이는 것이야말로, 다른 누구도 아닌 '내'가 '나'를 공감하는 첫 단추이다. 생각 외로 많은 사람이 가장 효과를 보는 항목 중 하나이다!

청년 작가 박혜안은 편저자(박병기)의 개념과 철학을 매우 쉽고 톡톡 튀는 언어로 미래저널을 소개했다.

6가지 항목에 관한 내용을 거꾸로미디어연구소 강수연 연구원의 학문적인 언어로 정리해 보면 다음과 같다.

거꾸로미디어연구소에서는 2019년 'BPSS 미래저널'을 발간했다. 미래저널은 6가지 질문과 한가지 체크리스트에 매일 답함으로써 자신의 정체성을 찾고 큰 그림을 그리며 시대의 리더가 되기 위해 준비하는 저널링 책이다. 6가지 질문이란 감사, 나는 누구인가, 선한 영향력, 놀이, The Why, 화나는 일이고 마지막으로 서번트 리더십의 실천 체크 항목으로 구성되어 있다. 각각의 질문에 대해 매일 아침, 저녁으로 구분되어 작성하며 하루를 시작하고 하루를 마무리한다.

'감사'를 쓰는 것은 9번째 지능을 향상시킨다. 감사하는 사람은 우울, 불안 등의 심리적 문제를 적게 경험하고 낙관적이고 우호적인 긍정적 특성을 나타내며, 스트레스 상황에서도 긍정적 의미를 찾아 재평가하고 적극적인 대처를 통해 성장을 이룰 수 있다(Kwon et al., 2006; 조명주 외, 2014 재인용).

이는 인간 본성의 내적 자원을 감사를 통해 삶 가운데 적용, 활용함으로써 9번째 지능을 높일 수 있다(글로벌SQ연구소, 2015).

'나는 누구인가'는 실존지능과 연관이 깊다. 실존지능이란 자신의 존재 이유와 삶의 의미, 그리고 고통의 의미까지도 찾으며 궁극적인 문제에 관해 관심을 두는 것으로 '나는 누구인가'의 질문에서 출발하게 된다(김난예, 2012). '나는 누구인가'라는 질문은 자신의 정체성을 찾게 하며 깊은 자아와의 만남으로 이끌어 실존지능을 향상시킨다. 자신에게 집중되었던 삶이 타인을 바라보게 됨으로써 삶의 만족도와 행복감을 높여준다는 연구 결과가 있다(글로벌SQ연구소, 2015).

'선한 영향력을 미친 사람'에 대한 관찰은 타인의 관점에서 생각해보는 훈련으로 관계지능을 향상시키고, 선한 영향력의 가치와 목적을 인식함으로써 자신에게도 의미를 부여하게 한다. 타인의 내적 자원을 들여다봄으로 자신의 내면지능을 향상시키는데 도움을 받으며, 선한 영향력의 다양한 상황을 간접 경험함으로써 의식지능을 향상시킬 수 있다.

‘놀이’ 질문은 ‘친구 또는 가족과 함께 시간 가는 줄 모르고 했던 놀이’에 대해 기록하도록 한다. 혼자 하는 놀이가 아닌 가능하면 친구 또는 가족과 함께 놀이하도록 이끌어 관계지능을 높이고자 한다. 또한, 시간 가는 줄 모르고 한 놀이를 통해 초월 지능을 높일 수 있다. 초월 지능은 즐거움과 몰입에서 경험할 수 있으며 이에 적합한 활동이 재미있는 놀이다. 몰입으로 초월 지능을 높이고 이는 삶 속에서 존재적 한계를 뛰어넘어 창의성을 발휘할 수 있다(손지희, 2009).

‘왜’라는 질문에 답을 하다 보면 9번째 지능의 실존과 의미지능이 향상된다. ‘왜 사는지’에 대한 질문은 본질에 대한 통찰력을 키워주며 현재 자신의 삶에 대한 가치와 방향을 찾게 해준다. 이러한 질문에 끊임없이 답을 하게 되면 가치 중심의 일관된 삶을 살게 되고 삶에 의미를 부여함으로써 존재에 대한 통찰력을 키울 수 있다(이소윤 & 이진주, 2015).

미래저널에 ‘화가 났던 일’을 쓰는 것은 화를 객관화하는 작업이다(Davis, 2018; 박병기, 김희경, 나미현, 2020 재인용). 자신의 내면을 재점검하고 내외적 상황을 자각하여 고차원적인 상태로 이끌어 복잡한 문제를 해결하는 의식지능이 향상된다. 또한, 자신과 타인의 관계를 회복하고자 하는 마음으로 자신의 내적 자원을 활용해 해결하고자 하는 마음을 갖는다.

저널링은 단순히 쓰는데 그치는 것이 아니라 타인과 나누고 소통할 수 있도록 온라인 공동체를 형성하여 미래 저널 생태계를 만들어 활용하고 있다(박병기 외, 2020).

미래저널에 나오는 마지막 7번째 항목은 서번트 리더십에 관한 내용이다.

7. 서번트 리더십 체크

서번트 리더십을 체크하는 것은 서번트 리더십의 역량을 키우는 데 중요한 역할을 담당한다. 이는 자신과 타인을 보며 깊고 넓은 시각을 키우도록 돕는다(박병기, 2020). 미래저널의 7가지 질문 중 마지막 질문인 체크리스트가 서번트 리더십과 관련된 항목이다. 거꾸로미디어연구소는 래리 스피어스Spears(2002)의 서번트 리더십 10가지 특성을 중심으로 실천 방안 22개를 만들었다. 서번트 리더십과 관련된 내용은 거꾸로미디어가 발간한 청소년이 함께 연구한 서번트 리더십(박병기 외, 2019)의 내용을 주로 참고했다.

겸손, 남의 유익을 생각함, 감싸주려고 함 느긋하려고 함, 시기 질투하지 않으려고 함 다른 사람을 불쌍히 여김, 남을 존중함, 비판하지 않으려고 함, 남이 성장하도록 도움 편견을 없애려고 함, 외모로 판단하지 않음, 어려운 사람을 도움, 꾸준함과 지속성을 노력, 실망하지 않으려고 함, 잘난 체하지 않으려 함 주어진 일을 해내려 함, 이해하며 귀 기울여 들음, 다른 사람 생각 소중하게 여김, 타인 정신적, 육체적 건강 돌봄, 내 것을 다른 사람과 나눔, 좋은 일 함께하도록 설득 및 권면, 내 장점과 단점 파악실천

이 22개로 된 체크리스트는 서번트 리더십의 대가로 알려진 래리 스피어스의 서번트 리더십 10가지 특성을 기초로 만들어졌다. 10가지 특성은 다음과 같다. 경청, 공감, 치유, 인식, 설득, 개념화, 미래보기, 청지기 정신, 이웃 성장에 헌신, 공동체 세우기다. 이를 하나씩 설명하면 그 내용은 다음과 같다.

귀 기울여 듣고 다른 사람의 생각을 소중하게 여기는 **'경청'**은 서번트 리더십의 가장 기본이자 중요한 덕목이다. Spears(2002)가 정의한 '경청'에서 보듯이 타인의 이야기를 듣는 것은 헌신을 바탕으로 하며 자신의 내면 깊은 소리까지 듣게 된다.

'공감'을 향상시키기 위해서는 다른 사람의 유익을 생각하고 감싸주려 하며, 타인의 생각을 소중하게 여기는 것으로 훈련할 수 있다. 경청을 잘하는 사람이 공감을 잘할 수 있고 이는 헌신을 바탕으로 타인과의 관계를 지속해서 유지하는 실천적 노력이 있어야 한다(권수영, 2005).

'치유'의 특성을 훈련하는 내용은 공감훈련과 같은 내용을 포함하며 더불어 남의 정신적, 육체적 건강을 돌보는 행위이다. 이는 타인의 고

충과 마음의 상처를 정신적으로 회복시켜주려는 리더의 능력이다(이기붕 & 오창택, 2014).

'인식'을 훈련하기 위한 실천 항목은 시기 질투하지 않으며, 자신의 장단점을 파악하고, 세상에 벌어지는 일에 민감한 것이다. Spears(2002)에 의하면 '인식'은 윤리와 가치와 관련된 문제 이해에 도움을 주며 자신의 장단점을 파악함으로 내면의 평온함을 갖도록 한다고 말한다.

'설득'은 다른 사람에게 좋은 일을 함께하도록 권면하는 것으로 리더가 설득으로 주도적인 지도력을 발휘해야 할 때 조직이 원하는 방향으로 이끌어 갈 수 있다(권수영, 2005). '개념화'와 '미래 보기' 훈련은 느긋하려고 하는 행동을 점검한다. 리더로서 폭넓은 개념적 사고를 갖고 자기 생각을 확장함으로 조급해하지 않고 시대를 보는 안목을 길러준다(Spears, 2002).

'청지기 정신'을 위한 훈련은 겸손함과 자신에게 주어진 일을 해내며 내가 가진 것을 다른 사람에게 나누는 활동이다. 서번트 리더는 청지기 직분으로 타인의 필요를 충족시키고 통제보다는 개방성과 설득으로 함께 나누는 자이다(Spears, 2002).

'이웃 성장에 헌신'하며 **'공동체 세우기'** 훈련은 위 22가지 항목의 상당한 대부분을 포괄하며 서번트 리더로서의 섬김과 공동체 우선을 실천하도록 훈련한다. 매일 미래저널을 쓰며 서번트 리더십의 10가지 특성을 훈련하는 사람은 4차 산업혁명 시대 감당할 수 없는 인재로 거듭날 것이며, 시대가 필요로 하는 인재 역량을 갖춰 새 시대를 즐기는 서퍼가 될 것이다 (박병기, 2020).

지정의 학습

Future Journal and Future Reading
Leading

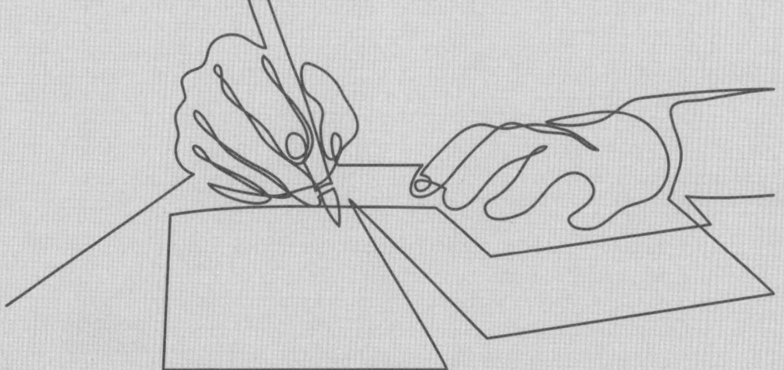

●

이 장의 내용은 '하버드에도 없는 AI시대의 최고의 학습법(거꾸로미디어. 2020)'의 내용을 적법하게 발췌했음을 밝힙니다.
기타 인용 출처는 다음과 같습니다.

앤서니, 후크마. (2012). 개혁주의 인간론. 서울: 부흥과 개혁사.
도트리치, 데이비드. L. 카이로., 피터 C. , & 라인스미스, 스티븐. H. (2012). 세계일류기업은 어떻게 리더를 양성하는가: 나래북.
슈밥, 클라우스. (2016). 클라우스 슈밥의 제4차 산업혁명. 서울: 새로운 현재.

"학교의 주된 목적 가운데 하나는 지적인 교육이지만
교사는 자신이 가르치는 학생이 전인이라는 점을 결코 잊어서는 안 된다.
그러므로 학교는 지성만을 훈련해야 하는 것이 아니라 감정과 의지에도
호소해야 한다. 효과적인 교육은 학생 안에 과목에 대한 사랑과 그 과목에 대해
더 배우고 싶은 욕구를 불러일으켜야 하기 때문이다.
더 나아가 학교는 지성뿐만 아니라 몸에 대한 관심도 나타내야 한다."

- 앤서니 후크마

1) 지정의 학습의 기초

앤서니 후크마에 따르면 학교 교육은 전인적인 사람을 키워내는 것이 중요하며 전인적인 사람은 지-정-의(知情意)를 잘 갖춘 사람이다. 지정의에 익숙하지 않은 사람은 지정의를 잘 갖춘 사람의 이미지가 쉽게 그려지지 않을 것이다. 비즈니스 세계의 예를 들어본다. 「세계 일류기업은 어떻게 리더를 양성하는가」라는 책에서 저자들은 '완전한 리더를 양성하는 게 쉬운 일은 아니지만, 지-정-의를 갖춘 리더를 세우는 것에 집중한다면 불가능한 것은 아님'을 강조한 바 있다. 이 책의 저자는 지-정-의라는 표현 대신 머리, 가슴, 배짱이라는 표현을 썼다. 대부분의 리더가 머리(知)만 갖췄거나 가슴(情)만 갖췄거나 배짱(意)만 갖췄지 모두를 고르게 갖춘 경우가 드물기에 불완전한 리더십이 나올 수밖에 없다고 이 책의 저자들은 말한다. 이 책의 저자들은 한쪽으로 쏠려 있는 리더에 대해 다음과 같이 설명한다.

"현대의 리더들은 흔히 단 하나의 자질, 즉 머리 혹은 가슴 혹은 배

짱(하나)에만 전적으로 의존하는 모습을 보이고 있다. 불행하게도 이럴 경우 성공에 필요한 다른 면을 간과하게 된다. 만약 엄격하게 분석적이고 엄밀한 리더십을 추구한다면 아마 사람들은 뜻밖에도 무감각하고 비윤리적으로 반응할 것이다. 이러한 리더십으로는 좁은 범위를 뛰어넘는 광범위한 상황 하에서는 효과적으로 대응할 수 없다. 한편 연민하는 감성적인 리더십을 추구한다면, 기민하고 전략적인 기회를 포착하지 못할 것이다. 그리고 확신과 강건함에 기반하여 용기에만 전적으로 의존하는 리더십은 사람들에게 부정적인 결과를 초래할 수 있다.”

「세계일류기업은 어떻게 리더를 양성하는가」의 저자들은 전인적인 리더가 되기 위해 머리 리더십(知), 가슴 리더십(情), 배짱 리더십(意)을 동시에 키울 것을 강조한다.

‘머리 리더십(知)’을 위해 기존의 방식을 재고하고, 필요한 경우 영역을 재구성하고, 복잡한 세계를 파악하고, 단기 목표를 기억하되 전략적으로 구성하고, 조직 내부 혹은 외부 어디서든 아이디어를 모색하고 견해를 개발할 것을 소개하고 있다.

이게 도대체 무슨 말인가. 편저자(박병기)에겐 독창성과 창의성을 머리에 유지하라는 말로 들렸다.

‘가슴 리더십(情)’을 위해서는 사람들과 업무의 필요성 사이에서 균형을 유지하고, 신뢰를 쌓고, 다양한 문화에서 진정한 공감을 개발하고, 사람들이 진실로 헌신하는 환경을 새로 마련하고, 진정 무엇이 중요한지를 파악하고, 잠정적인 일탈 행위들을 파악하고 극복하기를 원한다. 편저자에게 이 내용은 가슴으로 느끼는 것이 중요함을 강조하는 말로 들렸다.

마지막으로 '배짱 리더십(意)'을 위해서는 불완전한 데이터로 모험을 감행하고, 리스크와 보상 사이에서 균형을 잡고, 난관이 있음에도 굴하지 않는 고결함으로 단호하게 행동하고, 성공에 필요한 것을 집요하게 추구하고, 역경에도 굴하지 않고 인내하며, 어려운 의사결정이라도 두려워하지 않고 처리하기를 할 것을 강조한다. 이 내용은 편저자에게 '실천의 전문가가 돼라'로 들렸다.

결론은 지정의를 갖춘 전인적인 리더가 필요함에 대해 비즈니스 세계의 전문가들도 한목소리를 내고 있다는 말을 하고 있다.

세계경제포럼의 의장인 클라우스 슈밥에 의하면 제4차 산업혁명 시대는 '상황맥락지능, 정서지능, 영감지능, 신체지능'을 갖춘 인재를 키워내고 세우기를 요구한다고 한다. 필자는 이 4가지 지능을 지-정-의-체로 보았다.

슈밥이 말하는 '상황맥락지능'은 다양한 분야에 있는 사람들과 대화하고 토론하며 총체적인 지식을 얻는 능력인데 이는 단순한 지식을 얻는 게 아니라 다른 사람과 토론하거나 다른 사람의 글을 읽거나 강의를 들으면서 통찰, 분별, 깨달음을 얻는 것을 말한다. 총체적인 지식은 AI가 흉내내기 어려운 지식이다. 편저자는 이를 지정의 중 지(知)로 보았다.

다양한 분야의 협력을 제도화하고 계층구조를 수평화하고 창의적 아이디어를 격려하는 환경으로 이끄는 능력은 '정서지능'에서 나온다고 슈밥은 보았는데, 이것은 진정성있게 느끼는 것과 공감하는 것에서 출발한다고 할 수 있다. 편저자는 이를 지정의에서 정(情)으로 보았다.

슈밥은 또한 공공의 이익을 위해 함께 탐구하고 발전시키고 공유하는 것을 '영감지능'이라고 했고 편저자는 이를 지정의에서 의(意)로 보았다. 신체지능은 우리가 생각하는 건강을 포함해 급박한 상황에서 평정심을 유지하는 능력이다. 편저자는 이를 체(體)로 보았다. 슈밥에 따르면 새 시대의 인재는 지-정-의-체가 회복되는 사람이다.

'회복'이라는 표현을 쓰는 이유는 사람은 태어나자마자 그리고 살아내면서 수많은 경험을 통해 지정의가 조금씩 망가졌고 어떤 이는 회복 불능의 상태까지 이르렀기 때문이라는 세계관이 기초가 되기 때문이다.

회복 불능처럼 되어 버린 이 지정의를 어떻게 회복할 것인가. 사실 불가능한 일처럼 보인다. 편저자는 교육을 통해 회복할 수 있다는 가설을 세웠다. 그리고 그 가설하에 편저자는 다음과 같이 지-정-의 학습을 진행했다.

지知(통찰, 분별, 성찰 등): 학습자로하여금 정해진 분량의 독서를 하거나 영상을 보면서 새롭게 알게 된 것, 배우게 된 것을 나누게 한다. 전에는 알지 못했거나 희미했지만 인지하게 된 내용, 뚜렷하게 인식하게 된 내용을 적게 한다. 분별력이 강화된 부분, 이해와 성찰이 있었던 부분을 적게 한다. 그리고 작성한 것을 각자의 교육 플랫폼(구글 클래스룸, 네이버 밴드, 카카오톡 등)에서 나누게 한다. 지(知)는 앞서 이야기한 것처럼 인공지능이 범접하기 힘든 통찰, 분별, 성찰의 지능과 연관이 있다.

정情(감정, 사랑, 희로애락 등): 어떤 글을 읽거나 영상을 볼 때 인간만이 갖게 되는 지(知)를 통해 경험되는 인간만의 감정을 쓰는 것이다. 감정의 표현만 쓰는 게 아니라 실제로 일게 된 진정성 있는 감정을 쓰는 것이다. 만약 그런 감정이 일지 않는다면 읽고 보는 것의 참 의미는 떨어진다는 가정하에 감정을 쓰도록 이끌고 있다.

의意(뜻, 의지, 결정, 선택, 비전 등): 책을 읽으면서(또는 영상을 보면서) 지와 정을 경험하게 된 것을 어떻게 의지적으로 적용할 것인지를 지정의 학습자들에게 적도록 했다. 왜 그런 결정을 내렸고, 그런 선택을 하기로 했는지를 지와 정을 바탕으로 적게 했다. 또한, 꿈, 노력, 성실함, 실천, 행함의 결심 등을 지와 정을 기초로 적게 했다. 의는 그런데 실천적이고 확인 가능한 그 무엇이 되도록 했다.

이렇게 지정의를 쓰는 것과 회복은 무슨 연관이 있을까. 깨달았거나 분별했거나 성찰하게 되면 이는 우리의 뇌를 자극한다. 이 자극을 통해 부분적으로 죽어 있는 뇌가 되살아나고 이 살아난 뇌가 어떤 감정을 일으키고 그것이 행동으로 연결되게 할 때 마치 세포가 살아나는 느낌이 들게 된다. 이 책의 편저자는 뇌과학자들이 아니기에 이를 뇌파 검사 등으로 입증하지는 못했다. 하지만 지정의 학습 참가자의 설문조사 결과를 통해 회복이 일어남을 입증하려고 했다. 깨달음, 분별, 성찰이라는 단어들은 동양적인 사고에서는 해탈, 득도 정도로 해석할 수 있는데 편저자가 의도한 결과는 그런 게 아니라 독특성, 창의성 등이었다. 통찰, 분별, 성찰로 뇌가 자극되어 독특성, 창의성이 나올 때 우리의 감정이 움직이고 어떤 실천으로 이어질 수 있다고 편저자는 보았다.

다시 한번 자문을 해본다. 이게 회복과 무슨 상관이 있는가.

지정의 학습 참가자가 읽은 텍스트나 영상은 대부분 건전한 컨텐츠였기에 이를 읽거나 보면서 통찰, 분별, 성찰이 이뤄지고 여기에 독특성, 창의성이 자극된다면 건전한 감정과 건전한 행동으로 이어지게 되고 이 행동이 반복되면 인간의 회복으로 이어진다는 것이 지정의 학습 이론이다.

2) 언택트 시대의 지-정-의 회복

많은 사람이 언택트 교육에 대해 부정적인 견해를 피력한다. 언택트라는 말은 부정어 Un과 Contact의 tact를 합한 한국식 영어로 서로 얼굴을 보지 않은 상태에서 교육이 이뤄지면 언택트 교육이라고 할 수 있다. 사람들은 언택트 교육은 인격적이지 않고 공부하는 사람들 간의 교제가 충분하지 않기 때문에 적절하지 않다고 한다. 그런데 '실제 기존 교실의 교육 현장에서 인격적인 교류와 지정의가 회복되는 교육이 이뤄지고 있는가?'라고 질문을 한다면 선뜻 "그렇다."라고 말하는 사람은 많지 않을 것이다. 편저자가 경험한 바로는 기존 오프라인 교실에서도 서로에 무관심할 수 있다. 어떤 때는 오프라인 교실에서 왕따나 학원폭력이 비일비재하게 일어난다. 언택트 교실이 만들어지면서 좋았던 점은 학교 폭력이 거의 사라졌던 점이다.

언택트 상황이기 때문에 좋은 교제가 발생하지 않는 것이 아니라 사람의 마음 자세에 따라 상황이 달라진다. 언택트냐 컨택트냐가 이슈가 아니라 개인의 마음 자세에 따라 관계는 얼마든지 달라질 수 있다는 게 논점이다.

편저자는 각계각층의 참가자들이 자신이 있는 곳에서 이동하지 않고 언택트 플랫폼을 통해 총체적 관점을 얻는 능력(지知. 상황맥락지능)을 높일 수 있다고 보았다. 한두 사람이 학급을 지배하는 것이 아니라 모두가 함께 참여하게 함으로써 협력과 공동 성장을 제도화할 수 있다고 편저자는 보았다. 또한, 각자 있는 곳에서 눈치 보지 않고 창의적인 생각을 언택트 플랫폼에 나눌 수 있다고 생각했다. 이는 곧 자연스레 창의성을 격려하는 환경으로 이끄는 능력(정情. 정서지능) 향상으로 이어질 수 있다. 또한, 다양한 사람들이 바쁜 가운데에서도 머리를 맞대고 공공의 이익을 위해 함께 탐구하고 발전시키고 공유할 수 있다(의意. 영감지능).

언택트 교육이 아니었다면 결코 만나기 힘든 사람들이 만나서 공공의 이익을 추구할 수 있다. 지정의 학습은 언택트 교육으로 이뤄져 '협력'을 통한 지정의의 회복과 상황맥락지능, 정서지능, 영감지능의 향상을 꿈꾸며 디자인되었다. '회복'과 '협력'이 지정의 학습의 키워드다.

Future Journal and Future Reading

Leading

미래저널 노트

Future Journal Note

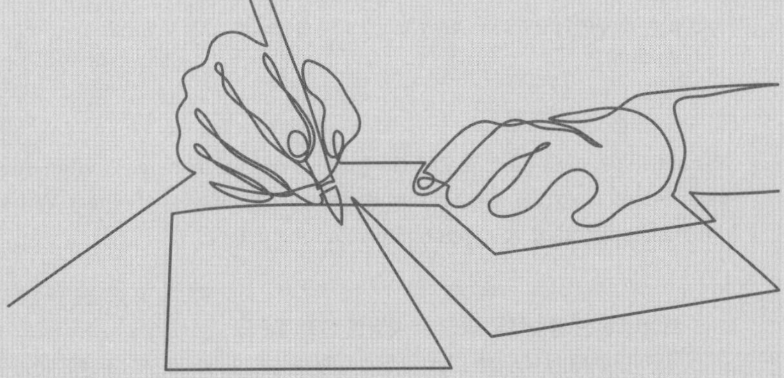

How to Write Future Journal 미래저널 쓰는 법

The more you write about them the better they will become. It's a simple way to express gratitude. It doesn't have to be long or elaborate - just be honest with yourself. Don't worry if you're not sure what to say next, just write down something that makes you appreciative.

사람, 동물, 식물, 미생물, 자연, 현상에 대한 감사거리를 3가지 적어보세요.
Write your appreciation for people, animals, plants, microorganisms, nature and phenomena.

When you think about who you are, you will find your true identity and your true self. The one that is truly yours and not someone else's version of you. The one that is real and authentic. It's a place where you can be yourself without judgement. You don't need to conform or change anything. Your life is just as unique as anyone else's.

나는 누구인가요? (나는 '김철수'입니다. 나는 학생입니다. 그런 것 말고요...)
Who am I?

Name the person and explain why you choose the person. Finding one person daily is a great way to start modeling the behavior of others. Write down one thing that you appreciate about the person.

세상에 선한 영향력을 미친 한 사람을 선정해봐요.
Select one person who has a good influence over the world, society and community.

Why are you studying? Why do you live? Why are you doing it today? Write down one answer you got today. 'The why' is important because it will help you understand your purpose in life and how much of a difference it makes. If you have an apparent reason for pursuing your passion, then this will be the motivation that will drive you forward.

왜 사는지, 왜 그 일을 하는지, 왜 공부하는지를 적어보세요.

Write 'The why' you study and you live.

Writing what you were upset about will help you to understand your own feelings and emotions. It's a great way to get out of your head and into the world. It's also a great way to learn about yourself and your life. Write down all the things that are bothering you, making you feel sad or angry, the things that make you think about death, etc. Write them down in the Mirae Journal.

오늘 가장 화가 났던 일을 적어보세요.

Write down what was most upsetting today.

If there are any of the following characteristics of servant leadership that you have tried today, please check it. Out of 10 characteristics of the servant leadership (listening, empathy, healing, awareness, persuasion, conceptualization, foresight, stewardship, dedication to others, community building), which ones have you practiced today.

서번트 리더십 실천했던 일을 체크해보세요.

☐ Humility ☐ Trying to get rid of prejudice ☐ Finishing a task ☐ Considering the interests of others ☐ Not judging by appearance ☐ Listening with understanding ☐ Trying to cover others ☐ Helping someone in need ☐ Valuing the thoughts of others ☐ Trying not to be jealous or envious ☐ Trying to take it easy ☐ Taking care of others' mental and physical health ☐ Pity for others ☐ Persistence and enduring efforts ☐ Identifying my strengths and weaknesses ☐ Respecting others ☐ Trying not to be disappointed ☐ Persuading others to do good ☐ Trying not to criticize ☐ Trying not to be proud ☐ Sharing what I have with others ☐ Helping others grow

Mirae Journal

Date: ____________

제 4차 산업혁명시대의 거대한 파도 속에서 빅픽처, SQ, 서번트리더십의 역량을 키워 시대의 큰 파도를 마음껏 즐길 수 있는 새 시대 서퍼(surfer)가 양성되는 그 날까지. Until the day when surfers of the new era are nurtured, who can truly experience the great waves of the times by cultivating the capabilities of seeing the Big Picture, 9th Intelligence, and Servant Leadership in the midst of the vast waves of the Fourth Industrial Revolution.

사람, 동물, 식물, 미생물, 자연, 현상에 대한 감사거리를 3가지 적어보세요.
Write your appreciation for people, animals, plants, microorganisms, nature and phenomena.

나는 누구인가요? (나는 '김철수'입니다. 나는 학생입니다. 그런 것 말고요...)
Who am I?

세상에 선한 영향력을 미친 한 사람을 선정해봐요. Select one person who has good influence over the world, society and community.

이름 Name of the person :

선정이유 Reason for selection :

오늘 친구나 가족과 함께 시간 가는 줄 모르는 놀이를 했으면 그것을 적어보세요.
Why are you studying? Why do you live? Why are you doing it today? Write down one answer you got today.

왜 공부를 하는지, 왜 사는지, 왜 그 일을 하는지를 생각해본 적이 있으면 나름대로 얻어낸 답을 하나라도 적어보세요. Why are you studying? Why do you live? Why are you doing it today? Write down one answer you got today.

오늘 화가 나는 일이 있었다면 가장 화난 일을 적어보세요. I was angry because...

아래 내용 중에서 오늘 내가 노력해본 것이 있으면 왼쪽에 체크 표시를 하세요.
If there are any of the following characteristics of servant leadership that you have tried today, please check it.

- ☐ 겸손 Humility
- ☐ 편견을 없애려고 함 Trying to get rid of prejudice
- ☐ 주어진 일을 마무리 함 Finishing a task
- ☐ 남의 유익 생각 Considering the interests of others
- ☐ 외모로 판단하지 않음 Not judging by appearance
- ☐ 이해하며 귀기울여 들음 Listening carefully
- ☐ 남을 감싸주려고 함 Trying to cover others
- ☐ 어려운 사람을 도움 Helping someone in need
- ☐ 다른 사람의 생각을 소중하게 여김 Valuing the thoughts of others
- ☐ 시기 질투하지 않으려고 함 Trying not to be jealous or envious
- ☐ 느긋하려고 함 Trying to take it easy
- ☐ 남의 정신적, 육체적 건강을 돌봄 Taking care of others' mental and physical health
- ☐ 남을 불쌍히 여김 Pity for others
- ☐ 꾸준함과 지속성 노력 Persistence and enduring efforts
- ☐ 내 장점과 단점 파악해 봄 Identifying my strengths and weaknesses
- ☐ 남을 존중함 Respecting others
- ☐ 남을 존중함 Trying not to be disappointed
- ☐ 남들에게 좋은 일을 하자고 설득 Persuading others to do good
- ☐ 비판하지 않으려고 함 Trying not to criticize
- ☐ 잘난 체하지 않으려 함 Trying not to be proud
- ☐ 갖고 있는 것을 남들과 나눔 Sharing what I have with others
- ☐ 남이 성장하도록 도움 Helping others grow

Mirae Journal

Date: ____________

제 4차 산업혁명시대의 거대한 파도 속에서 빅픽처, SQ, 서번트리더십의 역량을 키워 시대의 큰 파도를 마음껏 즐길 수 있는 새 시대 서퍼(surfer)가 양성되는 그 날까지. Until the day when surfers of the new era are nurtured, who can truly experience the great waves of the times by cultivating the capabilities of seeing the Big Picture, 9th Intelligence, and Servant Leadership in the midst of the vast waves of the Fourth Industrial Revolution.

사람, 동물, 식물, 미생물, 자연, 현상에 대한 감사거리를 3가지 적어보세요.
Write your appreciation for people, animals, plants, microorganisms, nature and phenomena.

나는 누구인가요? (나는 '김철수'입니다. 나는 학생입니다. 그런 것 말고요...)
Who am I?

세상에 선한 영향력을 미친 한 사람을 선정해봐요. Select one person who has good influence over the world, society and community.

이름 Name of the person :

선정이유 Reason for selection :

오늘 친구나 가족과 함께 시간 가는 줄 모르는 놀이를 했으면 그것을 적어보세요.
Why are you studying? Why do you live? Why are you doing it today? Write down one answer you got today.

왜 공부를 하는지, 왜 사는지, 왜 그 일을 하는지를 생각해본 적이 있으면 나름대로 얻어낸 답을 하나라도 적어보세요. Why are you studying? Why do you live? Why are you doing it today? Write down one answer you got today.

오늘 화가 나는 일이 있었다면 가장 화난 일을 적어보세요. I was angry because...

아래 내용 중에서 오늘 내가 노력해본 것이 있으면 왼쪽에 체크 표시를 하세요.
If there are any of the following characteristics of servant leadership that you have tried today, please check it.

- ☐ 겸손 Humility
- ☐ 편견을 없애려고 함 Trying to get rid of prejudice
- ☐ 주어진 일을 마무리 함 Finishing a task
- ☐ 남의 유익 생각 Considering the interests of others
- ☐ 외모로 판단하지 않음 Not judging by appearance
- ☐ 이해하며 귀기울여 들음 Listening carefully
- ☐ 남을 감싸주려고 함 Trying to cover others
- ☐ 어려운 사람을 도움 Helping someone in need
- ☐ 다른 사람의 생각을 소중하게 여김 Valuing the thoughts of others
- ☐ 시기 질투하지 않으려고 함 Trying not to be jealous or envious
- ☐ 느긋하려고 함 Trying to take it easy
- ☐ 남의 정신적, 육체적 건강을 돌봄 Taking care of others' mental and physical health
- ☐ 남을 불쌍히 여김 Pity for others
- ☐ 꾸준함과 지속성 노력 Persistence and enduring efforts
- ☐ 내 장점과 단점 파악해 봄 Identifying my strengths and weaknesses
- ☐ 남을 존중함 Respecting others
- ☐ 남을 존중함 Trying not to be disappointed
- ☐ 남들에게 좋은 일을 하자고 설득 Persuading others to do good
- ☐ 비판하지 않으려고 함 Trying not to criticize
- ☐ 잘난 체하지 않으려 함 Trying not to be proud
- ☐ 갖고 있는 것을 남들과 나눔 Sharing what I have with others
- ☐ 남이 성장하도록 도움 Helping others grow

Mirae Journal

Date: ____________

제 4차 산업혁명시대의 거대한 파도 속에서 빅픽처, SQ, 서번트리더십의 역량을 키워 시대의 큰 파도를 마음껏 즐길 수 있는 새 시대 서퍼(surfer)가 양성되는 그 날까지. Until the day when surfers of the new era are nurtured, who can truly experience the great waves of the times by cultivating the capabilities of seeing the Big Picture, 9th Intelligence, and Servant Leadership in the midst of the vast waves of the Fourth Industrial Revolution.

사람, 동물, 식물, 미생물, 자연, 현상에 대한 감사거리를 3가지 적어보세요.
Write your appreciation for people, animals, plants, microorganisms, nature and phenomena.

나는 누구인가요? (나는 '김철수'입니다. 나는 학생입니다. 그런 것 말고요...)
Who am I?

세상에 선한 영향력을 미친 한 사람을 선정해봐요. Select one person who has good influence over the world, society and community.

이름 Name of the person :

선정이유 Reason for selection :

오늘 친구나 가족과 함께 시간 가는 줄 모르는 놀이를 했으면 그것을 적어보세요.
Why are you studying? Why do you live? Why are you doing it today? Write down one answer you got today.

왜 공부를 하는지, 왜 사는지, 왜 그 일을 하는지를 생각해본 적이 있으면 나름대로 얻어낸 답을 하나라도 적어보세요. Why are you studying? Why do you live? Why are you doing it today? Write down one answer you got today.

오늘 화가 나는 일이 있었다면 가장 화난 일을 적어보세요. I was angry because...

아래 내용 중에서 오늘 내가 노력해본 것이 있으면 왼쪽에 체크 표시를 하세요.
If there are any of the following characteristics of servant leadership that you have tried today, please check it.

- ☐ 겸손 Humility
- ☐ 편견을 없애려고 함 Trying to get rid of prejudice
- ☐ 주어진 일을 마무리 함 Finishing a task
- ☐ 남의 유익 생각 Considering the interests of others
- ☐ 외모로 판단하지 않음 Not judging by appearance
- ☐ 이해하며 귀기울여 들음 Listening carefully
- ☐ 남을 감싸주려고 함 Trying to cover others
- ☐ 어려운 사람을 도움 Helping someone in need
- ☐ 다른 사람의 생각을 소중하게 여김 Valuing the thoughts of others
- ☐ 시기 질투하지 않으려고 함 Trying not to be jealous or envious
- ☐ 느긋하려고 함 Trying to take it easy
- ☐ 남의 정신적, 육체적 건강을 돌봄 Taking care of others' mental and physical health
- ☐ 남을 불쌍히 여김 Pity for others
- ☐ 꾸준함과 지속성 노력 Persistence and enduring efforts
- ☐ 내 장점과 단점 파악해 봄 Identifying my strengths and weaknesses
- ☐ 남을 존중함 Respecting others
- ☐ 남을 존중함 Trying not to be disappointed
- ☐ 남들에게 좋은 일을 하자고 설득 Persuading others to do good
- ☐ 비판하지 않으려고 함 Trying not to criticize
- ☐ 잘난 체하지 않으려 함 Trying not to be proud
- ☐ 갖고 있는 것을 남들과 나눔 Sharing what I have with others
- ☐ 남이 성장하도록 도움 Helping others grow

Mirae Journal

Date: ______________

제 4차 산업혁명시대의 거대한 파도 속에서 빅픽처, SQ, 서번트리더십의 역량을 키워 시대의 큰 파도를 마음껏 즐길 수 있는 새 시대 서퍼(surfer)가 양성되는 그 날까지. Until the day when surfers of the new era are nurtured, who can truly experience the great waves of the times by cultivating the capabilities of seeing the Big Picture, 9th Intelligence, and Servant Leadership in the midst of the vast waves of the Fourth Industrial Revolution.

사람, 동물, 식물, 미생물, 자연, 현상에 대한 감사거리를 3가지 적어보세요.
Write your appreciation for people, animals, plants, microorganisms, nature and phenomena.

____

____

나는 누구인가요? (나는 '김철수'입니다. 나는 학생입니다. 그런 것 말고요...)
Who am I?

____

____

세상에 선한 영향력을 미친 한 사람을 선정해봐요. Select one person who has good influence over the world, society and community.

이름 Name of the person : ____

선정이유 Reason for selection : ____

오늘 친구나 가족과 함께 시간 가는 줄 모르는 놀이를 했으면 그것을 적어보세요.
Why are you studying? Why do you live? Why are you doing it today? Write down one answer you got today.

____

____

____

왜 공부를 하는지, 왜 사는지, 왜 그 일을 하는지를 생각해본 적이 있으면 나름대로 얻어낸 답을 하나라도 적어보세요. Why are you studying? Why do you live? Why are you doing it today? Write down one answer you got today.

오늘 화가 나는 일이 있었다면 가장 화난 일을 적어보세요. I was angry because...

아래 내용 중에서 오늘 내가 노력해본 것이 있으면 왼쪽에 체크 표시를 하세요.
If there are any of the following characteristics of servant leadership that you have tried today, please check it.

☐ 겸손 Humility	☐ 편견을 없애려고 함 Trying to get rid of prejudice
☐ 주어진 일을 마무리 함 Finishing a task	☐ 남의 유익 생각 Considering the interests of others
☐ 외모로 판단하지 않음 Not judging by appearance	☐ 이해하며 귀기울여 들음 Listening carefully
☐ 남을 감싸주려고 함 Trying to cover others	☐ 어려운 사람을 도움 Helping someone in need
☐ 다른 사람의 생각을 소중하게 여김 Valuing the thoughts of others	☐ 시기 질투하지 않으려고 함 Trying not to be jealous or envious
☐ 느긋하려고 함 Trying to take it easy	☐ 남의 정신적, 육체적 건강을 돌봄 Taking care of others' mental and physical health
☐ 남을 불쌍히 여김 Pity for others	☐ 꾸준함과 지속성 노력 Persistence and enduring efforts
☐ 내 장점과 단점 파악해 봄 Identifying my strengths and weaknesses	☐ 남을 존중함 Respecting others
☐ 남을 존중함 Trying not to be disappointed	☐ 남들에게 좋은 일을 하자고 설득 Persuading others to do good
☐ 비판하지 않으려고 함 Trying not to criticize	☐ 잘난 체하지 않으려 함 Trying not to be proud
☐ 갖고 있는 것을 남들과 나눔 Sharing what I have with others	☐ 남이 성장하도록 도움 Helping others grow

Mirae Journal

Date: ____________

제 4차 산업혁명시대의 거대한 파도 속에서 빅픽처, SQ, 서번트리더십의 역량을 키워 시대의 큰 파도를 마음껏 즐길 수 있는 새 시대 서퍼(surfer)가 양성되는 그 날까지. Until the day when surfers of the new era are nurtured, who can truly experience the great waves of the times by cultivating the capabilities of seeing the Big Picture, 9th Intelligence, and Servant Leadership in the midst of the vast waves of the Fourth Industrial Revolution.

사람, 동물, 식물, 미생물, 자연, 현상에 대한 감사거리를 3가지 적어보세요.
Write your appreciation for people, animals, plants, microorganisms, nature and phenomena.

나는 누구인가요? (나는 '김철수'입니다. 나는 학생입니다. 그런 것 말고요...)
Who am I?

세상에 선한 영향력을 미친 한 사람을 선정해봐요. Select one person who has good influence over the world, society and community.

이름 Name of the person :

선정이유 Reason for selection :

오늘 친구나 가족과 함께 시간 가는 줄 모르는 놀이를 했으면 그것을 적어보세요.
Why are you studying? Why do you live? Why are you doing it today? Write down one answer you got today.

왜 공부를 하는지, 왜 사는지, 왜 그 일을 하는지를 생각해본 적이 있으면 나름대로 얻어낸 답을 하나라도 적어보세요. Why are you studying? Why do you live? Why are you doing it today? Write down one answer you got today.

오늘 화가 나는 일이 있었다면 가장 화난 일을 적어보세요. I was angry because...

아래 내용 중에서 오늘 내가 노력해본 것이 있으면 왼쪽에 체크 표시를 하세요.
If there are any of the following characteristics of servant leadership that you have tried today, please check it.

- ☐ 겸손 Humility
- ☐ 편견을 없애려고 함 Trying to get rid of prejudice
- ☐ 주어진 일을 마무리 함 Finishing a task
- ☐ 남의 유익 생각 Considering the interests of others
- ☐ 외모로 판단하지 않음 Not judging by appearance
- ☐ 이해하며 귀기울여 들음 Listening carefully
- ☐ 남을 감싸주려고 함 Trying to cover others
- ☐ 어려운 사람을 도움 Helping someone in need
- ☐ 다른 사람의 생각을 소중하게 여김 Valuing the thoughts of others
- ☐ 시기 질투하지 않으려고 함 Trying not to be jealous or envious
- ☐ 느긋하려고 함 Trying to take it easy
- ☐ 남의 정신적, 육체적 건강을 돌봄 Taking care of others' mental and physical health
- ☐ 남을 불쌍히 여김 Pity for others
- ☐ 꾸준함과 지속성 노력 Persistence and enduring efforts
- ☐ 내 장점과 단점 파악해 봄 Identifying my strengths and weaknesses
- ☐ 남을 존중함 Respecting others
- ☐ 남을 존중함 Trying not to be disappointed
- ☐ 남들에게 좋은 일을 하자고 설득 Persuading others to do good
- ☐ 비판하지 않으려고 함 Trying not to criticize
- ☐ 잘난 체하지 않으려 함 Trying not to be proud
- ☐ 갖고 있는 것을 남들과 나눔 Sharing what I have with others
- ☐ 남이 성장하도록 도움 Helping others grow

Mirae Journal

Date: ____________

제 4차 산업혁명시대의 거대한 파도 속에서 빅픽처, SQ, 서번트리더십의 역량을 키워 시대의 큰 파도를 마음껏 즐길 수 있는 새 시대 서퍼(surfer)가 양성되는 그 날까지. Until the day when surfers of the new era are nurtured, who can truly experience the great waves of the times by cultivating the capabilities of seeing the Big Picture, 9th Intelligence, and Servant Leadership in the midst of the vast waves of the Fourth Industrial Revolution.

사람, 동물, 식물, 미생물, 자연, 현상에 대한 감사거리를 3가지 적어보세요.
Write your appreciation for people, animals, plants, microorganisms, nature and phenomena.

나는 누구인가요? (나는 '김철수'입니다. 나는 학생입니다. 그런 것 말고요...)
Who am I?

세상에 선한 영향력을 미친 한 사람을 선정해봐요. Select one person who has good influence over the world, society and community.

이름 Name of the person :

선정이유 Reason for selection :

오늘 친구나 가족과 함께 시간 가는 줄 모르는 놀이를 했으면 그것을 적어보세요.
Why are you studying? Why do you live? Why are you doing it today? Write down one answer you got today.

왜 공부를 하는지, 왜 사는지, 왜 그 일을 하는지를 생각해본 적이 있으면 나름대로 얻어낸 답을 하나라도 적어보세요. Why are you studying? Why do you live? Why are you doing it today? Write down one answer you got today.

오늘 화가 나는 일이 있었다면 가장 화난 일을 적어보세요. I was angry because...

아래 내용 중에서 오늘 내가 노력해본 것이 있으면 왼쪽에 체크 표시를 하세요.
If there are any of the following characteristics of servant leadership that you have tried today, please check it.

- ☐ 겸손 Humility
- ☐ 편견을 없애려고 함 Trying to get rid of prejudice
- ☐ 주어진 일을 마무리 함 Finishing a task
- ☐ 남의 유익 생각 Considering the interests of others
- ☐ 외모로 판단하지 않음 Not judging by appearance
- ☐ 이해하며 귀기울여 들음 Listening carefully
- ☐ 남을 감싸주려고 함 Trying to cover others
- ☐ 어려운 사람을 도움 Helping someone in need
- ☐ 다른 사람의 생각을 소중하게 여김 Valuing the thoughts of others
- ☐ 시기 질투하지 않으려고 함 Trying not to be jealous or envious
- ☐ 느긋하려고 함 Trying to take it easy
- ☐ 남의 정신적, 육체적 건강을 돌봄 Taking care of others' mental and physical health
- ☐ 남을 불쌍히 여김 Pity for others
- ☐ 꾸준함과 지속성 노력 Persistence and enduring efforts
- ☐ 내 장점과 단점 파악해 봄 Identifying my strengths and weaknesses
- ☐ 남을 존중함 Respecting others
- ☐ 남을 존중함 Trying not to be disappointed
- ☐ 남들에게 좋은 일을 하자고 설득 Persuading others to do good
- ☐ 비판하지 않으려고 함 Trying not to criticize
- ☐ 잘난 체하지 않으려 함 Trying not to be proud
- ☐ 갖고 있는 것을 남들과 나눔 Sharing what I have with others
- ☐ 남이 성장하도록 도움 Helping others grow

Mirae Journal

Date: ____________________

제 4차 산업혁명시대의 거대한 파도 속에서 빅픽처, SQ, 서번트리더십의 역량을 키워 시대의 큰 파도를 마음껏 즐길 수 있는 새 시대 서퍼(surfer)가 양성되는 그 날까지. Until the day when surfers of the new era are nurtured, who can truly experience the great waves of the times by cultivating the capabilities of seeing the Big Picture, 9th Intelligence, and Servant Leadership in the midst of the vast waves of the Fourth Industrial Revolution.

사람, 동물, 식물, 미생물, 자연, 현상에 대한 감사거리를 3가지 적어보세요.
Write your appreciation for people, animals, plants, microorganisms, nature and phenomena.

____

____

나는 누구인가요? (나는 '김철수'입니다. 나는 학생입니다. 그런 것 말고요...)
Who am I?

____

____

세상에 선한 영향력을 미친 한 사람을 선정해봐요. Select one person who has good influence over the world, society and community.

이름 Name of the person :

선정이유 Reason for selection :

오늘 친구나 가족과 함께 시간 가는 줄 모르는 놀이를 했으면 그것을 적어보세요.
Why are you studying? Why do you live? Why are you doing it today? Write down one answer you got today.

____

____

____

왜 공부를 하는지, 왜 사는지, 왜 그 일을 하는지를 생각해본 적이 있으면 나름대로 얻어낸 답을 하나라도 적어보세요. Why are you studying? Why do you live? Why are you doing it today? Write down one answer you got today.

오늘 화가 나는 일이 있었다면 가장 화난 일을 적어보세요. I was angry because...

아래 내용 중에서 오늘 내가 노력해본 것이 있으면 왼쪽에 체크 표시를 하세요.
If there are any of the following characteristics of servant leadership that you have tried today, please check it.

- ☐ 겸손 Humility
- ☐ 편견을 없애려고 함 Trying to get rid of prejudice
- ☐ 주어진 일을 마무리 함 Finishing a task
- ☐ 남의 유익 생각 Considering the interests of others
- ☐ 외모로 판단하지 않음 Not judging by appearance
- ☐ 이해하며 귀기울여 들음 Listening carefully
- ☐ 남을 감싸주려고 함 Trying to cover others
- ☐ 어려운 사람을 도움 Helping someone in need
- ☐ 다른 사람의 생각을 소중하게 여김 Valuing the thoughts of others
- ☐ 시기 질투하지 않으려고 함 Trying not to be jealous or envious
- ☐ 느긋하려고 함 Trying to take it easy
- ☐ 남의 정신적, 육체적 건강을 돌봄 Taking care of others' mental and physical health
- ☐ 남을 불쌍히 여김 Pity for others
- ☐ 꾸준함과 지속성 노력 Persistence and enduring efforts
- ☐ 내 장점과 단점 파악해 봄 Identifying my strengths and weaknesses
- ☐ 남을 존중함 Respecting others
- ☐ 남을 존중함 Trying not to be disappointed
- ☐ 남들에게 좋은 일을 하자고 설득 Persuading others to do good
- ☐ 비판하지 않으려고 함 Trying not to criticize
- ☐ 잘난 체하지 않으려 함 Trying not to be proud
- ☐ 갖고 있는 것을 남들과 나눔 Sharing what I have with others
- ☐ 남이 성장하도록 도움 Helping others grow

Mirae Journal

Date: ____________

제 4차 산업혁명시대의 거대한 파도 속에서 빅픽처, SQ, 서번트리더십의 역량을 키워 시대의 큰 파도를 마음껏 즐길 수 있는 새 시대 서퍼(surfer)가 양성되는 그 날까지. Until the day when surfers of the new era are nurtured, who can truly experience the great waves of the times by cultivating the capabilities of seeing the Big Picture, 9th Intelligence, and Servant Leadership in the midst of the vast waves of the Fourth Industrial Revolution.

사람, 동물, 식물, 미생물, 자연, 현상에 대한 감사거리를 3가지 적어보세요.
Write your appreciation for people, animals, plants, microorganisms, nature and phenomena.

나는 누구인가요? (나는 '김철수'입니다. 나는 학생입니다. 그런 것 말고요...)
Who am I?

세상에 선한 영향력을 미친 한 사람을 선정해봐요. Select one person who has good influence over the world, society and community.

이름 Name of the person :

선정이유 Reason for selection :

오늘 친구나 가족과 함께 시간 가는 줄 모르는 놀이를 했으면 그것을 적어보세요.
Why are you studying? Why do you live? Why are you doing it today? Write down one answer you got today.

왜 공부를 하는지, 왜 사는지, 왜 그 일을 하는지를 생각해본 적이 있으면 나름대로 얻어낸 답을 하나라도 적어보세요. Why are you studying? Why do you live? Why are you doing it today? Write down one answer you got today.

오늘 화가 나는 일이 있었다면 가장 화난 일을 적어보세요. I was angry because...

아래 내용 중에서 오늘 내가 노력해본 것이 있으면 왼쪽에 체크 표시를 하세요.
If there are any of the following characteristics of servant leadership that you have tried today, please check it.

☐ 겸손 Humility	☐ 편견을 없애려고 함 Trying to get rid of prejudice
☐ 주어진 일을 마무리 함 Finishing a task	☐ 남의 유익 생각 Considering the interests of others
☐ 외모로 판단하지 않음 Not judging by appearance	☐ 이해하며 귀기울여 들음 Listening carefully
☐ 남을 감싸주려고 함 Trying to cover others	☐ 어려운 사람을 도움 Helping someone in need
☐ 다른 사람의 생각을 소중하게 여김 Valuing the thoughts of others	☐ 시기 질투하지 않으려고 함 Trying not to be jealous or envious
☐ 느긋하려고 함 Trying to take it easy	☐ 남의 정신적, 육체적 건강을 돌봄 Taking care of others' mental and physical health
☐ 남을 불쌍히 여김 Pity for others	☐ 꾸준함과 지속성 노력 Persistence and enduring efforts
☐ 내 장점과 단점 파악해 봄 Identifying my strengths and weaknesses	☐ 남을 존중함 Respecting others
☐ 남을 존중함 Trying not to be disappointed	☐ 남들에게 좋은 일을 하자고 설득 Persuading others to do good
☐ 비판하지 않으려고 함 Trying not to criticize	☐ 잘난 체하지 않으려 함 Trying not to be proud
☐ 갖고 있는 것을 남들과 나눔 Sharing what I have with others	☐ 남이 성장하도록 도움 Helping others grow

Mirae Journal

Date: ____________

제 4차 산업혁명시대의 거대한 파도 속에서 빅픽처, SQ, 서번트리더십의 역량을 키워 시대의 큰 파도를 마음껏 즐길 수 있는 새 시대 서퍼(surfer)가 양성되는 그 날까지. Until the day when surfers of the new era are nurtured, who can truly experience the great waves of the times by cultivating the capabilities of seeing the Big Picture, 9th Intelligence, and Servant Leadership in the midst of the vast waves of the Fourth Industrial Revolution.

사람, 동물, 식물, 미생물, 자연, 현상에 대한 감사거리를 3가지 적어보세요.
Write your appreciation for people, animals, plants, microorganisms, nature and phenomena.

나는 누구인가요? (나는 '김철수'입니다. 나는 학생입니다. 그런 것 말고요...)
Who am I?

세상에 선한 영향력을 미친 한 사람을 선정해봐요. Select one person who has good influence over the world, society and community.

이름 Name of the person :

선정이유 Reason for selection :

오늘 친구나 가족과 함께 시간 가는 줄 모르는 놀이를 했으면 그것을 적어보세요.
Why are you studying? Why do you live? Why are you doing it today? Write down one answer you got today.

왜 공부를 하는지, 왜 사는지, 왜 그 일을 하는지를 생각해본 적이 있으면 나름대로 얻어낸 답을 하나라도 적어보세요. Why are you studying? Why do you live? Why are you doing it today? Write down one answer you got today.

오늘 화가 나는 일이 있었다면 가장 화난 일을 적어보세요. I was angry because...

아래 내용 중에서 오늘 내가 노력해본 것이 있으면 왼쪽에 체크 표시를 하세요.
If there are any of the following characteristics of servant leadership that you have tried today, please check it.

- ☐ 겸손 Humility
- ☐ 편견을 없애려고 함 Trying to get rid of prejudice
- ☐ 주어진 일을 마무리 함 Finishing a task
- ☐ 남의 유익 생각 Considering the interests of others
- ☐ 외모로 판단하지 않음 Not judging by appearance
- ☐ 이해하며 귀기울여 들음 Listening carefully
- ☐ 남을 감싸주려고 함 Trying to cover others
- ☐ 어려운 사람을 도움 Helping someone in need
- ☐ 다른 사람의 생각을 소중하게 여김 Valuing the thoughts of others
- ☐ 시기 질투하지 않으려고 함 Trying not to be jealous or envious
- ☐ 느긋하려고 함 Trying to take it easy
- ☐ 남의 정신적, 육체적 건강을 돌봄 Taking care of others' mental and physical health
- ☐ 남을 불쌍히 여김 Pity for others
- ☐ 꾸준함과 지속성 노력 Persistence and enduring efforts
- ☐ 내 장점과 단점 파악해 봄 Identifying my strengths and weaknesses
- ☐ 남을 존중함 Respecting others
- ☐ 남을 존중함 Trying not to be disappointed
- ☐ 남들에게 좋은 일을 하자고 설득 Persuading others to do good
- ☐ 비판하지 않으려고 함 Trying not to criticize
- ☐ 잘난 체하지 않으려 함 Trying not to be proud
- ☐ 갖고 있는 것을 남들과 나눔 Sharing what I have with others
- ☐ 남이 성장하도록 도움 Helping others grow

Mirae Journal

Date: ____________

제 4차 산업혁명시대의 거대한 파도 속에서 빅픽처, SQ, 서번트리더십의 역량을 키워 시대의 큰 파도를 마음껏 즐길 수 있는 새 시대 서퍼(surfer)가 양성되는 그 날까지. Until the day when surfers of the new era are nurtured, who can truly experience the great waves of the times by cultivating the capabilities of seeing the Big Picture, 9th Intelligence, and Servant Leadership in the midst of the vast waves of the Fourth Industrial Revolution.

사람, 동물, 식물, 미생물, 자연, 현상에 대한 감사거리를 3가지 적어보세요.
Write your appreciation for people, animals, plants, microorganisms, nature and phenomena.

____

____

나는 누구인가요? (나는 '김철수'입니다. 나는 학생입니다. 그런 것 말고요...)
Who am I?

____

____

세상에 선한 영향력을 미친 한 사람을 선정해봐요. Select one person who has good influence over the world, society and community.

이름 Name of the person : ____________

선정이유 Reason for selection : ____________

오늘 친구나 가족과 함께 시간 가는 줄 모르는 놀이를 했으면 그것을 적어보세요.
Why are you studying? Why do you live? Why are you doing it today? Write down one answer you got today.

____

____

____

왜 공부를 하는지, 왜 사는지, 왜 그 일을 하는지를 생각해본 적이 있으면 나름대로 얻어낸 답을 하나라도 적어보세요. Why are you studying? Why do you live? Why are you doing it today? Write down one answer you got today.

오늘 화가 나는 일이 있었다면 가장 화난 일을 적어보세요. I was angry because...

아래 내용 중에서 오늘 내가 노력해본 것이 있으면 왼쪽에 체크 표시를 하세요.
If there are any of the following characteristics of servant leadership that you have tried today, please check it.

- ☐ 겸손 Humility
- ☐ 편견을 없애려고 함 Trying to get rid of prejudice
- ☐ 주어진 일을 마무리 함 Finishing a task
- ☐ 남의 유익 생각 Considering the interests of others
- ☐ 외모로 판단하지 않음 Not judging by appearance
- ☐ 이해하며 귀기울여 들음 Listening carefully
- ☐ 남을 감싸주려고 함 Trying to cover others
- ☐ 어려운 사람을 도움 Helping someone in need
- ☐ 다른 사람의 생각을 소중하게 여김 Valuing the thoughts of others
- ☐ 시기 질투하지 않으려고 함 Trying not to be jealous or envious
- ☐ 느긋하려고 함 Trying to take it easy
- ☐ 남의 정신적, 육체적 건강을 돌봄 Taking care of others' mental and physical health
- ☐ 남을 불쌍히 여김 Pity for others
- ☐ 꾸준함과 지속성 노력 Persistence and enduring efforts
- ☐ 내 장점과 단점 파악해 봄 Identifying my strengths and weaknesses
- ☐ 남을 존중함 Respecting others
- ☐ 남을 존중함 Trying not to be disappointed
- ☐ 남들에게 좋은 일을 하자고 설득 Persuading others to do good
- ☐ 비판하지 않으려고 함 Trying not to criticize
- ☐ 잘난 체하지 않으려 함 Trying not to be proud
- ☐ 갖고 있는 것을 남들과 나눔 Sharing what I have with others
- ☐ 남이 성장하도록 도움 Helping others grow

Mirae Journal

Date: ____________

제 4차 산업혁명시대의 거대한 파도 속에서 빅픽처, SQ, 서번트리더십의 역량을 키워 시대의 큰 파도를 마음껏 즐길 수 있는 새 시대 서퍼(surfer)가 양성되는 그 날까지. Until the day when surfers of the new era are nurtured, who can truly experience the great waves of the times by cultivating the capabilities of seeing the Big Picture, 9th Intelligence, and Servant Leadership in the midst of the vast waves of the Fourth Industrial Revolution.

사람, 동물, 식물, 미생물, 자연, 현상에 대한 감사거리를 3가지 적어보세요.
Write your appreciation for people, animals, plants, microorganisms, nature and phenomena.

나는 누구인가요? (나는 '김철수'입니다. 나는 학생입니다. 그런 것 말고요...)
Who am I?

세상에 선한 영향력을 미친 한 사람을 선정해봐요. Select one person who has good influence over the world, society and community.

이름 Name of the person :

선정이유 Reason for selection :

오늘 친구나 가족과 함께 시간 가는 줄 모르는 놀이를 했으면 그것을 적어보세요.
Why are you studying? Why do you live? Why are you doing it today? Write down one answer you got today.

왜 공부를 하는지, 왜 사는지, 왜 그 일을 하는지를 생각해본 적이 있으면 나름대로 얻어낸 답을 하나라도 적어보세요. Why are you studying? Why do you live? Why are you doing it today? Write down one answer you got today.

오늘 화가 나는 일이 있었다면 가장 화난 일을 적어보세요. I was angry because...

아래 내용 중에서 오늘 내가 노력해본 것이 있으면 왼쪽에 체크 표시를 하세요.
If there are any of the following characteristics of servant leadership that you have tried today, please check it.

- ☐ 겸손 Humility
- ☐ 편견을 없애려고 함 Trying to get rid of prejudice
- ☐ 주어진 일을 마무리 함 Finishing a task
- ☐ 남의 유익 생각 Considering the interests of others
- ☐ 외모로 판단하지 않음 Not judging by appearance
- ☐ 이해하며 귀기울여 들음 Listening carefully
- ☐ 남을 감싸주려고 함 Trying to cover others
- ☐ 어려운 사람을 도움 Helping someone in need
- ☐ 다른 사람의 생각을 소중하게 여김 Valuing the thoughts of others
- ☐ 시기 질투하지 않으려고 함 Trying not to be jealous or envious
- ☐ 느긋하려고 함 Trying to take it easy
- ☐ 남의 정신적, 육체적 건강을 돌봄 Taking care of others' mental and physical health
- ☐ 남을 불쌍히 여김 Pity for others
- ☐ 꾸준함과 지속성 노력 Persistence and enduring efforts
- ☐ 내 장점과 단점 파악해 봄 Identifying my strengths and weaknesses
- ☐ 남을 존중함 Respecting others
- ☐ 남을 존중함 Trying not to be disappointed
- ☐ 남들에게 좋은 일을 하자고 설득 Persuading others to do good
- ☐ 비판하지 않으려고 함 Trying not to criticize
- ☐ 잘난 체하지 않으려 함 Trying not to be proud
- ☐ 갖고 있는 것을 남들과 나눔 Sharing what I have with others
- ☐ 남이 성장하도록 도움 Helping others grow

Mirae Journal

Date: ________________

제 4차 산업혁명시대의 거대한 파도 속에서 빅픽처, SQ, 서번트리더십의 역량을 키워 시대의 큰 파도를 마음껏 즐길 수 있는 새 시대 서퍼(surfer)가 양성되는 그 날까지. Until the day when surfers of the new era are nurtured, who can truly experience the great waves of the times by cultivating the capabilities of seeing the Big Picture, 9th Intelligence, and Servant Leadership in the midst of the vast waves of the Fourth Industrial Revolution.

사람, 동물, 식물, 미생물, 자연, 현상에 대한 감사거리를 3가지 적어보세요.
Write your appreciation for people, animals, plants, microorganisms, nature and phenomena.

____

____

나는 누구인가요? (나는 '김철수'입니다. 나는 학생입니다. 그런 것 말고요...)
Who am I?

____

____

세상에 선한 영향력을 미친 한 사람을 선정해봐요. Select one person who has good influence over the world, society and community.

이름 Name of the person : ______________________________

선정이유 Reason for selection : ______________________________

오늘 친구나 가족과 함께 시간 가는 줄 모르는 놀이를 했으면 그것을 적어보세요.
Why are you studying? Why do you live? Why are you doing it today? Write down one answer you got today.

____

____

____

왜 공부를 하는지, 왜 사는지, 왜 그 일을 하는지를 생각해본 적이 있으면 나름대로 얻어낸 답을 하나라도 적어보세요. Why are you studying? Why do you live? Why are you doing it today? Write down one answer you got today.

오늘 화가 나는 일이 있었다면 가장 화난 일을 적어보세요. I was angry because...

아래 내용 중에서 오늘 내가 노력해본 것이 있으면 왼쪽에 체크 표시를 하세요.
If there are any of the following characteristics of servant leadership that you have tried today, please check it.

- ☐ 겸손 Humility
- ☐ 편견을 없애려고 함 Trying to get rid of prejudice
- ☐ 주어진 일을 마무리 함 Finishing a task
- ☐ 남의 유익 생각 Considering the interests of others
- ☐ 외모로 판단하지 않음 Not judging by appearance
- ☐ 이해하며 귀기울여 들음 Listening carefully
- ☐ 남을 감싸주려고 함 Trying to cover others
- ☐ 어려운 사람을 도움 Helping someone in need
- ☐ 다른 사람의 생각을 소중하게 여김 Valuing the thoughts of others
- ☐ 시기 질투하지 않으려고 함 Trying not to be jealous or envious
- ☐ 느긋하려고 함 Trying to take it easy
- ☐ 남의 정신적, 육체적 건강을 돌봄 Taking care of others' mental and physical health
- ☐ 남을 불쌍히 여김 Pity for others
- ☐ 꾸준함과 지속성 노력 Persistence and enduring efforts
- ☐ 내 장점과 단점 파악해 봄 Identifying my strengths and weaknesses
- ☐ 남을 존중함 Respecting others
- ☐ 남을 존중함 Trying not to be disappointed
- ☐ 남들에게 좋은 일을 하자고 설득 Persuading others to do good
- ☐ 비판하지 않으려고 함 Trying not to criticize
- ☐ 잘난 체하지 않으려 함 Trying not to be proud
- ☐ 갖고 있는 것을 남들과 나눔 Sharing what I have with others
- ☐ 남이 성장하도록 도움 Helping others grow

Mirae Journal

Date: ____________

제 4차 산업혁명시대의 거대한 파도 속에서 빅픽처, SQ, 서번트리더십의 역량을 키워 시대의 큰 파도를 마음껏 즐길 수 있는 새 시대 서퍼(surfer)가 양성되는 그 날까지. Until the day when surfers of the new era are nurtured, who can truly experience the great waves of the times by cultivating the capabilities of seeing the Big Picture, 9th Intelligence, and Servant Leadership in the midst of the vast waves of the Fourth Industrial Revolution.

사람, 동물, 식물, 미생물, 자연, 현상에 대한 감사거리를 3가지 적어보세요.
Write your appreciation for people, animals, plants, microorganisms, nature and phenomena.

나는 누구인가요? (나는 '김철수'입니다. 나는 학생입니다. 그런 것 말고요...)
Who am I?

세상에 선한 영향력을 미친 한 사람을 선정해봐요. Select one person who has good influence over the world, society and community.

이름 Name of the person :

선정이유 Reason for selection :

오늘 친구나 가족과 함께 시간 가는 줄 모르는 놀이를 했으면 그것을 적어보세요.
Why are you studying? Why do you live? Why are you doing it today? Write down one answer you got today.

왜 공부를 하는지, 왜 사는지, 왜 그 일을 하는지를 생각해본 적이 있으면 나름대로 얻어낸 답을 하나라도 적어보세요. Why are you studying? Why do you live? Why are you doing it today? Write down one answer you got today.

오늘 화가 나는 일이 있었다면 가장 화난 일을 적어보세요. I was angry because...

아래 내용 중에서 오늘 내가 노력해본 것이 있으면 왼쪽에 체크 표시를 하세요.
If there are any of the following characteristics of servant leadership that you have tried today, please check it.

☐ 겸손 Humility	☐ 편견을 없애려고 함 Trying to get rid of prejudice
☐ 주어진 일을 마무리 함 Finishing a task	☐ 남의 유익 생각 Considering the interests of others
☐ 외모로 판단하지 않음 Not judging by appearance	☐ 이해하며 귀기울여 들음 Listening carefully
☐ 남을 감싸주려고 함 Trying to cover others	☐ 어려운 사람을 도움 Helping someone in need
☐ 다른 사람의 생각을 소중하게 여김 Valuing the thoughts of others	☐ 시기 질투하지 않으려고 함 Trying not to be jealous or envious
☐ 느긋하려고 함 Trying to take it easy	☐ 남의 정신적, 육체적 건강을 돌봄 Taking care of others' mental and physical health
☐ 남을 불쌍히 여김 Pity for others	☐ 꾸준함과 지속성 노력 Persistence and enduring efforts
☐ 내 장점과 단점 파악해 봄 Identifying my strengths and weaknesses	☐ 남을 존중함 Respecting others
☐ 남을 존중함 Trying not to be disappointed	☐ 남들에게 좋은 일을 하자고 설득 Persuading others to do good
☐ 비판하지 않으려고 함 Trying not to criticize	☐ 잘난 체하지 않으려 함 Trying not to be proud
☐ 갖고 있는 것을 남들과 나눔 Sharing what I have with others	☐ 남이 성장하도록 도움 Helping others grow

Mirae Journal

Date: ______________________

제 4차 산업혁명시대의 거대한 파도 속에서 빅픽처, SQ, 서번트리더십의 역량을 키워 시대의 큰 파도를 마음껏 즐길 수 있는 새 시대 서퍼(surfer)가 양성되는 그 날까지. Until the day when surfers of the new era are nurtured, who can truly experience the great waves of the times by cultivating the capabilities of seeing the Big Picture, 9th Intelligence, and Servant Leadership in the midst of the vast waves of the Fourth Industrial Revolution.

사람, 동물, 식물, 미생물, 자연, 현상에 대한 감사거리를 3가지 적어보세요.
Write your appreciation for people, animals, plants, microorganisms, nature and phenomena.

____

____

나는 누구인가요? (나는 '김철수'입니다. 나는 학생입니다. 그런 것 말고요...)
Who am I?

____

____

세상에 선한 영향력을 미친 한 사람을 선정해봐요. Select one person who has good influence over the world, society and community.

이름 Name of the person : ______________________

선정이유 Reason for selection : ______________________

오늘 친구나 가족과 함께 시간 가는 줄 모르는 놀이를 했으면 그것을 적어보세요.
Why are you studying? Why do you live? Why are you doing it today? Write down one answer you got today.

____

____

____

왜 공부를 하는지, 왜 사는지, 왜 그 일을 하는지를 생각해본 적이 있으면 나름대로 얻어낸 답을 하나라도 적어보세요. Why are you studying? Why do you live? Why are you doing it today? Write down one answer you got today.

오늘 화가 나는 일이 있었다면 가장 화난 일을 적어보세요. I was angry because...

아래 내용 중에서 오늘 내가 노력해본 것이 있으면 왼쪽에 체크 표시를 하세요.
If there are any of the following characteristics of servant leadership that you have tried today, please check it.

- ☐ 겸손 Humility
- ☐ 편견을 없애려고 함 Trying to get rid of prejudice
- ☐ 주어진 일을 마무리 함 Finishing a task
- ☐ 남의 유익 생각 Considering the interests of others
- ☐ 외모로 판단하지 않음 Not judging by appearance
- ☐ 이해하며 귀기울여 들음 Listening carefully
- ☐ 남을 감싸주려고 함 Trying to cover others
- ☐ 어려운 사람을 도움 Helping someone in need
- ☐ 다른 사람의 생각을 소중하게 여김 Valuing the thoughts of others
- ☐ 시기 질투하지 않으려고 함 Trying not to be jealous or envious
- ☐ 느긋하려고 함 Trying to take it easy
- ☐ 남의 정신적, 육체적 건강을 돌봄 Taking care of others' mental and physical health
- ☐ 남을 불쌍히 여김 Pity for others
- ☐ 꾸준함과 지속성 노력 Persistence and enduring efforts
- ☐ 내 장점과 단점 파악해 봄 Identifying my strengths and weaknesses
- ☐ 남을 존중함 Respecting others
- ☐ 남을 존중함 Trying not to be disappointed
- ☐ 남들에게 좋은 일을 하자고 설득 Persuading others to do good
- ☐ 비판하지 않으려고 함 Trying not to criticize
- ☐ 잘난 체하지 않으려 함 Trying not to be proud
- ☐ 갖고 있는 것을 남들과 나눔 Sharing what I have with others
- ☐ 남이 성장하도록 도움 Helping others grow

Mirae Journal

Date: ____________________

제 4차 산업혁명시대의 거대한 파도 속에서 빅픽처, SQ, 서번트리더십의 역량을 키워 시대의 큰 파도를 마음껏 즐길 수 있는 새 시대 서퍼(surfer)가 양성되는 그 날까지. Until the day when surfers of the new era are nurtured, who can truly experience the great waves of the times by cultivating the capabilities of seeing the Big Picture, 9th Intelligence, and Servant Leadership in the midst of the vast waves of the Fourth Industrial Revolution.

사람, 동물, 식물, 미생물, 자연, 현상에 대한 감사거리를 3가지 적어보세요.
Write your appreciation for people, animals, plants, microorganisms, nature and phenomena.

____

____

나는 누구인가요? (나는 '김철수'입니다. 나는 학생입니다. 그런 것 말고요...)
Who am I?

____

____

세상에 선한 영향력을 미친 한 사람을 선정해봐요. Select one person who has good influence over the world, society and community.

이름 Name of the person : ____________________

선정이유 Reason for selection : ____________________

오늘 친구나 가족과 함께 시간 가는 줄 모르는 놀이를 했으면 그것을 적어보세요.
Why are you studying? Why do you live? Why are you doing it today? Write down one answer you got today.

____

____

____

왜 공부를 하는지, 왜 사는지, 왜 그 일을 하는지를 생각해본 적이 있으면 나름대로 얻어낸 답을 하나라도 적어보세요. Why are you studying? Why do you live? Why are you doing it today? Write down one answer you got today.

오늘 화가 나는 일이 있었다면 가장 화난 일을 적어보세요. I was angry because...

아래 내용 중에서 오늘 내가 노력해본 것이 있으면 왼쪽에 체크 표시를 하세요.
If there are any of the following characteristics of servant leadership that you have tried today, please check it.

- ☐ 겸손 Humility
- ☐ 편견을 없애려고 함 Trying to get rid of prejudice
- ☐ 주어진 일을 마무리 함 Finishing a task
- ☐ 남의 유익 생각 Considering the interests of others
- ☐ 외모로 판단하지 않음 Not judging by appearance
- ☐ 이해하며 귀기울여 들음 Listening carefully
- ☐ 남을 감싸주려고 함 Trying to cover others
- ☐ 어려운 사람을 도움 Helping someone in need
- ☐ 다른 사람의 생각을 소중하게 여김 Valuing the thoughts of others
- ☐ 시기 질투하지 않으려고 함 Trying not to be jealous or envious
- ☐ 느긋하려고 함 Trying to take it easy
- ☐ 남의 정신적, 육체적 건강을 돌봄 Taking care of others' mental and physical health
- ☐ 남을 불쌍히 여김 Pity for others
- ☐ 꾸준함과 지속성 노력 Persistence and enduring efforts
- ☐ 내 장점과 단점 파악해 봄 Identifying my strengths and weaknesses
- ☐ 남을 존중함 Respecting others
- ☐ 남을 존중함 Trying not to be disappointed
- ☐ 남들에게 좋은 일을 하자고 설득 Persuading others to do good
- ☐ 비판하지 않으려고 함 Trying not to criticize
- ☐ 잘난 체하지 않으려 함 Trying not to be proud
- ☐ 갖고 있는 것을 남들과 나눔 Sharing what I have with others
- ☐ 남이 성장하도록 도움 Helping others grow

Mirae Journal

Date: ____________

제 4차 산업혁명시대의 거대한 파도 속에서 빅픽처, SQ, 서번트리더십의 역량을 키워 시대의 큰 파도를 마음껏 즐길 수 있는 새 시대 서퍼(surfer)가 양성되는 그 날까지. Until the day when surfers of the new era are nurtured, who can truly experience the great waves of the times by cultivating the capabilities of seeing the Big Picture, 9th Intelligence, and Servant Leadership in the midst of the vast waves of the Fourth Industrial Revolution.

사람, 동물, 식물, 미생물, 자연, 현상에 대한 감사거리를 3가지 적어보세요.
Write your appreciation for people, animals, plants, microorganisms, nature and phenomena.

나는 누구인가요? (나는 '김철수'입니다. 나는 학생입니다. 그런 것 말고요...)
Who am I?

세상에 선한 영향력을 미친 한 사람을 선정해봐요. Select one person who has good influence over the world, society and community.

이름 Name of the person :

선정이유 Reason for selection :

오늘 친구나 가족과 함께 시간 가는 줄 모르는 놀이를 했으면 그것을 적어보세요.
Why are you studying? Why do you live? Why are you doing it today? Write down one answer you got today.

왜 공부를 하는지, 왜 사는지, 왜 그 일을 하는지를 생각해본 적이 있으면 나름대로 얻어낸 답을 하나라도 적어보세요. Why are you studying? Why do you live? Why are you doing it today? Write down one answer you got today.

오늘 화가 나는 일이 있었다면 가장 화난 일을 적어보세요. I was angry because...

아래 내용 중에서 오늘 내가 노력해본 것이 있으면 왼쪽에 체크 표시를 하세요.
If there are any of the following characteristics of servant leadership that you have tried today, please check it.

- ☐ 겸손 Humility
- ☐ 편견을 없애려고 함 Trying to get rid of prejudice
- ☐ 주어진 일을 마무리 함 Finishing a task
- ☐ 남의 유익 생각 Considering the interests of others
- ☐ 외모로 판단하지 않음 Not judging by appearance
- ☐ 이해하며 귀기울여 들음 Listening carefully
- ☐ 남을 감싸주려고 함 Trying to cover others
- ☐ 어려운 사람을 도움 Helping someone in need
- ☐ 다른 사람의 생각을 소중하게 여김 Valuing the thoughts of others
- ☐ 시기 질투하지 않으려고 함 Trying not to be jealous or envious
- ☐ 느긋하려고 함 Trying to take it easy
- ☐ 남의 정신적, 육체적 건강을 돌봄 Taking care of others' mental and physical health
- ☐ 남을 불쌍히 여김 Pity for others
- ☐ 꾸준함과 지속성 노력 Persistence and enduring efforts
- ☐ 내 장점과 단점 파악해 봄 Identifying my strengths and weaknesses
- ☐ 남을 존중함 Respecting others
- ☐ 남을 존중함 Trying not to be disappointed
- ☐ 남들에게 좋은 일을 하자고 설득 Persuading others to do good
- ☐ 비판하지 않으려고 함 Trying not to criticize
- ☐ 잘난 체하지 않으려 함 Trying not to be proud
- ☐ 갖고 있는 것을 남들과 나눔 Sharing what I have with others
- ☐ 남이 성장하도록 도움 Helping others grow

Mirae Journal

Date: ____________

제 4차 산업혁명시대의 거대한 파도 속에서 빅픽처, SQ, 서번트리더십의 역량을 키워 시대의 큰 파도를 마음껏 즐길 수 있는 새 시대 서퍼(surfer)가 양성되는 그 날까지. Until the day when surfers of the new era are nurtured, who can truly experience the great waves of the times by cultivating the capabilities of seeing the Big Picture, 9th Intelligence, and Servant Leadership in the midst of the vast waves of the Fourth Industrial Revolution.

사람, 동물, 식물, 미생물, 자연, 현상에 대한 감사거리를 3가지 적어보세요.
Write your appreciation for people, animals, plants, microorganisms, nature and phenomena.

나는 누구인가요? (나는 '김철수'입니다. 나는 학생입니다. 그런 것 말고요...)
Who am I?

세상에 선한 영향력을 미친 한 사람을 선정해봐요. Select one person who has good influence over the world, society and community.

이름 Name of the person :

선정이유 Reason for selection :

오늘 친구나 가족과 함께 시간 가는 줄 모르는 놀이를 했으면 그것을 적어보세요.
Why are you studying? Why do you live? Why are you doing it today? Write down one answer you got today.

왜 공부를 하는지, 왜 사는지, 왜 그 일을 하는지를 생각해본 적이 있으면 나름대로 얻어낸 답을 하나라도 적어보세요. Why are you studying? Why do you live? Why are you doing it today? Write down one answer you got today.

오늘 화가 나는 일이 있었다면 가장 화난 일을 적어보세요. I was angry because...

아래 내용 중에서 오늘 내가 노력해본 것이 있으면 왼쪽에 체크 표시를 하세요.
If there are any of the following characteristics of servant leadership that you have tried today, please check it.

- ☐ 겸손 Humility
- ☐ 편견을 없애려고 함 Trying to get rid of prejudice
- ☐ 주어진 일을 마무리 함 Finishing a task
- ☐ 남의 유익 생각 Considering the interests of others
- ☐ 외모로 판단하지 않음 Not judging by appearance
- ☐ 이해하며 귀기울여 들음 Listening carefully
- ☐ 남을 감싸주려고 함 Trying to cover others
- ☐ 어려운 사람을 도움 Helping someone in need
- ☐ 다른 사람의 생각을 소중하게 여김 Valuing the thoughts of others
- ☐ 시기 질투하지 않으려고 함 Trying not to be jealous or envious
- ☐ 느긋하려고 함 Trying to take it easy
- ☐ 남의 정신적, 육체적 건강을 돌봄 Taking care of others' mental and physical health
- ☐ 남을 불쌍히 여김 Pity for others
- ☐ 꾸준함과 지속성 노력 Persistence and enduring efforts
- ☐ 내 장점과 단점 파악해 봄 Identifying my strengths and weaknesses
- ☐ 남을 존중함 Respecting others
- ☐ 남을 존중함 Trying not to be disappointed
- ☐ 남들에게 좋은 일을 하자고 설득 Persuading others to do good
- ☐ 비판하지 않으려고 함 Trying not to criticize
- ☐ 잘난 체하지 않으려 함 Trying not to be proud
- ☐ 갖고 있는 것을 남들과 나눔 Sharing what I have with others
- ☐ 남이 성장하도록 도움 Helping others grow

Mirae Journal

Date: ____________

제 4차 산업혁명시대의 거대한 파도 속에서 빅픽처, SQ, 서번트리더십의 역량을 키워 시대의 큰 파도를 마음껏 즐길 수 있는 새 시대 서퍼(surfer)가 양성되는 그 날까지. Until the day when surfers of the new era are nurtured, who can truly experience the great waves of the times by cultivating the capabilities of seeing the Big Picture, 9th Intelligence, and Servant Leadership in the midst of the vast waves of the Fourth Industrial Revolution.

사람, 동물, 식물, 미생물, 자연, 현상에 대한 감사거리를 3가지 적어보세요.
Write your appreciation for people, animals, plants, microorganisms, nature and phenomena.

나는 누구인가요? (나는 '김철수'입니다. 나는 학생입니다. 그런 것 말고요...)
Who am I?

세상에 선한 영향력을 미친 한 사람을 선정해봐요. Select one person who has good influence over the world, society and community.

이름 Name of the person :

선정이유 Reason for selection :

오늘 친구나 가족과 함께 시간 가는 줄 모르는 놀이를 했으면 그것을 적어보세요.
Why are you studying? Why do you live? Why are you doing it today? Write down one answer you got today.

왜 공부를 하는지, 왜 사는지, 왜 그 일을 하는지를 생각해본 적이 있으면 나름대로 얻어낸 답을 하나라도 적어보세요. Why are you studying? Why do you live? Why are you doing it today? Write down one answer you got today.

오늘 화가 나는 일이 있었다면 가장 화난 일을 적어보세요. I was angry because...

아래 내용 중에서 오늘 내가 노력해본 것이 있으면 왼쪽에 체크 표시를 하세요.
If there are any of the following characteristics of servant leadership that you have tried today, please check it.

- ☐ 겸손 Humility
- ☐ 편견을 없애려고 함 Trying to get rid of prejudice
- ☐ 주어진 일을 마무리 함 Finishing a task
- ☐ 남의 유익 생각 Considering the interests of others
- ☐ 외모로 판단하지 않음 Not judging by appearance
- ☐ 이해하며 귀기울여 들음 Listening carefully
- ☐ 남을 감싸주려고 함 Trying to cover others
- ☐ 어려운 사람을 도움 Helping someone in need
- ☐ 다른 사람의 생각을 소중하게 여김 Valuing the thoughts of others
- ☐ 시기 질투하지 않으려고 함 Trying not to be jealous or envious
- ☐ 느긋하려고 함 Trying to take it easy
- ☐ 남의 정신적, 육체적 건강을 돌봄 Taking care of others' mental and physical health
- ☐ 남을 불쌍히 여김 Pity for others
- ☐ 꾸준함과 지속성 노력 Persistence and enduring efforts
- ☐ 내 장점과 단점 파악해 봄 Identifying my strengths and weaknesses
- ☐ 남을 존중함 Respecting others
- ☐ 남을 존중함 Trying not to be disappointed
- ☐ 남들에게 좋은 일을 하자고 설득 Persuading others to do good
- ☐ 비판하지 않으려고 함 Trying not to criticize
- ☐ 잘난 체하지 않으려 함 Trying not to be proud
- ☐ 갖고 있는 것을 남들과 나눔 Sharing what I have with others
- ☐ 남이 성장하도록 도움 Helping others grow

Mirae Journal

Date: ____________

제 4차 산업혁명시대의 거대한 파도 속에서 빅픽처, SQ, 서번트리더십의 역량을 키워 시대의 큰 파도를 마음껏 즐길 수 있는 새 시대 서퍼(surfer)가 양성되는 그 날까지. Until the day when surfers of the new era are nurtured, who can truly experience the great waves of the times by cultivating the capabilities of seeing the Big Picture, 9th Intelligence, and Servant Leadership in the midst of the vast waves of the Fourth Industrial Revolution.

사람, 동물, 식물, 미생물, 자연, 현상에 대한 감사거리를 3가지 적어보세요.
Write your appreciation for people, animals, plants, microorganisms, nature and phenomena.

나는 누구인가요? (나는 '김철수'입니다. 나는 학생입니다. 그런 것 말고요...)
Who am I?

세상에 선한 영향력을 미친 한 사람을 선정해봐요. Select one person who has good influence over the world, society and community.

이름 Name of the person :

선정이유 Reason for selection :

오늘 친구나 가족과 함께 시간 가는 줄 모르는 놀이를 했으면 그것을 적어보세요.
Why are you studying? Why do you live? Why are you doing it today? Write down one answer you got today.

왜 공부를 하는지, 왜 사는지, 왜 그 일을 하는지를 생각해본 적이 있으면 나름대로 얻어낸 답을 하나라도 적어보세요. Why are you studying? Why do you live? Why are you doing it today? Write down one answer you got today.

오늘 화가 나는 일이 있었다면 가장 화난 일을 적어보세요. I was angry because...

아래 내용 중에서 오늘 내가 노력해본 것이 있으면 왼쪽에 체크 표시를 하세요.
If there are any of the following characteristics of servant leadership that you have tried today, please check it.

- ☐ 겸손 Humility
- ☐ 편견을 없애려고 함 Trying to get rid of prejudice
- ☐ 주어진 일을 마무리 함 Finishing a task
- ☐ 남의 유익 생각 Considering the interests of others
- ☐ 외모로 판단하지 않음 Not judging by appearance
- ☐ 이해하며 귀기울여 들음 Listening carefully
- ☐ 남을 감싸주려고 함 Trying to cover others
- ☐ 어려운 사람을 도움 Helping someone in need
- ☐ 다른 사람의 생각을 소중하게 여김 Valuing the thoughts of others
- ☐ 시기 질투하지 않으려고 함 Trying not to be jealous or envious
- ☐ 느긋하려고 함 Trying to take it easy
- ☐ 남의 정신적, 육체적 건강을 돌봄 Taking care of others' mental and physical health
- ☐ 남을 불쌍히 여김 Pity for others
- ☐ 꾸준함과 지속성 노력 Persistence and enduring efforts
- ☐ 내 장점과 단점 파악해 봄 Identifying my strengths and weaknesses
- ☐ 남을 존중함 Respecting others
- ☐ 남을 존중함 Trying not to be disappointed
- ☐ 남들에게 좋은 일을 하자고 설득 Persuading others to do good
- ☐ 비판하지 않으려고 함 Trying not to criticize
- ☐ 잘난 체하지 않으려 함 Trying not to be proud
- ☐ 갖고 있는 것을 남들과 나눔 Sharing what I have with others
- ☐ 남이 성장하도록 도움 Helping others grow

Mirae Journal

Date: ____________

제 4차 산업혁명시대의 거대한 파도 속에서 빅픽처, SQ, 서번트리더십의 역량을 키워 시대의 큰 파도를 마음껏 즐길 수 있는 새 시대 서퍼(surfer)가 양성되는 그 날까지. Until the day when surfers of the new era are nurtured, who can truly experience the great waves of the times by cultivating the capabilities of seeing the Big Picture, 9th Intelligence, and Servant Leadership in the midst of the vast waves of the Fourth Industrial Revolution.

사람, 동물, 식물, 미생물, 자연, 현상에 대한 감사거리를 3가지 적어보세요.
Write your appreciation for people, animals, plants, microorganisms, nature and phenomena.

나는 누구인가요? (나는 '김철수'입니다. 나는 학생입니다. 그런 것 말고요...)
Who am I?

세상에 선한 영향력을 미친 한 사람을 선정해봐요. Select one person who has good influence over the world, society and community.

이름 Name of the person :

선정이유 Reason for selection :

오늘 친구나 가족과 함께 시간 가는 줄 모르는 놀이를 했으면 그것을 적어보세요.
Why are you studying? Why do you live? Why are you doing it today? Write down one answer you got today.

왜 공부를 하는지, 왜 사는지, 왜 그 일을 하는지를 생각해본 적이 있으면 나름대로 얻어낸 답을 하나라도 적어보세요. Why are you studying? Why do you live? Why are you doing it today? Write down one answer you got today.

오늘 화가 나는 일이 있었다면 가장 화난 일을 적어보세요. I was angry because...

아래 내용 중에서 오늘 내가 노력해본 것이 있으면 왼쪽에 체크 표시를 하세요.
If there are any of the following characteristics of servant leadership that you have tried today, please check it.

- ☐ 겸손 Humility
- ☐ 편견을 없애려고 함 Trying to get rid of prejudice
- ☐ 주어진 일을 마무리 함 Finishing a task
- ☐ 남의 유익 생각 Considering the interests of others
- ☐ 외모로 판단하지 않음 Not judging by appearance
- ☐ 이해하며 귀기울여 들음 Listening carefully
- ☐ 남을 감싸주려고 함 Trying to cover others
- ☐ 어려운 사람을 도움 Helping someone in need
- ☐ 다른 사람의 생각을 소중하게 여김 Valuing the thoughts of others
- ☐ 시기 질투하지 않으려고 함 Trying not to be jealous or envious
- ☐ 느긋하려고 함 Trying to take it easy
- ☐ 남의 정신적, 육체적 건강을 돌봄 Taking care of others' mental and physical health
- ☐ 남을 불쌍히 여김 Pity for others
- ☐ 꾸준함과 지속성 노력 Persistence and enduring efforts
- ☐ 내 장점과 단점 파악해 봄 Identifying my strengths and weaknesses
- ☐ 남을 존중함 Respecting others
- ☐ 남을 존중함 Trying not to be disappointed
- ☐ 남들에게 좋은 일을 하자고 설득 Persuading others to do good
- ☐ 비판하지 않으려고 함 Trying not to criticize
- ☐ 잘난 체하지 않으려 함 Trying not to be proud
- ☐ 갖고 있는 것을 남들과 나눔 Sharing what I have with others
- ☐ 남이 성장하도록 도움 Helping others grow

Mirae Journal

Date: ______________

제 4차 산업혁명시대의 거대한 파도 속에서 빅픽처, SQ, 서번트리더십의 역량을 키워 시대의 큰 파도를 마음껏 즐길 수 있는 새 시대 서퍼(surfer)가 양성되는 그 날까지. Until the day when surfers of the new era are nurtured, who can truly experience the great waves of the times by cultivating the capabilities of seeing the Big Picture, 9th Intelligence, and Servant Leadership in the midst of the vast waves of the Fourth Industrial Revolution.

사람, 동물, 식물, 미생물, 자연, 현상에 대한 감사거리를 3가지 적어보세요.
Write your appreciation for people, animals, plants, microorganisms, nature and phenomena.

나는 누구인가요? (나는 '김철수'입니다. 나는 학생입니다. 그런 것 말고요...)
Who am I?

세상에 선한 영향력을 미친 한 사람을 선정해봐요. Select one person who has good influence over the world, society and community.

이름 Name of the person :

선정이유 Reason for selection :

오늘 친구나 가족과 함께 시간 가는 줄 모르는 놀이를 했으면 그것을 적어보세요.
Why are you studying? Why do you live? Why are you doing it today? Write down one answer you got today.

왜 공부를 하는지, 왜 사는지, 왜 그 일을 하는지를 생각해본 적이 있으면 나름대로 얻어낸 답을 하나라도 적어보세요. Why are you studying? Why do you live? Why are you doing it today? Write down one answer you got today.

오늘 화가 나는 일이 있었다면 가장 화난 일을 적어보세요. I was angry because...

아래 내용 중에서 오늘 내가 노력해본 것이 있으면 왼쪽에 체크 표시를 하세요.
If there are any of the following characteristics of servant leadership that you have tried today, please check it.

- ☐ 겸손 Humility
- ☐ 편견을 없애려고 함 Trying to get rid of prejudice
- ☐ 주어진 일을 마무리 함 Finishing a task
- ☐ 남의 유익 생각 Considering the interests of others
- ☐ 외모로 판단하지 않음 Not judging by appearance
- ☐ 이해하며 귀기울여 들음 Listening carefully
- ☐ 남을 감싸주려고 함 Trying to cover others
- ☐ 어려운 사람을 도움 Helping someone in need
- ☐ 다른 사람의 생각을 소중하게 여김 Valuing the thoughts of others
- ☐ 시기 질투하지 않으려고 함 Trying not to be jealous or envious
- ☐ 느긋하려고 함 Trying to take it easy
- ☐ 남의 정신적, 육체적 건강을 돌봄 Taking care of others' mental and physical health
- ☐ 남을 불쌍히 여김 Pity for others
- ☐ 꾸준함과 지속성 노력 Persistence and enduring efforts
- ☐ 내 장점과 단점 파악해 봄 Identifying my strengths and weaknesses
- ☐ 남을 존중함 Respecting others
- ☐ 남을 존중함 Trying not to be disappointed
- ☐ 남들에게 좋은 일을 하자고 설득 Persuading others to do good
- ☐ 비판하지 않으려고 함 Trying not to criticize
- ☐ 잘난 체하지 않으려 함 Trying not to be proud
- ☐ 갖고 있는 것을 남들과 나눔 Sharing what I have with others
- ☐ 남이 성장하도록 도움 Helping others grow

Mirae Journal

Date: ____________________

제 4차 산업혁명시대의 거대한 파도 속에서 빅픽처, SQ, 서번트리더십의 역량을 키워 시대의 큰 파도를 마음껏 즐길 수 있는 새 시대 서퍼(surfer)가 양성되는 그 날까지. Until the day when surfers of the new era are nurtured, who can truly experience the great waves of the times by cultivating the capabilities of seeing the Big Picture, 9th Intelligence, and Servant Leadership in the midst of the vast waves of the Fourth Industrial Revolution.

사람, 동물, 식물, 미생물, 자연, 현상에 대한 감사거리를 3가지 적어보세요.
Write your appreciation for people, animals, plants, microorganisms, nature and phenomena.

나는 누구인가요? (나는 '김철수'입니다. 나는 학생입니다. 그런 것 말고요...)
Who am I?

세상에 선한 영향력을 미친 한 사람을 선정해봐요. Select one person who has good influence over the world, society and community.

이름 Name of the person :

선정이유 Reason for selection :

오늘 친구나 가족과 함께 시간 가는 줄 모르는 놀이를 했으면 그것을 적어보세요.
Why are you studying? Why do you live? Why are you doing it today? Write down one answer you got today.

왜 공부를 하는지, 왜 사는지, 왜 그 일을 하는지를 생각해본 적이 있으면 나름대로 얻어낸 답을 하나라도 적어보세요. Why are you studying? Why do you live? Why are you doing it today? Write down one answer you got today.

오늘 화가 나는 일이 있었다면 가장 화난 일을 적어보세요. I was angry because...

아래 내용 중에서 오늘 내가 노력해본 것이 있으면 왼쪽에 체크 표시를 하세요.
If there are any of the following characteristics of servant leadership that you have tried today, please check it.

☐ 겸손 Humility	☐ 편견을 없애려고 함 Trying to get rid of prejudice
☐ 주어진 일을 마무리 함 Finishing a task	☐ 남의 유익 생각 Considering the interests of others
☐ 외모로 판단하지 않음 Not judging by appearance	☐ 이해하며 귀기울여 들음 Listening carefully
☐ 남을 감싸주려고 함 Trying to cover others	☐ 어려운 사람을 도움 Helping someone in need
☐ 다른 사람의 생각을 소중하게 여김 Valuing the thoughts of others	☐ 시기 질투하지 않으려고 함 Trying not to be jealous or envious
☐ 느긋하려고 함 Trying to take it easy	☐ 남의 정신적, 육체적 건강을 돌봄 Taking care of others' mental and physical health
☐ 남을 불쌍히 여김 Pity for others	☐ 꾸준함과 지속성 노력 Persistence and enduring efforts
☐ 내 장점과 단점 파악해 봄 Identifying my strengths and weaknesses	☐ 남을 존중함 Respecting others
☐ 남을 존중함 Trying not to be disappointed	☐ 남들에게 좋은 일을 하자고 설득 Persuading others to do good
☐ 비판하지 않으려고 함 Trying not to criticize	☐ 잘난 체하지 않으려 함 Trying not to be proud
☐ 갖고 있는 것을 남들과 나눔 Sharing what I have with others	☐ 남이 성장하도록 도움 Helping others grow

Mirae Journal

Date: ______________

제 4차 산업혁명시대의 거대한 파도 속에서 빅픽처, SQ, 서번트리더십의 역량을 키워 시대의 큰 파도를 마음껏 즐길 수 있는 새 시대 서퍼(surfer)가 양성되는 그 날까지. Until the day when surfers of the new era are nurtured, who can truly experience the great waves of the times by cultivating the capabilities of seeing the Big Picture, 9th Intelligence, and Servant Leadership in the midst of the vast waves of the Fourth Industrial Revolution.

사람, 동물, 식물, 미생물, 자연, 현상에 대한 감사거리를 3가지 적어보세요.
Write your appreciation for people, animals, plants, microorganisms, nature and phenomena.

나는 누구인가요? (나는 '김철수'입니다. 나는 학생입니다. 그런 것 말고요...)
Who am I?

세상에 선한 영향력을 미친 한 사람을 선정해봐요. Select one person who has good influence over the world, society and community.

이름 Name of the person :

선정이유 Reason for selection :

오늘 친구나 가족과 함께 시간 가는 줄 모르는 놀이를 했으면 그것을 적어보세요.
Why are you studying? Why do you live? Why are you doing it today? Write down one answer you got today.

왜 공부를 하는지, 왜 사는지, 왜 그 일을 하는지를 생각해본 적이 있으면 나름대로 얻어낸 답을 하나라도 적어보세요. Why are you studying? Why do you live? Why are you doing it today? Write down one answer you got today.

오늘 화가 나는 일이 있었다면 가장 화난 일을 적어보세요. I was angry because...

아래 내용 중에서 오늘 내가 노력해본 것이 있으면 왼쪽에 체크 표시를 하세요.
If there are any of the following characteristics of servant leadership that you have tried today, please check it.

- ☐ 겸손 Humility
- ☐ 편견을 없애려고 함 Trying to get rid of prejudice
- ☐ 주어진 일을 마무리 함 Finishing a task
- ☐ 남의 유익 생각 Considering the interests of others
- ☐ 외모로 판단하지 않음 Not judging by appearance
- ☐ 이해하며 귀기울여 들음 Listening carefully
- ☐ 남을 감싸주려고 함 Trying to cover others
- ☐ 어려운 사람을 도움 Helping someone in need
- ☐ 다른 사람의 생각을 소중하게 여김 Valuing the thoughts of others
- ☐ 시기 질투하지 않으려고 함 Trying not to be jealous or envious
- ☐ 느긋하려고 함 Trying to take it easy
- ☐ 남의 정신적, 육체적 건강을 돌봄 Taking care of others' mental and physical health
- ☐ 남을 불쌍히 여김 Pity for others
- ☐ 꾸준함과 지속성 노력 Persistence and enduring efforts
- ☐ 내 장점과 단점 파악해 봄 Identifying my strengths and weaknesses
- ☐ 남을 존중함 Respecting others
- ☐ 남을 존중함 Trying not to be disappointed
- ☐ 남들에게 좋은 일을 하자고 설득 Persuading others to do good
- ☐ 비판하지 않으려고 함 Trying not to criticize
- ☐ 잘난 체하지 않으려 함 Trying not to be proud
- ☐ 갖고 있는 것을 남들과 나눔 Sharing what I have with others
- ☐ 남이 성장하도록 도움 Helping others grow

Mirae Journal

Date: ____________

제 4차 산업혁명시대의 거대한 파도 속에서 빅픽처, SQ, 서번트리더십의 역량을 키워 시대의 큰 파도를 마음껏 즐길 수 있는 새 시대 서퍼(surfer)가 양성되는 그 날까지. Until the day when surfers of the new era are nurtured, who can truly experience the great waves of the times by cultivating the capabilities of seeing the Big Picture, 9th Intelligence, and Servant Leadership in the midst of the vast waves of the Fourth Industrial Revolution.

사람, 동물, 식물, 미생물, 자연, 현상에 대한 감사거리를 3가지 적어보세요.
Write your appreciation for people, animals, plants, microorganisms, nature and phenomena.

나는 누구인가요? (나는 '김철수'입니다. 나는 학생입니다. 그런 것 말고요...)
Who am I?

세상에 선한 영향력을 미친 한 사람을 선정해봐요. Select one person who has good influence over the world, society and community.

이름 Name of the person :

선정이유 Reason for selection :

오늘 친구나 가족과 함께 시간 가는 줄 모르는 놀이를 했으면 그것을 적어보세요.
Why are you studying? Why do you live? Why are you doing it today? Write down one answer you got today.

왜 공부를 하는지, 왜 사는지, 왜 그 일을 하는지를 생각해본 적이 있으면 나름대로 얻어낸 답을 하나라도 적어보세요. Why are you studying? Why do you live? Why are you doing it today? Write down one answer you got today.

오늘 화가 나는 일이 있었다면 가장 화난 일을 적어보세요. I was angry because...

아래 내용 중에서 오늘 내가 노력해본 것이 있으면 왼쪽에 체크 표시를 하세요.
If there are any of the following characteristics of servant leadership that you have tried today, please check it.

- ☐ 겸손 Humility
- ☐ 편견을 없애려고 함 Trying to get rid of prejudice
- ☐ 주어진 일을 마무리 함 Finishing a task
- ☐ 남의 유익 생각 Considering the interests of others
- ☐ 외모로 판단하지 않음 Not judging by appearance
- ☐ 이해하며 귀기울여 들음 Listening carefully
- ☐ 남을 감싸주려고 함 Trying to cover others
- ☐ 어려운 사람을 도움 Helping someone in need
- ☐ 다른 사람의 생각을 소중하게 여김 Valuing the thoughts of others
- ☐ 시기 질투하지 않으려고 함 Trying not to be jealous or envious
- ☐ 느긋하려고 함 Trying to take it easy
- ☐ 남의 정신적, 육체적 건강을 돌봄 Taking care of others' mental and physical health
- ☐ 남을 불쌍히 여김 Pity for others
- ☐ 꾸준함과 지속성 노력 Persistence and enduring efforts
- ☐ 내 장점과 단점 파악해 봄 Identifying my strengths and weaknesses
- ☐ 남을 존중함 Respecting others
- ☐ 남을 존중함 Trying not to be disappointed
- ☐ 남들에게 좋은 일을 하자고 설득 Persuading others to do good
- ☐ 비판하지 않으려고 함 Trying not to criticize
- ☐ 잘난 체하지 않으려 함 Trying not to be proud
- ☐ 갖고 있는 것을 남들과 나눔 Sharing what I have with others
- ☐ 남이 성장하도록 도움 Helping others grow

Mirae Journal

Date: ______________

제 4차 산업혁명시대의 거대한 파도 속에서 빅픽처, SQ, 서번트리더십의 역량을 키워 시대의 큰 파도를 마음껏 즐길 수 있는 새 시대 서퍼(surfer)가 양성되는 그 날까지. Until the day when surfers of the new era are nurtured, who can truly experience the great waves of the times by cultivating the capabilities of seeing the Big Picture, 9th Intelligence, and Servant Leadership in the midst of the vast waves of the Fourth Industrial Revolution.

사람, 동물, 식물, 미생물, 자연, 현상에 대한 감사거리를 3가지 적어보세요.
Write your appreciation for people, animals, plants, microorganisms, nature and phenomena.

나는 누구인가요? (나는 '김철수'입니다. 나는 학생입니다. 그런 것 말고요...)
Who am I?

세상에 선한 영향력을 미친 한 사람을 선정해봐요. Select one person who has good influence over the world, society and community.

이름 Name of the person :

선정이유 Reason for selection :

오늘 친구나 가족과 함께 시간 가는 줄 모르는 놀이를 했으면 그것을 적어보세요.
Why are you studying? Why do you live? Why are you doing it today? Write down one answer you got today.

왜 공부를 하는지, 왜 사는지, 왜 그 일을 하는지를 생각해본 적이 있으면 나름대로 얻어낸 답을 하나라도 적어보세요. Why are you studying? Why do you live? Why are you doing it today? Write down one answer you got today.

오늘 화가 나는 일이 있었다면 가장 화난 일을 적어보세요. I was angry because...

아래 내용 중에서 오늘 내가 노력해본 것이 있으면 왼쪽에 체크 표시를 하세요.
If there are any of the following characteristics of servant leadership that you have tried today, please check it.

- ☐ 겸손 Humility
- ☐ 편견을 없애려고 함 Trying to get rid of prejudice
- ☐ 주어진 일을 마무리 함 Finishing a task
- ☐ 남의 유익 생각 Considering the interests of others
- ☐ 외모로 판단하지 않음 Not judging by appearance
- ☐ 이해하며 귀기울여 들음 Listening carefully
- ☐ 남을 감싸주려고 함 Trying to cover others
- ☐ 어려운 사람을 도움 Helping someone in need
- ☐ 다른 사람의 생각을 소중하게 여김 Valuing the thoughts of others
- ☐ 시기 질투하지 않으려고 함 Trying not to be jealous or envious
- ☐ 느긋하려고 함 Trying to take it easy
- ☐ 남의 정신적, 육체적 건강을 돌봄 Taking care of others' mental and physical health
- ☐ 남을 불쌍히 여김 Pity for others
- ☐ 꾸준함과 지속성 노력 Persistence and enduring efforts
- ☐ 내 장점과 단점 파악해 봄 Identifying my strengths and weaknesses
- ☐ 남을 존중함 Respecting others
- ☐ 남을 존중함 Trying not to be disappointed
- ☐ 남들에게 좋은 일을 하자고 설득 Persuading others to do good
- ☐ 비판하지 않으려고 함 Trying not to criticize
- ☐ 잘난 체하지 않으려 함 Trying not to be proud
- ☐ 갖고 있는 것을 남들과 나눔 Sharing what I have with others
- ☐ 남이 성장하도록 도움 Helping others grow

Mirae Journal

Date: ____________

제 4차 산업혁명시대의 거대한 파도 속에서 빅픽처, SQ, 서번트리더십의 역량을 키워 시대의 큰 파도를 마음껏 즐길 수 있는 새 시대 서퍼(surfer)가 양성되는 그 날까지. Until the day when surfers of the new era are nurtured, who can truly experience the great waves of the times by cultivating the capabilities of seeing the Big Picture, 9th Intelligence, and Servant Leadership in the midst of the vast waves of the Fourth Industrial Revolution.

사람, 동물, 식물, 미생물, 자연, 현상에 대한 감사거리를 3가지 적어보세요.
Write your appreciation for people, animals, plants, microorganisms, nature and phenomena.

나는 누구인가요? (나는 '김철수'입니다. 나는 학생입니다. 그런 것 말고요...)
Who am I?

세상에 선한 영향력을 미친 한 사람을 선정해봐요. Select one person who has good influence over the world, society and community.

이름 Name of the person :

선정이유 Reason for selection :

오늘 친구나 가족과 함께 시간 가는 줄 모르는 놀이를 했으면 그것을 적어보세요.
Why are you studying? Why do you live? Why are you doing it today? Write down one answer you got today.

왜 공부를 하는지, 왜 사는지, 왜 그 일을 하는지를 생각해본 적이 있으면 나름대로 얻어낸 답을 하나라도 적어보세요. Why are you studying? Why do you live? Why are you doing it today? Write down one answer you got today.

오늘 화가 나는 일이 있었다면 가장 화난 일을 적어보세요. I was angry because...

아래 내용 중에서 오늘 내가 노력해본 것이 있으면 왼쪽에 체크 표시를 하세요.
If there are any of the following characteristics of servant leadership that you have tried today, please check it.

- ☐ 겸손 Humility
- ☐ 편견을 없애려고 함 Trying to get rid of prejudice
- ☐ 주어진 일을 마무리 함 Finishing a task
- ☐ 남의 유익 생각 Considering the interests of others
- ☐ 외모로 판단하지 않음 Not judging by appearance
- ☐ 이해하며 귀기울여 들음 Listening carefully
- ☐ 남을 감싸주려고 함 Trying to cover others
- ☐ 어려운 사람을 도움 Helping someone in need
- ☐ 다른 사람의 생각을 소중하게 여김 Valuing the thoughts of others
- ☐ 시기 질투하지 않으려고 함 Trying not to be jealous or envious
- ☐ 느긋하려고 함 Trying to take it easy
- ☐ 남의 정신적, 육체적 건강을 돌봄 Taking care of others' mental and physical health
- ☐ 남을 불쌍히 여김 Pity for others
- ☐ 꾸준함과 지속성 노력 Persistence and enduring efforts
- ☐ 내 장점과 단점 파악해 봄 Identifying my strengths and weaknesses
- ☐ 남을 존중함 Respecting others
- ☐ 남을 존중함 Trying not to be disappointed
- ☐ 남들에게 좋은 일을 하자고 설득 Persuading others to do good
- ☐ 비판하지 않으려고 함 Trying not to criticize
- ☐ 잘난 체하지 않으려 함 Trying not to be proud
- ☐ 갖고 있는 것을 남들과 나눔 Sharing what I have with others
- ☐ 남이 성장하도록 도움 Helping others grow

Mirae Journal

Date: ____________

제 4차 산업혁명시대의 거대한 파도 속에서 빅픽처, SQ, 서번트리더십의 역량을 키워 시대의 큰 파도를 마음껏 즐길 수 있는 새 시대 서퍼(surfer)가 양성되는 그 날까지. Until the day when surfers of the new era are nurtured, who can truly experience the great waves of the times by cultivating the capabilities of seeing the Big Picture, 9th Intelligence, and Servant Leadership in the midst of the vast waves of the Fourth Industrial Revolution.

사람, 동물, 식물, 미생물, 자연, 현상에 대한 감사거리를 3가지 적어보세요.
Write your appreciation for people, animals, plants, microorganisms, nature and phenomena.

나는 누구인가요? (나는 '김철수'입니다. 나는 학생입니다. 그런 것 말고요...)
Who am I?

세상에 선한 영향력을 미친 한 사람을 선정해봐요. Select one person who has good influence over the world, society and community.

이름 Name of the person :

선정이유 Reason for selection :

오늘 친구나 가족과 함께 시간 가는 줄 모르는 놀이를 했으면 그것을 적어보세요.
Why are you studying? Why do you live? Why are you doing it today? Write down one answer you got today.

왜 공부를 하는지, 왜 사는지, 왜 그 일을 하는지를 생각해본 적이 있으면 나름대로 얻어낸 답을 하나라도 적어보세요. Why are you studying? Why do you live? Why are you doing it today? Write down one answer you got today.

오늘 화가 나는 일이 있었다면 가장 화난 일을 적어보세요. I was angry because...

아래 내용 중에서 오늘 내가 노력해본 것이 있으면 왼쪽에 체크 표시를 하세요.
If there are any of the following characteristics of servant leadership that you have tried today, please check it.

- ☐ 겸손 Humility
- ☐ 편견을 없애려고 함 Trying to get rid of prejudice
- ☐ 주어진 일을 마무리 함 Finishing a task
- ☐ 남의 유익 생각 Considering the interests of others
- ☐ 외모로 판단하지 않음 Not judging by appearance
- ☐ 이해하며 귀기울여 들음 Listening carefully
- ☐ 남을 감싸주려고 함 Trying to cover others
- ☐ 어려운 사람을 도움 Helping someone in need
- ☐ 다른 사람의 생각을 소중하게 여김 Valuing the thoughts of others
- ☐ 시기 질투하지 않으려고 함 Trying not to be jealous or envious
- ☐ 느긋하려고 함 Trying to take it easy
- ☐ 남의 정신적, 육체적 건강을 돌봄 Taking care of others' mental and physical health
- ☐ 남을 불쌍히 여김 Pity for others
- ☐ 꾸준함과 지속성 노력 Persistence and enduring efforts
- ☐ 내 장점과 단점 파악해 봄 Identifying my strengths and weaknesses
- ☐ 남을 존중함 Respecting others
- ☐ 남을 존중함 Trying not to be disappointed
- ☐ 남들에게 좋은 일을 하자고 설득 Persuading others to do good
- ☐ 비판하지 않으려고 함 Trying not to criticize
- ☐ 잘난 체하지 않으려 함 Trying not to be proud
- ☐ 갖고 있는 것을 남들과 나눔 Sharing what I have with others
- ☐ 남이 성장하도록 도움 Helping others grow

Mirae Journal

Date: ____________

제 4차 산업혁명시대의 거대한 파도 속에서 빅픽처, SQ, 서번트리더십의 역량을 키워 시대의 큰 파도를 마음껏 즐길 수 있는 새 시대 서퍼(surfer)가 양성되는 그 날까지. Until the day when surfers of the new era are nurtured, who can truly experience the great waves of the times by cultivating the capabilities of seeing the Big Picture, 9th Intelligence, and Servant Leadership in the midst of the vast waves of the Fourth Industrial Revolution.

사람, 동물, 식물, 미생물, 자연, 현상에 대한 감사거리를 3가지 적어보세요.
Write your appreciation for people, animals, plants, microorganisms, nature and phenomena.

나는 누구인가요? (나는 '김철수'입니다. 나는 학생입니다. 그런 것 말고요...)
Who am I?

세상에 선한 영향력을 미친 한 사람을 선정해봐요. Select one person who has good influence over the world, society and community.

이름 Name of the person :

선정이유 Reason for selection :

오늘 친구나 가족과 함께 시간 가는 줄 모르는 놀이를 했으면 그것을 적어보세요.
Why are you studying? Why do you live? Why are you doing it today? Write down one answer you got today.

왜 공부를 하는지, 왜 사는지, 왜 그 일을 하는지를 생각해본 적이 있으면 나름대로 얻어낸 답을 하나라도 적어보세요. Why are you studying? Why do you live? Why are you doing it today? Write down one answer you got today.

오늘 화가 나는 일이 있었다면 가장 화난 일을 적어보세요. I was angry because...

아래 내용 중에서 오늘 내가 노력해본 것이 있으면 왼쪽에 체크 표시를 하세요.
If there are any of the following characteristics of servant leadership that you have tried today, please check it.

- ☐ 겸손 Humility
- ☐ 편견을 없애려고 함 Trying to get rid of prejudice
- ☐ 주어진 일을 마무리 함 Finishing a task
- ☐ 남의 유익 생각 Considering the interests of others
- ☐ 외모로 판단하지 않음 Not judging by appearance
- ☐ 이해하며 귀기울여 들음 Listening carefully
- ☐ 남을 감싸주려고 함 Trying to cover others
- ☐ 어려운 사람을 도움 Helping someone in need
- ☐ 다른 사람의 생각을 소중하게 여김 Valuing the thoughts of others
- ☐ 시기 질투하지 않으려고 함 Trying not to be jealous or envious
- ☐ 느긋하려고 함 Trying to take it easy
- ☐ 남의 정신적, 육체적 건강을 돌봄 Taking care of others' mental and physical health
- ☐ 남을 불쌍히 여김 Pity for others
- ☐ 꾸준함과 지속성 노력 Persistence and enduring efforts
- ☐ 내 장점과 단점 파악해 봄 Identifying my strengths and weaknesses
- ☐ 남을 존중함 Respecting others
- ☐ 남을 존중함 Trying not to be disappointed
- ☐ 남들에게 좋은 일을 하자고 설득 Persuading others to do good
- ☐ 비판하지 않으려고 함 Trying not to criticize
- ☐ 잘난 체하지 않으려 함 Trying not to be proud
- ☐ 갖고 있는 것을 남들과 나눔 Sharing what I have with others
- ☐ 남이 성장하도록 도움 Helping others grow

Mirae Journal

Date: ____________________

제 4차 산업혁명시대의 거대한 파도 속에서 빅픽처, SQ, 서번트리더십의 역량을 키워 시대의 큰 파도를 마음껏 즐길 수 있는 새 시대 서퍼(surfer)가 양성되는 그 날까지. Until the day when surfers of the new era are nurtured, who can truly experience the great waves of the times by cultivating the capabilities of seeing the Big Picture, 9th Intelligence, and Servant Leadership in the midst of the vast waves of the Fourth Industrial Revolution.

사람, 동물, 식물, 미생물, 자연, 현상에 대한 감사거리를 3가지 적어보세요.
Write your appreciation for people, animals, plants, microorganisms, nature and phenomena.

나는 누구인가요? (나는 '김철수'입니다. 나는 학생입니다. 그런 것 말고요...)
Who am I?

세상에 선한 영향력을 미친 한 사람을 선정해봐요. Select one person who has good influence over the world, society and community.

이름 Name of the person :

선정이유 Reason for selection :

오늘 친구나 가족과 함께 시간 가는 줄 모르는 놀이를 했으면 그것을 적어보세요.
Why are you studying? Why do you live? Why are you doing it today? Write down one answer you got today.

왜 공부를 하는지, 왜 사는지, 왜 그 일을 하는지를 생각해본 적이 있으면 나름대로 얻어낸 답을 하나라도 적어보세요. Why are you studying? Why do you live? Why are you doing it today? Write down one answer you got today.

오늘 화가 나는 일이 있었다면 가장 화난 일을 적어보세요. I was angry because...

아래 내용 중에서 오늘 내가 노력해본 것이 있으면 왼쪽에 체크 표시를 하세요.
If there are any of the following characteristics of servant leadership that you have tried today, please check it.

- ☐ 겸손 Humility
- ☐ 편견을 없애려고 함 Trying to get rid of prejudice
- ☐ 주어진 일을 마무리 함 Finishing a task
- ☐ 남의 유익 생각 Considering the interests of others
- ☐ 외모로 판단하지 않음 Not judging by appearance
- ☐ 이해하며 귀기울여 들음 Listening carefully
- ☐ 남을 감싸주려고 함 Trying to cover others
- ☐ 어려운 사람을 도움 Helping someone in need
- ☐ 다른 사람의 생각을 소중하게 여김 Valuing the thoughts of others
- ☐ 시기 질투하지 않으려고 함 Trying not to be jealous or envious
- ☐ 느긋하려고 함 Trying to take it easy
- ☐ 남의 정신적, 육체적 건강을 돌봄 Taking care of others' mental and physical health
- ☐ 남을 불쌍히 여김 Pity for others
- ☐ 꾸준함과 지속성 노력 Persistence and enduring efforts
- ☐ 내 장점과 단점 파악해 봄 Identifying my strengths and weaknesses
- ☐ 남을 존중함 Respecting others
- ☐ 남을 존중함 Trying not to be disappointed
- ☐ 남들에게 좋은 일을 하자고 설득 Persuading others to do good
- ☐ 비판하지 않으려고 함 Trying not to criticize
- ☐ 잘난 체하지 않으려 함 Trying not to be proud
- ☐ 갖고 있는 것을 남들과 나눔 Sharing what I have with others
- ☐ 남이 성장하도록 도움 Helping others grow

Mirae Journal

Date: ____________

제 4차 산업혁명시대의 거대한 파도 속에서 빅픽처, SQ, 서번트리더십의 역량을 키워 시대의 큰 파도를 마음껏 즐길 수 있는 새 시대 서퍼(surfer)가 양성되는 그 날까지. Until the day when surfers of the new era are nurtured, who can truly experience the great waves of the times by cultivating the capabilities of seeing the Big Picture, 9th Intelligence, and Servant Leadership in the midst of the vast waves of the Fourth Industrial Revolution.

사람, 동물, 식물, 미생물, 자연, 현상에 대한 감사거리를 3가지 적어보세요.
Write your appreciation for people, animals, plants, microorganisms, nature and phenomena.

나는 누구인가요? (나는 '김철수'입니다. 나는 학생입니다. 그런 것 말고요...)
Who am I?

세상에 선한 영향력을 미친 한 사람을 선정해봐요. Select one person who has good influence over the world, society and community.

이름 Name of the person :

선정이유 Reason for selection :

오늘 친구나 가족과 함께 시간 가는 줄 모르는 놀이를 했으면 그것을 적어보세요.
Why are you studying? Why do you live? Why are you doing it today? Write down one answer you got today.

왜 공부를 하는지, 왜 사는지, 왜 그 일을 하는지를 생각해본 적이 있으면 나름대로 얻어낸 답을 하나라도 적어보세요. Why are you studying? Why do you live? Why are you doing it today? Write down one answer you got today.

오늘 화가 나는 일이 있었다면 가장 화난 일을 적어보세요. I was angry because...

아래 내용 중에서 오늘 내가 노력해본 것이 있으면 왼쪽에 체크 표시를 하세요.
If there are any of the following characteristics of servant leadership that you have tried today, please check it.

- ☐ 겸손 Humility
- ☐ 편견을 없애려고 함 Trying to get rid of prejudice
- ☐ 주어진 일을 마무리 함 Finishing a task
- ☐ 남의 유익 생각 Considering the interests of others
- ☐ 외모로 판단하지 않음 Not judging by appearance
- ☐ 이해하며 귀기울여 들음 Listening carefully
- ☐ 남을 감싸주려고 함 Trying to cover others
- ☐ 어려운 사람을 도움 Helping someone in need
- ☐ 다른 사람의 생각을 소중하게 여김 Valuing the thoughts of others
- ☐ 시기 질투하지 않으려고 함 Trying not to be jealous or envious
- ☐ 느긋하려고 함 Trying to take it easy
- ☐ 남의 정신적, 육체적 건강을 돌봄 Taking care of others' mental and physical health
- ☐ 남을 불쌍히 여김 Pity for others
- ☐ 꾸준함과 지속성 노력 Persistence and enduring efforts
- ☐ 내 장점과 단점 파악해 봄 Identifying my strengths and weaknesses
- ☐ 남을 존중함 Respecting others
- ☐ 남을 존중함 Trying not to be disappointed
- ☐ 남들에게 좋은 일을 하자고 설득 Persuading others to do good
- ☐ 비판하지 않으려고 함 Trying not to criticize
- ☐ 잘난 체하지 않으려 함 Trying not to be proud
- ☐ 갖고 있는 것을 남들과 나눔 Sharing what I have with others
- ☐ 남이 성장하도록 도움 Helping others grow

Mirae Journal

Date: ____________________

제 4차 산업혁명시대의 거대한 파도 속에서 빅픽처, SQ, 서번트리더십의 역량을 키워 시대의 큰 파도를 마음껏 즐길 수 있는 새 시대 서퍼(surfer)가 양성되는 그 날까지. Until the day when surfers of the new era are nurtured, who can truly experience the great waves of the times by cultivating the capabilities of seeing the Big Picture, 9th Intelligence, and Servant Leadership in the midst of the vast waves of the Fourth Industrial Revolution.

사람, 동물, 식물, 미생물, 자연, 현상에 대한 감사거리를 3가지 적어보세요.
Write your appreciation for people, animals, plants, microorganisms, nature and phenomena.

나는 누구인가요? (나는 '김철수'입니다. 나는 학생입니다. 그런 것 말고요...)
Who am I?

세상에 선한 영향력을 미친 한 사람을 선정해봐요. Select one person who has good influence over the world, society and community.

이름 Name of the person :

선정이유 Reason for selection :

오늘 친구나 가족과 함께 시간 가는 줄 모르는 놀이를 했으면 그것을 적어보세요.
Why are you studying? Why do you live? Why are you doing it today? Write down one answer you got today.

왜 공부를 하는지, 왜 사는지, 왜 그 일을 하는지를 생각해본 적이 있으면 나름대로 얻어낸 답을 하나라도 적어보세요. Why are you studying? Why do you live? Why are you doing it today? Write down one answer you got today.

오늘 화가 나는 일이 있었다면 가장 화난 일을 적어보세요. I was angry because...

아래 내용 중에서 오늘 내가 노력해본 것이 있으면 왼쪽에 체크 표시를 하세요.
If there are any of the following characteristics of servant leadership that you have tried today, please check it.

- ☐ 겸손 Humility
- ☐ 편견을 없애려고 함 Trying to get rid of prejudice
- ☐ 주어진 일을 마무리 함 Finishing a task
- ☐ 남의 유익 생각 Considering the interests of others
- ☐ 외모로 판단하지 않음 Not judging by appearance
- ☐ 이해하며 귀기울여 들음 Listening carefully
- ☐ 남을 감싸주려고 함 Trying to cover others
- ☐ 어려운 사람을 도움 Helping someone in need
- ☐ 다른 사람의 생각을 소중하게 여김 Valuing the thoughts of others
- ☐ 시기 질투하지 않으려고 함 Trying not to be jealous or envious
- ☐ 느긋하려고 함 Trying to take it easy
- ☐ 남의 정신적, 육체적 건강을 돌봄 Taking care of others' mental and physical health
- ☐ 남을 불쌍히 여김 Pity for others
- ☐ 꾸준함과 지속성 노력 Persistence and enduring efforts
- ☐ 내 장점과 단점 파악해 봄 Identifying my strengths and weaknesses
- ☐ 남을 존중함 Respecting others
- ☐ 남을 존중함 Trying not to be disappointed
- ☐ 남들에게 좋은 일을 하자고 설득 Persuading others to do good
- ☐ 비판하지 않으려고 함 Trying not to criticize
- ☐ 잘난 체하지 않으려 함 Trying not to be proud
- ☐ 갖고 있는 것을 남들과 나눔 Sharing what I have with others
- ☐ 남이 성장하도록 도움 Helping others grow

Mirae Journal

Date: ______________

제 4차 산업혁명시대의 거대한 파도 속에서 빅픽처, SQ, 서번트리더십의 역량을 키워 시대의 큰 파도를 마음껏 즐길 수 있는 새 시대 서퍼(surfer)가 양성되는 그 날까지. Until the day when surfers of the new era are nurtured, who can truly experience the great waves of the times by cultivating the capabilities of seeing the Big Picture, 9th Intelligence, and Servant Leadership in the midst of the vast waves of the Fourth Industrial Revolution.

사람, 동물, 식물, 미생물, 자연, 현상에 대한 감사거리를 3가지 적어보세요.
Write your appreciation for people, animals, plants, microorganisms, nature and phenomena.

나는 누구인가요? (나는 '김철수'입니다. 나는 학생입니다. 그런 것 말고요...)
Who am I?

세상에 선한 영향력을 미친 한 사람을 선정해봐요. Select one person who has good influence over the world, society and community.

이름 Name of the person :

선정이유 Reason for selection :

오늘 친구나 가족과 함께 시간 가는 줄 모르는 놀이를 했으면 그것을 적어보세요.
Why are you studying? Why do you live? Why are you doing it today? Write down one answer you got today.

왜 공부를 하는지, 왜 사는지, 왜 그 일을 하는지를 생각해본 적이 있으면 나름대로 얻어낸 답을 하나라도 적어보세요. Why are you studying? Why do you live? Why are you doing it today? Write down one answer you got today.

오늘 화가 나는 일이 있었다면 가장 화난 일을 적어보세요. I was angry because...

아래 내용 중에서 오늘 내가 노력해본 것이 있으면 왼쪽에 체크 표시를 하세요.
If there are any of the following characteristics of servant leadership that you have tried today, please check it.

- ☐ 겸손 Humility
- ☐ 편견을 없애려고 함 Trying to get rid of prejudice
- ☐ 주어진 일을 마무리 함 Finishing a task
- ☐ 남의 유익 생각 Considering the interests of others
- ☐ 외모로 판단하지 않음 Not judging by appearance
- ☐ 이해하며 귀기울여 들음 Listening carefully
- ☐ 남을 감싸주려고 함 Trying to cover others
- ☐ 어려운 사람을 도움 Helping someone in need
- ☐ 다른 사람의 생각을 소중하게 여김 Valuing the thoughts of others
- ☐ 시기 질투하지 않으려고 함 Trying not to be jealous or envious
- ☐ 느긋하려고 함 Trying to take it easy
- ☐ 남의 정신적, 육체적 건강을 돌봄 Taking care of others' mental and physical health
- ☐ 남을 불쌍히 여김 Pity for others
- ☐ 꾸준함과 지속성 노력 Persistence and enduring efforts
- ☐ 내 장점과 단점 파악해 봄 Identifying my strengths and weaknesses
- ☐ 남을 존중함 Respecting others
- ☐ 남을 존중함 Trying not to be disappointed
- ☐ 남들에게 좋은 일을 하자고 설득 Persuading others to do good
- ☐ 비판하지 않으려고 함 Trying not to criticize
- ☐ 잘난 체하지 않으려 함 Trying not to be proud
- ☐ 갖고 있는 것을 남들과 나눔 Sharing what I have with others
- ☐ 남이 성장하도록 도움 Helping others grow

Mirae Journal

Date: ____________

제 4차 산업혁명시대의 거대한 파도 속에서 빅픽처, SQ, 서번트리더십의 역량을 키워 시대의 큰 파도를 마음껏 즐길 수 있는 새 시대 서퍼(surfer)가 양성되는 그 날까지. Until the day when surfers of the new era are nurtured, who can truly experience the great waves of the times by cultivating the capabilities of seeing the Big Picture, 9th Intelligence, and Servant Leadership in the midst of the vast waves of the Fourth Industrial Revolution.

사람, 동물, 식물, 미생물, 자연, 현상에 대한 감사거리를 3가지 적어보세요.
Write your appreciation for people, animals, plants, microorganisms, nature and phenomena.

나는 누구인가요? (나는 '김철수'입니다. 나는 학생입니다. 그런 것 말고요...)
Who am I?

세상에 선한 영향력을 미친 한 사람을 선정해봐요. Select one person who has good influence over the world, society and community.

이름 Name of the person :

선정이유 Reason for selection :

오늘 친구나 가족과 함께 시간 가는 줄 모르는 놀이를 했으면 그것을 적어보세요.
Why are you studying? Why do you live? Why are you doing it today? Write down one answer you got today.

왜 공부를 하는지, 왜 사는지, 왜 그 일을 하는지를 생각해본 적이 있으면 나름대로 얻어낸 답을 하나라도 적어보세요. Why are you studying? Why do you live? Why are you doing it today? Write down one answer you got today.

오늘 화가 나는 일이 있었다면 가장 화난 일을 적어보세요. I was angry because...

아래 내용 중에서 오늘 내가 노력해본 것이 있으면 왼쪽에 체크 표시를 하세요.
If there are any of the following characteristics of servant leadership that you have tried today, please check it.

- ☐ 겸손 Humility
- ☐ 편견을 없애려고 함 Trying to get rid of prejudice
- ☐ 주어진 일을 마무리 함 Finishing a task
- ☐ 남의 유익 생각 Considering the interests of others
- ☐ 외모로 판단하지 않음 Not judging by appearance
- ☐ 이해하며 귀기울여 들음 Listening carefully
- ☐ 남을 감싸주려고 함 Trying to cover others
- ☐ 어려운 사람을 도움 Helping someone in need
- ☐ 다른 사람의 생각을 소중하게 여김 Valuing the thoughts of others
- ☐ 시기 질투하지 않으려고 함 Trying not to be jealous or envious
- ☐ 느긋하려고 함 Trying to take it easy
- ☐ 남의 정신적, 육체적 건강을 돌봄 Taking care of others' mental and physical health
- ☐ 남을 불쌍히 여김 Pity for others
- ☐ 꾸준함과 지속성 노력 Persistence and enduring efforts
- ☐ 내 장점과 단점 파악해 봄 Identifying my strengths and weaknesses
- ☐ 남을 존중함 Respecting others
- ☐ 남을 존중함 Trying not to be disappointed
- ☐ 남들에게 좋은 일을 하자고 설득 Persuading others to do good
- ☐ 비판하지 않으려고 함 Trying not to criticize
- ☐ 잘난 체하지 않으려 함 Trying not to be proud
- ☐ 갖고 있는 것을 남들과 나눔 Sharing what I have with others
- ☐ 남이 성장하도록 도움 Helping others grow

Mirae Journal

Date: ____________________

제 4차 산업혁명시대의 거대한 파도 속에서 빅픽처, SQ, 서번트리더십의 역량을 키워 시대의 큰 파도를 마음껏 즐길 수 있는 새 시대 서퍼(surfer)가 양성되는 그 날까지. Until the day when surfers of the new era are nurtured, who can truly experience the great waves of the times by cultivating the capabilities of seeing the Big Picture, 9th Intelligence, and Servant Leadership in the midst of the vast waves of the Fourth Industrial Revolution.

사람, 동물, 식물, 미생물, 자연, 현상에 대한 감사거리를 3가지 적어보세요.
Write your appreciation for people, animals, plants, microorganisms, nature and phenomena.

나는 누구인가요? (나는 '김철수'입니다. 나는 학생입니다. 그런 것 말고요...)
Who am I?

세상에 선한 영향력을 미친 한 사람을 선정해봐요. Select one person who has good influence over the world, society and community.

이름 Name of the person :

선정이유 Reason for selection :

오늘 친구나 가족과 함께 시간 가는 줄 모르는 놀이를 했으면 그것을 적어보세요.
Why are you studying? Why do you live? Why are you doing it today? Write down one answer you got today.

왜 공부를 하는지, 왜 사는지, 왜 그 일을 하는지를 생각해본 적이 있으면 나름대로 얻어낸 답을 하나라도 적어보세요. Why are you studying? Why do you live? Why are you doing it today? Write down one answer you got today.

오늘 화가 나는 일이 있었다면 가장 화난 일을 적어보세요. I was angry because...

아래 내용 중에서 오늘 내가 노력해본 것이 있으면 왼쪽에 체크 표시를 하세요.
If there are any of the following characteristics of servant leadership that you have tried today, please check it.

- ☐ 겸손 Humility
- ☐ 편견을 없애려고 함 Trying to get rid of prejudice
- ☐ 주어진 일을 마무리 함 Finishing a task
- ☐ 남의 유익 생각 Considering the interests of others
- ☐ 외모로 판단하지 않음 Not judging by appearance
- ☐ 이해하며 귀기울여 들음 Listening carefully
- ☐ 남을 감싸주려고 함 Trying to cover others
- ☐ 어려운 사람을 도움 Helping someone in need
- ☐ 다른 사람의 생각을 소중하게 여김 Valuing the thoughts of others
- ☐ 시기 질투하지 않으려고 함 Trying not to be jealous or envious
- ☐ 느긋하려고 함 Trying to take it easy
- ☐ 남의 정신적, 육체적 건강을 돌봄 Taking care of others' mental and physical health
- ☐ 남을 불쌍히 여김 Pity for others
- ☐ 꾸준함과 지속성 노력 Persistence and enduring efforts
- ☐ 내 장점과 단점 파악해 봄 Identifying my strengths and weaknesses
- ☐ 남을 존중함 Respecting others
- ☐ 남을 존중함 Trying not to be disappointed
- ☐ 남들에게 좋은 일을 하자고 설득 Persuading others to do good
- ☐ 비판하지 않으려고 함 Trying not to criticize
- ☐ 잘난 체하지 않으려 함 Trying not to be proud
- ☐ 갖고 있는 것을 남들과 나눔 Sharing what I have with others
- ☐ 남이 성장하도록 도움 Helping others grow

Mirae Journal

Date: ____________

제 4차 산업혁명시대의 거대한 파도 속에서 빅픽처, SQ, 서번트리더십의 역량을 키워 시대의 큰 파도를 마음껏 즐길 수 있는 새 시대 서퍼(surfer)가 양성되는 그 날까지. Until the day when surfers of the new era are nurtured, who can truly experience the great waves of the times by cultivating the capabilities of seeing the Big Picture, 9th Intelligence, and Servant Leadership in the midst of the vast waves of the Fourth Industrial Revolution.

사람, 동물, 식물, 미생물, 자연, 현상에 대한 감사거리를 3가지 적어보세요.
Write your appreciation for people, animals, plants, microorganisms, nature and phenomena.

나는 누구인가요? (나는 '김철수'입니다. 나는 학생입니다. 그런 것 말고요...)
Who am I?

세상에 선한 영향력을 미친 한 사람을 선정해봐요. Select one person who has good influence over the world, society and community.

이름 Name of the person :

선정이유 Reason for selection :

오늘 친구나 가족과 함께 시간 가는 줄 모르는 놀이를 했으면 그것을 적어보세요.
Why are you studying? Why do you live? Why are you doing it today? Write down one answer you got today.

왜 공부를 하는지, 왜 사는지, 왜 그 일을 하는지를 생각해본 적이 있으면 나름대로 얻어낸 답을 하나라도 적어보세요. Why are you studying? Why do you live? Why are you doing it today? Write down one answer you got today.

오늘 화가 나는 일이 있었다면 가장 화난 일을 적어보세요. I was angry because...

아래 내용 중에서 오늘 내가 노력해본 것이 있으면 왼쪽에 체크 표시를 하세요.
If there are any of the following characteristics of servant leadership that you have tried today, please check it.

- ☐ 겸손 Humility
- ☐ 편견을 없애려고 함 Trying to get rid of prejudice
- ☐ 주어진 일을 마무리 함 Finishing a task
- ☐ 남의 유익 생각 Considering the interests of others
- ☐ 외모로 판단하지 않음 Not judging by appearance
- ☐ 이해하며 귀기울여 들음 Listening carefully
- ☐ 남을 감싸주려고 함 Trying to cover others
- ☐ 어려운 사람을 도움 Helping someone in need
- ☐ 다른 사람의 생각을 소중하게 여김 Valuing the thoughts of others
- ☐ 시기 질투하지 않으려고 함 Trying not to be jealous or envious
- ☐ 느긋하려고 함 Trying to take it easy
- ☐ 남의 정신적, 육체적 건강을 돌봄 Taking care of others' mental and physical health
- ☐ 남을 불쌍히 여김 Pity for others
- ☐ 꾸준함과 지속성 노력 Persistence and enduring efforts
- ☐ 내 장점과 단점 파악해 봄 Identifying my strengths and weaknesses
- ☐ 남을 존중함 Respecting others
- ☐ 남을 존중함 Trying not to be disappointed
- ☐ 남들에게 좋은 일을 하자고 설득 Persuading others to do good
- ☐ 비판하지 않으려고 함 Trying not to criticize
- ☐ 잘난 체하지 않으려 함 Trying not to be proud
- ☐ 갖고 있는 것을 남들과 나눔 Sharing what I have with others
- ☐ 남이 성장하도록 도움 Helping others grow

Mirae Journal

Date: ______________

제 4차 산업혁명시대의 거대한 파도 속에서 빅픽처, SQ, 서번트리더십의 역량을 키워 시대의 큰 파도를 마음껏 즐길 수 있는 새 시대 서퍼(surfer)가 양성되는 그 날까지. Until the day when surfers of the new era are nurtured, who can truly experience the great waves of the times by cultivating the capabilities of seeing the Big Picture, 9th Intelligence, and Servant Leadership in the midst of the vast waves of the Fourth Industrial Revolution.

사람, 동물, 식물, 미생물, 자연, 현상에 대한 감사거리를 3가지 적어보세요.
Write your appreciation for people, animals, plants, microorganisms, nature and phenomena.

____

____

나는 누구인가요? (나는 '김철수'입니다. 나는 학생입니다. 그런 것 말고요...)
Who am I?

____

____

세상에 선한 영향력을 미친 한 사람을 선정해봐요. Select one person who has good influence over the world, society and community.

이름 Name of the person : ______________

선정이유 Reason for selection : ______________

오늘 친구나 가족과 함께 시간 가는 줄 모르는 놀이를 했으면 그것을 적어보세요.
Why are you studying? Why do you live? Why are you doing it today? Write down one answer you got today.

____

____

____

왜 공부를 하는지, 왜 사는지, 왜 그 일을 하는지를 생각해본 적이 있으면 나름대로 얻어낸 답을 하나라도 적어보세요. Why are you studying? Why do you live? Why are you doing it today? Write down one answer you got today.

오늘 화가 나는 일이 있었다면 가장 화난 일을 적어보세요. I was angry because...

아래 내용 중에서 오늘 내가 노력해본 것이 있으면 왼쪽에 체크 표시를 하세요.
If there are any of the following characteristics of servant leadership that you have tried today, please check it.

- ☐ 겸손 Humility
- ☐ 편견을 없애려고 함 Trying to get rid of prejudice
- ☐ 주어진 일을 마무리 함 Finishing a task
- ☐ 남의 유익 생각 Considering the interests of others
- ☐ 외모로 판단하지 않음 Not judging by appearance
- ☐ 이해하며 귀기울여 들음 Listening carefully
- ☐ 남을 감싸주려고 함 Trying to cover others
- ☐ 어려운 사람을 도움 Helping someone in need
- ☐ 다른 사람의 생각을 소중하게 여김 Valuing the thoughts of others
- ☐ 시기 질투하지 않으려고 함 Trying not to be jealous or envious
- ☐ 느긋하려고 함 Trying to take it easy
- ☐ 남의 정신적, 육체적 건강을 돌봄 Taking care of others' mental and physical health
- ☐ 남을 불쌍히 여김 Pity for others
- ☐ 꾸준함과 지속성 노력 Persistence and enduring efforts
- ☐ 내 장점과 단점 파악해 봄 Identifying my strengths and weaknesses
- ☐ 남을 존중함 Respecting others
- ☐ 남을 존중함 Trying not to be disappointed
- ☐ 남들에게 좋은 일을 하자고 설득 Persuading others to do good
- ☐ 비판하지 않으려고 함 Trying not to criticize
- ☐ 잘난 체하지 않으려 함 Trying not to be proud
- ☐ 갖고 있는 것을 남들과 나눔 Sharing what I have with others
- ☐ 남이 성장하도록 도움 Helping others grow

Mirae Journal

Date: ____________________

제 4차 산업혁명시대의 거대한 파도 속에서 빅픽처, SQ, 서번트리더십의 역량을 키워 시대의 큰 파도를 마음껏 즐길 수 있는 새 시대 서퍼(surfer)가 양성되는 그 날까지. Until the day when surfers of the new era are nurtured, who can truly experience the great waves of the times by cultivating the capabilities of seeing the Big Picture, 9th Intelligence, and Servant Leadership in the midst of the vast waves of the Fourth Industrial Revolution.

사람, 동물, 식물, 미생물, 자연, 현상에 대한 감사거리를 3가지 적어보세요.
Write your appreciation for people, animals, plants, microorganisms, nature and phenomena.

나는 누구인가요? (나는 '김철수'입니다. 나는 학생입니다. 그런 것 말고요...)
Who am I?

세상에 선한 영향력을 미친 한 사람을 선정해봐요. Select one person who has good influence over the world, society and community.

이름 Name of the person :

선정이유 Reason for selection :

오늘 친구나 가족과 함께 시간 가는 줄 모르는 놀이를 했으면 그것을 적어보세요.
Why are you studying? Why do you live? Why are you doing it today? Write down one answer you got today.

왜 공부를 하는지, 왜 사는지, 왜 그 일을 하는지를 생각해본 적이 있으면 나름대로 얻어낸 답을 하나라도 적어보세요. Why are you studying? Why do you live? Why are you doing it today? Write down one answer you got today.

오늘 화가 나는 일이 있었다면 가장 화난 일을 적어보세요. I was angry because...

아래 내용 중에서 오늘 내가 노력해본 것이 있으면 왼쪽에 체크 표시를 하세요.
If there are any of the following characteristics of servant leadership that you have tried today, please check it.

☐ 겸손 Humility	☐ 편견을 없애려고 함 Trying to get rid of prejudice
☐ 주어진 일을 마무리 함 Finishing a task	☐ 남의 유익 생각 Considering the interests of others
☐ 외모로 판단하지 않음 Not judging by appearance	☐ 이해하며 귀기울여 들음 Listening carefully
☐ 남을 감싸주려고 함 Trying to cover others	☐ 어려운 사람을 도움 Helping someone in need
☐ 다른 사람의 생각을 소중하게 여김 Valuing the thoughts of others	☐ 시기 질투하지 않으려고 함 Trying not to be jealous or envious
☐ 느긋하려고 함 Trying to take it easy	☐ 남의 정신적, 육체적 건강을 돌봄 Taking care of others' mental and physical health
☐ 남을 불쌍히 여김 Pity for others	☐ 꾸준함과 지속성 노력 Persistence and enduring efforts
☐ 내 장점과 단점 파악해 봄 Identifying my strengths and weaknesses	☐ 남을 존중함 Respecting others
☐ 남을 존중함 Trying not to be disappointed	☐ 남들에게 좋은 일을 하자고 설득 Persuading others to do good
☐ 비판하지 않으려고 함 Trying not to criticize	☐ 잘난 체하지 않으려 함 Trying not to be proud
☐ 갖고 있는 것을 남들과 나눔 Sharing what I have with others	☐ 남이 성장하도록 도움 Helping others grow

Mirae Journal

Date: ____________

제 4차 산업혁명시대의 거대한 파도 속에서 빅픽처, SQ, 서번트리더십의 역량을 키워 시대의 큰 파도를 마음껏 즐길 수 있는 새 시대 서퍼(surfer)가 양성되는 그 날까지. Until the day when surfers of the new era are nurtured, who can truly experience the great waves of the times by cultivating the capabilities of seeing the Big Picture, 9th Intelligence, and Servant Leadership in the midst of the vast waves of the Fourth Industrial Revolution.

사람, 동물, 식물, 미생물, 자연, 현상에 대한 감사거리를 3가지 적어보세요.
Write your appreciation for people, animals, plants, microorganisms, nature and phenomena.

나는 누구인가요? (나는 '김철수'입니다. 나는 학생입니다. 그런 것 말고요...)
Who am I?

세상에 선한 영향력을 미친 한 사람을 선정해봐요. Select one person who has good influence over the world, society and community.

이름 Name of the person :

선정이유 Reason for selection :

오늘 친구나 가족과 함께 시간 가는 줄 모르는 놀이를 했으면 그것을 적어보세요.
Why are you studying? Why do you live? Why are you doing it today? Write down one answer you got today.

왜 공부를 하는지, 왜 사는지, 왜 그 일을 하는지를 생각해본 적이 있으면 나름대로 얻어낸 답을 하나라도 적어보세요. Why are you studying? Why do you live? Why are you doing it today? Write down one answer you got today.

오늘 화가 나는 일이 있었다면 가장 화난 일을 적어보세요. I was angry because...

아래 내용 중에서 오늘 내가 노력해본 것이 있으면 왼쪽에 체크 표시를 하세요.
If there are any of the following characteristics of servant leadership that you have tried today, please check it.

☐ 겸손 Humility	☐ 편견을 없애려고 함 Trying to get rid of prejudice
☐ 주어진 일을 마무리 함 Finishing a task	☐ 남의 유익 생각 Considering the interests of others
☐ 외모로 판단하지 않음 Not judging by appearance	☐ 이해하며 귀기울여 들음 Listening carefully
☐ 남을 감싸주려고 함 Trying to cover others	☐ 어려운 사람을 도움 Helping someone in need
☐ 다른 사람의 생각을 소중하게 여김 Valuing the thoughts of others	☐ 시기 질투하지 않으려고 함 Trying not to be jealous or envious
☐ 느긋하려고 함 Trying to take it easy	☐ 남의 정신적, 육체적 건강을 돌봄 Taking care of others' mental and physical health
☐ 남을 불쌍히 여김 Pity for others	☐ 꾸준함과 지속성 노력 Persistence and enduring efforts
☐ 내 장점과 단점 파악해 봄 Identifying my strengths and weaknesses	☐ 남을 존중함 Respecting others
☐ 남을 존중함 Trying not to be disappointed	☐ 남들에게 좋은 일을 하자고 설득 Persuading others to do good
☐ 비판하지 않으려고 함 Trying not to criticize	☐ 잘난 체하지 않으려 함 Trying not to be proud
☐ 갖고 있는 것을 남들과 나눔 Sharing what I have with others	☐ 남이 성장하도록 도움 Helping others grow

Mirae Journal

Date: ____________

제 4차 산업혁명시대의 거대한 파도 속에서 빅픽처, SQ, 서번트리더십의 역량을 키워 시대의 큰 파도를 마음껏 즐길 수 있는 새 시대 서퍼(surfer)가 양성되는 그 날까지. Until the day when surfers of the new era are nurtured, who can truly experience the great waves of the times by cultivating the capabilities of seeing the Big Picture, 9th Intelligence, and Servant Leadership in the midst of the vast waves of the Fourth Industrial Revolution.

사람, 동물, 식물, 미생물, 자연, 현상에 대한 감사거리를 3가지 적어보세요.
Write your appreciation for people, animals, plants, microorganisms, nature and phenomena.

나는 누구인가요? (나는 '김철수'입니다. 나는 학생입니다. 그런 것 말고요...)
Who am I?

세상에 선한 영향력을 미친 한 사람을 선정해봐요. Select one person who has good influence over the world, society and community.

이름 Name of the person :

선정이유 Reason for selection :

오늘 친구나 가족과 함께 시간 가는 줄 모르는 놀이를 했으면 그것을 적어보세요.
Why are you studying? Why do you live? Why are you doing it today? Write down one answer you got today.

왜 공부를 하는지, 왜 사는지, 왜 그 일을 하는지를 생각해본 적이 있으면 나름대로 얻어낸 답을 하나라도 적어보세요. Why are you studying? Why do you live? Why are you doing it today? Write down one answer you got today.

오늘 화가 나는 일이 있었다면 가장 화난 일을 적어보세요. I was angry because...

아래 내용 중에서 오늘 내가 노력해본 것이 있으면 왼쪽에 체크 표시를 하세요. If there are any of the following characteristics of servant leadership that you have tried today, please check it.

- ☐ 겸손 Humility
- ☐ 편견을 없애려고 함 Trying to get rid of prejudice
- ☐ 주어진 일을 마무리 함 Finishing a task
- ☐ 남의 유익 생각 Considering the interests of others
- ☐ 외모로 판단하지 않음 Not judging by appearance
- ☐ 이해하며 귀기울여 들음 Listening carefully
- ☐ 남을 감싸주려고 함 Trying to cover others
- ☐ 어려운 사람을 도움 Helping someone in need
- ☐ 다른 사람의 생각을 소중하게 여김 Valuing the thoughts of others
- ☐ 시기 질투하지 않으려고 함 Trying not to be jealous or envious
- ☐ 느긋하려고 함 Trying to take it easy
- ☐ 남의 정신적, 육체적 건강을 돌봄 Taking care of others' mental and physical health
- ☐ 남을 불쌍히 여김 Pity for others
- ☐ 꾸준함과 지속성 노력 Persistence and enduring efforts
- ☐ 내 장점과 단점 파악해 봄 Identifying my strengths and weaknesses
- ☐ 남을 존중함 Respecting others
- ☐ 남을 존중함 Trying not to be disappointed
- ☐ 남들에게 좋은 일을 하자고 설득 Persuading others to do good
- ☐ 비판하지 않으려고 함 Trying not to criticize
- ☐ 잘난 체하지 않으려 함 Trying not to be proud
- ☐ 갖고 있는 것을 남들과 나눔 Sharing what I have with others
- ☐ 남이 성장하도록 도움 Helping others grow

Mirae Journal

Date: ____________________

제 4차 산업혁명시대의 거대한 파도 속에서 빅픽처, SQ, 서번트리더십의 역량을 키워 시대의 큰 파도를 마음껏 즐길 수 있는 새 시대 서퍼(surfer)가 양성되는 그 날까지. Until the day when surfers of the new era are nurtured, who can truly experience the great waves of the times by cultivating the capabilities of seeing the Big Picture, 9th Intelligence, and Servant Leadership in the midst of the vast waves of the Fourth Industrial Revolution.

사람, 동물, 식물, 미생물, 자연, 현상에 대한 감사거리를 3가지 적어보세요.
Write your appreciation for people, animals, plants, microorganisms, nature and phenomena.

____

____

나는 누구인가요? (나는 '김철수'입니다. 나는 학생입니다. 그런 것 말고요...)
Who am I?

____

____

세상에 선한 영향력을 미친 한 사람을 선정해봐요. Select one person who has good influence over the world, society and community.

이름 Name of the person : ____________________

선정이유 Reason for selection : ____________________

오늘 친구나 가족과 함께 시간 가는 줄 모르는 놀이를 했으면 그것을 적어보세요.
Why are you studying? Why do you live? Why are you doing it today? Write down one answer you got today.

____

____

____

왜 공부를 하는지, 왜 사는지, 왜 그 일을 하는지를 생각해본 적이 있으면 나름대로 얻어낸 답을 하나라도 적어보세요. Why are you studying? Why do you live? Why are you doing it today? Write down one answer you got today.

오늘 화가 나는 일이 있었다면 가장 화난 일을 적어보세요. I was angry because...

아래 내용 중에서 오늘 내가 노력해본 것이 있으면 왼쪽에 체크 표시를 하세요.
If there are any of the following characteristics of servant leadership that you have tried today, please check it.

- ☐ 겸손 Humility
- ☐ 편견을 없애려고 함 Trying to get rid of prejudice
- ☐ 주어진 일을 마무리 함 Finishing a task
- ☐ 남의 유익 생각 Considering the interests of others
- ☐ 외모로 판단하지 않음 Not judging by appearance
- ☐ 이해하며 귀기울여 들음 Listening carefully
- ☐ 남을 감싸주려고 함 Trying to cover others
- ☐ 어려운 사람을 도움 Helping someone in need
- ☐ 다른 사람의 생각을 소중하게 여김 Valuing the thoughts of others
- ☐ 시기 질투하지 않으려고 함 Trying not to be jealous or envious
- ☐ 느긋하려고 함 Trying to take it easy
- ☐ 남의 정신적, 육체적 건강을 돌봄 Taking care of others' mental and physical health
- ☐ 남을 불쌍히 여김 Pity for others
- ☐ 꾸준함과 지속성 노력 Persistence and enduring efforts
- ☐ 내 장점과 단점 파악해 봄 Identifying my strengths and weaknesses
- ☐ 남을 존중함 Respecting others
- ☐ 남을 존중함 Trying not to be disappointed
- ☐ 남들에게 좋은 일을 하자고 설득 Persuading others to do good
- ☐ 비판하지 않으려고 함 Trying not to criticize
- ☐ 잘난 체하지 않으려 함 Trying not to be proud
- ☐ 갖고 있는 것을 남들과 나눔 Sharing what I have with others
- ☐ 남이 성장하도록 도움 Helping others grow

Mirae Journal

Date: ____________________

제 4차 산업혁명시대의 거대한 파도 속에서 빅픽처, SQ, 서번트리더십의 역량을 키워 시대의 큰 파도를 마음껏 즐길 수 있는 새 시대 서퍼(surfer)가 양성되는 그 날까지. Until the day when surfers of the new era are nurtured, who can truly experience the great waves of the times by cultivating the capabilities of seeing the Big Picture, 9th Intelligence, and Servant Leadership in the midst of the vast waves of the Fourth Industrial Revolution.

사람, 동물, 식물, 미생물, 자연, 현상에 대한 감사거리를 3가지 적어보세요.
Write your appreciation for people, animals, plants, microorganisms, nature and phenomena.

나는 누구인가요? (나는 '김철수'입니다. 나는 학생입니다. 그런 것 말고요...)
Who am I?

세상에 선한 영향력을 미친 한 사람을 선정해봐요. Select one person who has good influence over the world, society and community.

이름 Name of the person :

선정이유 Reason for selection :

오늘 친구나 가족과 함께 시간 가는 줄 모르는 놀이를 했으면 그것을 적어보세요.
Why are you studying? Why do you live? Why are you doing it today? Write down one answer you got today.

왜 공부를 하는지, 왜 사는지, 왜 그 일을 하는지를 생각해본 적이 있으면 나름대로 얻어낸 답을 하나라도 적어보세요. Why are you studying? Why do you live? Why are you doing it today? Write down one answer you got today.

오늘 화가 나는 일이 있었다면 가장 화난 일을 적어보세요. I was angry because...

아래 내용 중에서 오늘 내가 노력해본 것이 있으면 왼쪽에 체크 표시를 하세요.
If there are any of the following characteristics of servant leadership that you have tried today, please check it.

☐ 겸손 Humility	☐ 편견을 없애려고 함 Trying to get rid of prejudice
☐ 주어진 일을 마무리 함 Finishing a task	☐ 남의 유익 생각 Considering the interests of others
☐ 외모로 판단하지 않음 Not judging by appearance	☐ 이해하며 귀기울여 들음 Listening carefully
☐ 남을 감싸주려고 함 Trying to cover others	☐ 어려운 사람을 도움 Helping someone in need
☐ 다른 사람의 생각을 소중하게 여김 Valuing the thoughts of others	☐ 시기 질투하지 않으려고 함 Trying not to be jealous or envious
☐ 느긋하려고 함 Trying to take it easy	☐ 남의 정신적, 육체적 건강을 돌봄 Taking care of others' mental and physical health
☐ 남을 불쌍히 여김 Pity for others	☐ 꾸준함과 지속성 노력 Persistence and enduring efforts
☐ 내 장점과 단점 파악해 봄 Identifying my strengths and weaknesses	☐ 남을 존중함 Respecting others
☐ 남을 존중함 Trying not to be disappointed	☐ 남들에게 좋은 일을 하자고 설득 Persuading others to do good
☐ 비판하지 않으려고 함 Trying not to criticize	☐ 잘난 체하지 않으려 함 Trying not to be proud
☐ 갖고 있는 것을 남들과 나눔 Sharing what I have with others	☐ 남이 성장하도록 도움 Helping others grow

Mirae Journal

Date: ____________________

제 4차 산업혁명시대의 거대한 파도 속에서 빅픽처, SQ, 서번트리더십의 역량을 키워 시대의 큰 파도를 마음껏 즐길 수 있는 새 시대 서퍼(surfer)가 양성되는 그 날까지. Until the day when surfers of the new era are nurtured, who can truly experience the great waves of the times by cultivating the capabilities of seeing the Big Picture, 9th Intelligence, and Servant Leadership in the midst of the vast waves of the Fourth Industrial Revolution.

사람, 동물, 식물, 미생물, 자연, 현상에 대한 감사거리를 3가지 적어보세요.
Write your appreciation for people, animals, plants, microorganisms, nature and phenomena.

____

____

나는 누구인가요? (나는 '김철수'입니다. 나는 학생입니다. 그런 것 말고요...)
Who am I?

____

____

세상에 선한 영향력을 미친 한 사람을 선정해봐요. Select one person who has good influence over the world, society and community.

이름 Name of the person :

선정이유 Reason for selection :

오늘 친구나 가족과 함께 시간 가는 줄 모르는 놀이를 했으면 그것을 적어보세요.
Why are you studying? Why do you live? Why are you doing it today? Write down one answer you got today.

____

____

____

왜 공부를 하는지, 왜 사는지, 왜 그 일을 하는지를 생각해본 적이 있으면 나름대로 얻어낸 답을 하나라도 적어보세요. Why are you studying? Why do you live? Why are you doing it today? Write down one answer you got today.

오늘 화가 나는 일이 있었다면 가장 화난 일을 적어보세요. I was angry because...

아래 내용 중에서 오늘 내가 노력해본 것이 있으면 왼쪽에 체크 표시를 하세요.
If there are any of the following characteristics of servant leadership that you have tried today, please check it.

- ☐ 겸손 Humility
- ☐ 편견을 없애려고 함 Trying to get rid of prejudice
- ☐ 주어진 일을 마무리 함 Finishing a task
- ☐ 남의 유익 생각 Considering the interests of others
- ☐ 외모로 판단하지 않음 Not judging by appearance
- ☐ 이해하며 귀기울여 들음 Listening carefully
- ☐ 남을 감싸주려고 함 Trying to cover others
- ☐ 어려운 사람을 도움 Helping someone in need
- ☐ 다른 사람의 생각을 소중하게 여김 Valuing the thoughts of others
- ☐ 시기 질투하지 않으려고 함 Trying not to be jealous or envious
- ☐ 느긋하려고 함 Trying to take it easy
- ☐ 남의 정신적, 육체적 건강을 돌봄 Taking care of others' mental and physical health
- ☐ 남을 불쌍히 여김 Pity for others
- ☐ 꾸준함과 지속성 노력 Persistence and enduring efforts
- ☐ 내 장점과 단점 파악해 봄 Identifying my strengths and weaknesses
- ☐ 남을 존중함 Respecting others
- ☐ 남을 존중함 Trying not to be disappointed
- ☐ 남들에게 좋은 일을 하자고 설득 Persuading others to do good
- ☐ 비판하지 않으려고 함 Trying not to criticize
- ☐ 잘난 체하지 않으려 함 Trying not to be proud
- ☐ 갖고 있는 것을 남들과 나눔 Sharing what I have with others
- ☐ 남이 성장하도록 도움 Helping others grow

Mirae Journal

Date: ____________

제 4차 산업혁명시대의 거대한 파도 속에서 빅픽처, SQ, 서번트리더십의 역량을 키워 시대의 큰 파도를 마음껏 즐길 수 있는 새 시대 서퍼(surfer)가 양성되는 그 날까지. Until the day when surfers of the new era are nurtured, who can truly experience the great waves of the times by cultivating the capabilities of seeing the Big Picture, 9th Intelligence, and Servant Leadership in the midst of the vast waves of the Fourth Industrial Revolution.

사람, 동물, 식물, 미생물, 자연, 현상에 대한 감사거리를 3가지 적어보세요.
Write your appreciation for people, animals, plants, microorganisms, nature and phenomena.

나는 누구인가요? (나는 '김철수'입니다. 나는 학생입니다. 그런 것 말고요...)
Who am I?

세상에 선한 영향력을 미친 한 사람을 선정해봐요. Select one person who has good influence over the world, society and community.

이름 Name of the person :

선정이유 Reason for selection :

오늘 친구나 가족과 함께 시간 가는 줄 모르는 놀이를 했으면 그것을 적어보세요.
Why are you studying? Why do you live? Why are you doing it today? Write down one answer you got today.

왜 공부를 하는지, 왜 사는지, 왜 그 일을 하는지를 생각해본 적이 있으면 나름대로 얻어낸 답을 하나라도 적어보세요. Why are you studying? Why do you live? Why are you doing it today? Write down one answer you got today.

오늘 화가 나는 일이 있었다면 가장 화난 일을 적어보세요. I was angry because...

아래 내용 중에서 오늘 내가 노력해본 것이 있으면 왼쪽에 체크 표시를 하세요.
If there are any of the following characteristics of servant leadership that you have tried today, please check it.

- ☐ 겸손 Humility
- ☐ 편견을 없애려고 함 Trying to get rid of prejudice
- ☐ 주어진 일을 마무리 함 Finishing a task
- ☐ 남의 유익 생각 Considering the interests of others
- ☐ 외모로 판단하지 않음 Not judging by appearance
- ☐ 이해하며 귀기울여 들음 Listening carefully
- ☐ 남을 감싸주려고 함 Trying to cover others
- ☐ 어려운 사람을 도움 Helping someone in need
- ☐ 다른 사람의 생각을 소중하게 여김 Valuing the thoughts of others
- ☐ 시기 질투하지 않으려고 함 Trying not to be jealous or envious
- ☐ 느긋하려고 함 Trying to take it easy
- ☐ 남의 정신적, 육체적 건강을 돌봄 Taking care of others' mental and physical health
- ☐ 남을 불쌍히 여김 Pity for others
- ☐ 꾸준함과 지속성 노력 Persistence and enduring efforts
- ☐ 내 장점과 단점 파악해 봄 Identifying my strengths and weaknesses
- ☐ 남을 존중함 Respecting others
- ☐ 남을 존중함 Trying not to be disappointed
- ☐ 남들에게 좋은 일을 하자고 설득 Persuading others to do good
- ☐ 비판하지 않으려고 함 Trying not to criticize
- ☐ 잘난 체하지 않으려 함 Trying not to be proud
- ☐ 갖고 있는 것을 남들과 나눔 Sharing what I have with others
- ☐ 남이 성장하도록 도움 Helping others grow

Mirae Journal

Date: ____________________

제 4차 산업혁명시대의 거대한 파도 속에서 빅픽처, SQ, 서번트리더십의 역량을 키워 시대의 큰 파도를 마음껏 즐길 수 있는 새 시대 서퍼(surfer)가 양성되는 그 날까지. Until the day when surfers of the new era are nurtured, who can truly experience the great waves of the times by cultivating the capabilities of seeing the Big Picture, 9th Intelligence, and Servant Leadership in the midst of the vast waves of the Fourth Industrial Revolution.

사람, 동물, 식물, 미생물, 자연, 현상에 대한 감사거리를 3가지 적어보세요.
Write your appreciation for people, animals, plants, microorganisms, nature and phenomena.

____

____

나는 누구인가요? (나는 '김철수'입니다. 나는 학생입니다. 그런 것 말고요...)
Who am I?

____

____

세상에 선한 영향력을 미친 한 사람을 선정해봐요. Select one person who has good influence over the world, society and community.

이름 Name of the person : ____________________

선정이유 Reason for selection : ____________________

오늘 친구나 가족과 함께 시간 가는 줄 모르는 놀이를 했으면 그것을 적어보세요.
Why are you studying? Why do you live? Why are you doing it today? Write down one answer you got today.

____

____

____

왜 공부를 하는지, 왜 사는지, 왜 그 일을 하는지를 생각해본 적이 있으면 나름대로 얻어낸 답을 하나라도 적어보세요. Why are you studying? Why do you live? Why are you doing it today? Write down one answer you got today.

오늘 화가 나는 일이 있었다면 가장 화난 일을 적어보세요. I was angry because...

아래 내용 중에서 오늘 내가 노력해본 것이 있으면 왼쪽에 체크 표시를 하세요.
If there are any of the following characteristics of servant leadership that you have tried today, please check it.

- ☐ 겸손 Humility
- ☐ 편견을 없애려고 함 Trying to get rid of prejudice
- ☐ 주어진 일을 마무리 함 Finishing a task
- ☐ 남의 유익 생각 Considering the interests of others
- ☐ 외모로 판단하지 않음 Not judging by appearance
- ☐ 이해하며 귀기울여 들음 Listening carefully
- ☐ 남을 감싸주려고 함 Trying to cover others
- ☐ 어려운 사람을 도움 Helping someone in need
- ☐ 다른 사람의 생각을 소중하게 여김 Valuing the thoughts of others
- ☐ 시기 질투하지 않으려고 함 Trying not to be jealous or envious
- ☐ 느긋하려고 함 Trying to take it easy
- ☐ 남의 정신적, 육체적 건강을 돌봄 Taking care of others' mental and physical health
- ☐ 남을 불쌍히 여김 Pity for others
- ☐ 꾸준함과 지속성 노력 Persistence and enduring efforts
- ☐ 내 장점과 단점 파악해 봄 Identifying my strengths and weaknesses
- ☐ 남을 존중함 Respecting others
- ☐ 남을 존중함 Trying not to be disappointed
- ☐ 남들에게 좋은 일을 하자고 설득 Persuading others to do good
- ☐ 비판하지 않으려고 함 Trying not to criticize
- ☐ 잘난 체하지 않으려 함 Trying not to be proud
- ☐ 갖고 있는 것을 남들과 나눔 Sharing what I have with others
- ☐ 남이 성장하도록 도움 Helping others grow

Mirae Journal

Date: ____________

제 4차 산업혁명시대의 거대한 파도 속에서 빅픽처, SQ, 서번트리더십의 역량을 키워 시대의 큰 파도를 마음껏 즐길 수 있는 새 시대 서퍼(surfer)가 양성되는 그 날까지. Until the day when surfers of the new era are nurtured, who can truly experience the great waves of the times by cultivating the capabilities of seeing the Big Picture, 9th Intelligence, and Servant Leadership in the midst of the vast waves of the Fourth Industrial Revolution.

사람, 동물, 식물, 미생물, 자연, 현상에 대한 감사거리를 3가지 적어보세요.
Write your appreciation for people, animals, plants, microorganisms, nature and phenomena.

나는 누구인가요? (나는 '김철수'입니다. 나는 학생입니다. 그런 것 말고요...)
Who am I?

세상에 선한 영향력을 미친 한 사람을 선정해봐요. Select one person who has good influence over the world, society and community.

이름 Name of the person :

선정이유 Reason for selection :

오늘 친구나 가족과 함께 시간 가는 줄 모르는 놀이를 했으면 그것을 적어보세요.
Why are you studying? Why do you live? Why are you doing it today? Write down one answer you got today.

왜 공부를 하는지, 왜 사는지, 왜 그 일을 하는지를 생각해본 적이 있으면 나름대로 얻어낸 답을 하나라도 적어보세요. Why are you studying? Why do you live? Why are you doing it today? Write down one answer you got today.

오늘 화가 나는 일이 있었다면 가장 화난 일을 적어보세요. I was angry because...

아래 내용 중에서 오늘 내가 노력해본 것이 있으면 왼쪽에 체크 표시를 하세요.
If there are any of the following characteristics of servant leadership that you have tried today, please check it.

- ☐ 겸손 Humility
- ☐ 편견을 없애려고 함 Trying to get rid of prejudice
- ☐ 주어진 일을 마무리 함 Finishing a task
- ☐ 남의 유익 생각 Considering the interests of others
- ☐ 외모로 판단하지 않음 Not judging by appearance
- ☐ 이해하며 귀기울여 들음 Listening carefully
- ☐ 남을 감싸주려고 함 Trying to cover others
- ☐ 어려운 사람을 도움 Helping someone in need
- ☐ 다른 사람의 생각을 소중하게 여김 Valuing the thoughts of others
- ☐ 시기 질투하지 않으려고 함 Trying not to be jealous or envious
- ☐ 느긋하려고 함 Trying to take it easy
- ☐ 남의 정신적, 육체적 건강을 돌봄 Taking care of others' mental and physical health
- ☐ 남을 불쌍히 여김 Pity for others
- ☐ 꾸준함과 지속성 노력 Persistence and enduring efforts
- ☐ 내 장점과 단점 파악해 봄 Identifying my strengths and weaknesses
- ☐ 남을 존중함 Respecting others
- ☐ 남을 존중함 Trying not to be disappointed
- ☐ 남들에게 좋은 일을 하자고 설득 Persuading others to do good
- ☐ 비판하지 않으려고 함 Trying not to criticize
- ☐ 잘난 체하지 않으려 함 Trying not to be proud
- ☐ 갖고 있는 것을 남들과 나눔 Sharing what I have with others
- ☐ 남이 성장하도록 도움 Helping others grow

Mirae Journal

Date: ____________

제 4차 산업혁명시대의 거대한 파도 속에서 빅픽처, SQ, 서번트리더십의 역량을 키워 시대의 큰 파도를 마음껏 즐길 수 있는 새 시대 서퍼(surfer)가 양성되는 그 날까지. Until the day when surfers of the new era are nurtured, who can truly experience the great waves of the times by cultivating the capabilities of seeing the Big Picture, 9th Intelligence, and Servant Leadership in the midst of the vast waves of the Fourth Industrial Revolution.

사람, 동물, 식물, 미생물, 자연, 현상에 대한 감사거리를 3가지 적어보세요.
Write your appreciation for people, animals, plants, microorganisms, nature and phenomena.

나는 누구인가요? (나는 '김철수'입니다. 나는 학생입니다. 그런 것 말고요...)
Who am I?

세상에 선한 영향력을 미친 한 사람을 선정해봐요. Select one person who has good influence over the world, society and community.

이름 Name of the person :

선정이유 Reason for selection :

오늘 친구나 가족과 함께 시간 가는 줄 모르는 놀이를 했으면 그것을 적어보세요.
Why are you studying? Why do you live? Why are you doing it today? Write down one answer you got today.

왜 공부를 하는지, 왜 사는지, 왜 그 일을 하는지를 생각해본 적이 있으면 나름대로 얻어낸 답을 하나라도 적어보세요. Why are you studying? Why do you live? Why are you doing it today? Write down one answer you got today.

오늘 화가 나는 일이 있었다면 가장 화난 일을 적어보세요. I was angry because...

아래 내용 중에서 오늘 내가 노력해본 것이 있으면 왼쪽에 체크 표시를 하세요.
If there are any of the following characteristics of servant leadership that you have tried today, please check it.

- ☐ 겸손 Humility
- ☐ 편견을 없애려고 함 Trying to get rid of prejudice
- ☐ 주어진 일을 마무리 함 Finishing a task
- ☐ 남의 유익 생각 Considering the interests of others
- ☐ 외모로 판단하지 않음 Not judging by appearance
- ☐ 이해하며 귀기울여 들음 Listening carefully
- ☐ 남을 감싸주려고 함 Trying to cover others
- ☐ 어려운 사람을 도움 Helping someone in need
- ☐ 다른 사람의 생각을 소중하게 여김 Valuing the thoughts of others
- ☐ 시기 질투하지 않으려고 함 Trying not to be jealous or envious
- ☐ 느긋하려고 함 Trying to take it easy
- ☐ 남의 정신적, 육체적 건강을 돌봄 Taking care of others' mental and physical health
- ☐ 남을 불쌍히 여김 Pity for others
- ☐ 꾸준함과 지속성 노력 Persistence and enduring efforts
- ☐ 내 장점과 단점 파악해 봄 Identifying my strengths and weaknesses
- ☐ 남을 존중함 Respecting others
- ☐ 남을 존중함 Trying not to be disappointed
- ☐ 남들에게 좋은 일을 하자고 설득 Persuading others to do good
- ☐ 비판하지 않으려고 함 Trying not to criticize
- ☐ 잘난 체하지 않으려 함 Trying not to be proud
- ☐ 갖고 있는 것을 남들과 나눔 Sharing what I have with others
- ☐ 남이 성장하도록 도움 Helping others grow

Mirae Journal

Date: ____________________

제 4차 산업혁명시대의 거대한 파도 속에서 빅픽처, SQ, 서번트리더십의 역량을 키워 시대의 큰 파도를 마음껏 즐길 수 있는 새 시대 서퍼(surfer)가 양성되는 그 날까지. Until the day when surfers of the new era are nurtured, who can truly experience the great waves of the times by cultivating the capabilities of seeing the Big Picture, 9th Intelligence, and Servant Leadership in the midst of the vast waves of the Fourth Industrial Revolution.

사람, 동물, 식물, 미생물, 자연, 현상에 대한 감사거리를 3가지 적어보세요.
Write your appreciation for people, animals, plants, microorganisms, nature and phenomena.

나는 누구인가요? (나는 '김철수'입니다. 나는 학생입니다. 그런 것 말고요...)
Who am I?

세상에 선한 영향력을 미친 한 사람을 선정해봐요. Select one person who has good influence over the world, society and community.

이름 Name of the person :

선정이유 Reason for selection :

오늘 친구나 가족과 함께 시간 가는 줄 모르는 놀이를 했으면 그것을 적어보세요.
Why are you studying? Why do you live? Why are you doing it today? Write down one answer you got today.

왜 공부를 하는지, 왜 사는지, 왜 그 일을 하는지를 생각해본 적이 있으면 나름대로 얻어낸 답을 하나라도 적어보세요. Why are you studying? Why do you live? Why are you doing it today? Write down one answer you got today.

오늘 화가 나는 일이 있었다면 가장 화난 일을 적어보세요. I was angry because...

아래 내용 중에서 오늘 내가 노력해본 것이 있으면 왼쪽에 체크 표시를 하세요.
If there are any of the following characteristics of servant leadership that you have tried today, please check it.

- ☐ 겸손 Humility
- ☐ 편견을 없애려고 함 Trying to get rid of prejudice
- ☐ 주어진 일을 마무리 함 Finishing a task
- ☐ 남의 유익 생각 Considering the interests of others
- ☐ 외모로 판단하지 않음 Not judging by appearance
- ☐ 이해하며 귀기울여 들음 Listening carefully
- ☐ 남을 감싸주려고 함 Trying to cover others
- ☐ 어려운 사람을 도움 Helping someone in need
- ☐ 다른 사람의 생각을 소중하게 여김 Valuing the thoughts of others
- ☐ 시기 질투하지 않으려고 함 Trying not to be jealous or envious
- ☐ 느긋하려고 함 Trying to take it easy
- ☐ 남의 정신적, 육체적 건강을 돌봄 Taking care of others' mental and physical health
- ☐ 남을 불쌍히 여김 Pity for others
- ☐ 꾸준함과 지속성 노력 Persistence and enduring efforts
- ☐ 내 장점과 단점 파악해 봄 Identifying my strengths and weaknesses
- ☐ 남을 존중함 Respecting others
- ☐ 남을 존중함 Trying not to be disappointed
- ☐ 남들에게 좋은 일을 하자고 설득 Persuading others to do good
- ☐ 비판하지 않으려고 함 Trying not to criticize
- ☐ 잘난 체하지 않으려 함 Trying not to be proud
- ☐ 갖고 있는 것을 남들과 나눔 Sharing what I have with others
- ☐ 남이 성장하도록 도움 Helping others grow

Mirae Journal

Date: ______________

제 4차 산업혁명시대의 거대한 파도 속에서 빅픽처, SQ, 서번트리더십의 역량을 키워 시대의 큰 파도를 마음껏 즐길 수 있는 새 시대 서퍼(surfer)가 양성되는 그 날까지. Until the day when surfers of the new era are nurtured, who can truly experience the great waves of the times by cultivating the capabilities of seeing the Big Picture, 9th Intelligence, and Servant Leadership in the midst of the vast waves of the Fourth Industrial Revolution.

사람, 동물, 식물, 미생물, 자연, 현상에 대한 감사거리를 3가지 적어보세요.
Write your appreciation for people, animals, plants, microorganisms, nature and phenomena.

나는 누구인가요? (나는 '김철수'입니다. 나는 학생입니다. 그런 것 말고요...)
Who am I?

세상에 선한 영향력을 미친 한 사람을 선정해봐요. Select one person who has good influence over the world, society and community.

이름 Name of the person :

선정이유 Reason for selection :

오늘 친구나 가족과 함께 시간 가는 줄 모르는 놀이를 했으면 그것을 적어보세요.
Why are you studying? Why do you live? Why are you doing it today? Write down one answer you got today.

왜 공부를 하는지, 왜 사는지, 왜 그 일을 하는지를 생각해본 적이 있으면 나름대로 얻어낸 답을 하나라도 적어보세요. Why are you studying? Why do you live? Why are you doing it today? Write down one answer you got today.

오늘 화가 나는 일이 있었다면 가장 화난 일을 적어보세요. I was angry because...

아래 내용 중에서 오늘 내가 노력해본 것이 있으면 왼쪽에 체크 표시를 하세요.
If there are any of the following characteristics of servant leadership that you have tried today, please check it.

☐ 겸손 Humility	☐ 편견을 없애려고 함 Trying to get rid of prejudice
☐ 주어진 일을 마무리 함 Finishing a task	☐ 남의 유익 생각 Considering the interests of others
☐ 외모로 판단하지 않음 Not judging by appearance	☐ 이해하며 귀기울여 들음 Listening carefully
☐ 남을 감싸주려고 함 Trying to cover others	☐ 어려운 사람을 도움 Helping someone in need
☐ 다른 사람의 생각을 소중하게 여김 Valuing the thoughts of others	☐ 시기 질투하지 않으려고 함 Trying not to be jealous or envious
☐ 느긋하려고 함 Trying to take it easy	☐ 남의 정신적, 육체적 건강을 돌봄 Taking care of others' mental and physical health
☐ 남을 불쌍히 여김 Pity for others	☐ 꾸준함과 지속성 노력 Persistence and enduring efforts
☐ 내 장점과 단점 파악해 봄 Identifying my strengths and weaknesses	☐ 남을 존중함 Respecting others
☐ 남을 존중함 Trying not to be disappointed	☐ 남들에게 좋은 일을 하자고 설득 Persuading others to do good
☐ 비판하지 않으려고 함 Trying not to criticize	☐ 잘난 체하지 않으려 함 Trying not to be proud
☐ 갖고 있는 것을 남들과 나눔 Sharing what I have with others	☐ 남이 성장하도록 도움 Helping others grow

Mirae Journal

Date: ______________

제 4차 산업혁명시대의 거대한 파도 속에서 빅픽처, SQ, 서번트리더십의 역량을 키워 시대의 큰 파도를 마음껏 즐길 수 있는 새 시대 서퍼(surfer)가 양성되는 그 날까지. Until the day when surfers of the new era are nurtured, who can truly experience the great waves of the times by cultivating the capabilities of seeing the Big Picture, 9th Intelligence, and Servant Leadership in the midst of the vast waves of the Fourth Industrial Revolution.

사람, 동물, 식물, 미생물, 자연, 현상에 대한 감사거리를 3가지 적어보세요.
Write your appreciation for people, animals, plants, microorganisms, nature and phenomena.

나는 누구인가요? (나는 '김철수'입니다. 나는 학생입니다. 그런 것 말고요...)
Who am I?

세상에 선한 영향력을 미친 한 사람을 선정해봐요. Select one person who has good influence over the world, society and community.

이름 Name of the person :

선정이유 Reason for selection :

오늘 친구나 가족과 함께 시간 가는 줄 모르는 놀이를 했으면 그것을 적어보세요.
Why are you studying? Why do you live? Why are you doing it today? Write down one answer you got today.

왜 공부를 하는지, 왜 사는지, 왜 그 일을 하는지를 생각해본 적이 있으면 나름대로 얻어낸 답을 하나라도 적어보세요. Why are you studying? Why do you live? Why are you doing it today? Write down one answer you got today.

오늘 화가 나는 일이 있었다면 가장 화난 일을 적어보세요. I was angry because...

아래 내용 중에서 오늘 내가 노력해본 것이 있으면 왼쪽에 체크 표시를 하세요.
If there are any of the following characteristics of servant leadership that you have tried today, please check it.

- ☐ 겸손 Humility
- ☐ 편견을 없애려고 함 Trying to get rid of prejudice
- ☐ 주어진 일을 마무리 함 Finishing a task
- ☐ 남의 유익 생각 Considering the interests of others
- ☐ 외모로 판단하지 않음 Not judging by appearance
- ☐ 이해하며 귀기울여 들음 Listening carefully
- ☐ 남을 감싸주려고 함 Trying to cover others
- ☐ 어려운 사람을 도움 Helping someone in need
- ☐ 다른 사람의 생각을 소중하게 여김 Valuing the thoughts of others
- ☐ 시기 질투하지 않으려고 함 Trying not to be jealous or envious
- ☐ 느긋하려고 함 Trying to take it easy
- ☐ 남의 정신적, 육체적 건강을 돌봄 Taking care of others' mental and physical health
- ☐ 남을 불쌍히 여김 Pity for others
- ☐ 꾸준함과 지속성 노력 Persistence and enduring efforts
- ☐ 내 장점과 단점 파악해 봄 Identifying my strengths and weaknesses
- ☐ 남을 존중함 Respecting others
- ☐ 남을 존중함 Trying not to be disappointed
- ☐ 남들에게 좋은 일을 하자고 설득 Persuading others to do good
- ☐ 비판하지 않으려고 함 Trying not to criticize
- ☐ 잘난 체하지 않으려 함 Trying not to be proud
- ☐ 갖고 있는 것을 남들과 나눔 Sharing what I have with others
- ☐ 남이 성장하도록 도움 Helping others grow

Mirae Journal

Date: ____________

제 4차 산업혁명시대의 거대한 파도 속에서 빅픽처, SQ, 서번트리더십의 역량을 키워 시대의 큰 파도를 마음껏 즐길 수 있는 새 시대 서퍼(surfer)가 양성되는 그 날까지. Until the day when surfers of the new era are nurtured, who can truly experience the great waves of the times by cultivating the capabilities of seeing the Big Picture, 9th Intelligence, and Servant Leadership in the midst of the vast waves of the Fourth Industrial Revolution.

사람, 동물, 식물, 미생물, 자연, 현상에 대한 감사거리를 3가지 적어보세요.
Write your appreciation for people, animals, plants, microorganisms, nature and phenomena.

나는 누구인가요? (나는 '김철수'입니다. 나는 학생입니다. 그런 것 말고요...)
Who am I?

세상에 선한 영향력을 미친 한 사람을 선정해봐요. Select one person who has good influence over the world, society and community.

이름 Name of the person :

선정이유 Reason for selection :

오늘 친구나 가족과 함께 시간 가는 줄 모르는 놀이를 했으면 그것을 적어보세요.
Why are you studying? Why do you live? Why are you doing it today? Write down one answer you got today.

왜 공부를 하는지, 왜 사는지, 왜 그 일을 하는지를 생각해본 적이 있으면 나름대로 얻어낸 답을 하나라도 적어보세요. Why are you studying? Why do you live? Why are you doing it today? Write down one answer you got today.

오늘 화가 나는 일이 있었다면 가장 화난 일을 적어보세요. I was angry because...

아래 내용 중에서 오늘 내가 노력해본 것이 있으면 왼쪽에 체크 표시를 하세요.
If there are any of the following characteristics of servant leadership that you have tried today, please check it.

- ☐ 겸손 Humility
- ☐ 편견을 없애려고 함 Trying to get rid of prejudice
- ☐ 주어진 일을 마무리 함 Finishing a task
- ☐ 남의 유익 생각 Considering the interests of others
- ☐ 외모로 판단하지 않음 Not judging by appearance
- ☐ 이해하며 귀기울여 들음 Listening carefully
- ☐ 남을 감싸주려고 함 Trying to cover others
- ☐ 어려운 사람을 도움 Helping someone in need
- ☐ 다른 사람의 생각을 소중하게 여김 Valuing the thoughts of others
- ☐ 시기 질투하지 않으려고 함 Trying not to be jealous or envious
- ☐ 느긋하려고 함 Trying to take it easy
- ☐ 남의 정신적, 육체적 건강을 돌봄 Taking care of others' mental and physical health
- ☐ 남을 불쌍히 여김 Pity for others
- ☐ 꾸준함과 지속성 노력 Persistence and enduring efforts
- ☐ 내 장점과 단점 파악해 봄 Identifying my strengths and weaknesses
- ☐ 남을 존중함 Respecting others
- ☐ 남을 존중함 Trying not to be disappointed
- ☐ 남들에게 좋은 일을 하자고 설득 Persuading others to do good
- ☐ 비판하지 않으려고 함 Trying not to criticize
- ☐ 잘난 체하지 않으려 함 Trying not to be proud
- ☐ 갖고 있는 것을 남들과 나눔 Sharing what I have with others
- ☐ 남이 성장하도록 도움 Helping others grow

Mirae Journal

Date: ____________

제 4차 산업혁명시대의 거대한 파도 속에서 빅픽처, SQ, 서번트리더십의 역량을 키워 시대의 큰 파도를 마음껏 즐길 수 있는 새 시대 서퍼(surfer)가 양성되는 그 날까지. Until the day when surfers of the new era are nurtured, who can truly experience the great waves of the times by cultivating the capabilities of seeing the Big Picture, 9th Intelligence, and Servant Leadership in the midst of the vast waves of the Fourth Industrial Revolution.

사람, 동물, 식물, 미생물, 자연, 현상에 대한 감사거리를 3가지 적어보세요.
Write your appreciation for people, animals, plants, microorganisms, nature and phenomena.

나는 누구인가요? (나는 '김철수'입니다. 나는 학생입니다. 그런 것 말고요...)
Who am I?

세상에 선한 영향력을 미친 한 사람을 선정해봐요. Select one person who has good influence over the world, society and community.

이름 Name of the person :

선정이유 Reason for selection :

오늘 친구나 가족과 함께 시간 가는 줄 모르는 놀이를 했으면 그것을 적어보세요.
Why are you studying? Why do you live? Why are you doing it today? Write down one answer you got today.

왜 공부를 하는지, 왜 사는지, 왜 그 일을 하는지를 생각해본 적이 있으면 나름대로 얻어낸 답을 하나라도 적어보세요. Why are you studying? Why do you live? Why are you doing it today? Write down one answer you got today.

오늘 화가 나는 일이 있었다면 가장 화난 일을 적어보세요. I was angry because...

아래 내용 중에서 오늘 내가 노력해본 것이 있으면 왼쪽에 체크 표시를 하세요.
If there are any of the following characteristics of servant leadership that you have tried today, please check it.

- ☐ 겸손 Humility
- ☐ 편견을 없애려고 함 Trying to get rid of prejudice
- ☐ 주어진 일을 마무리 함 Finishing a task
- ☐ 남의 유익 생각 Considering the interests of others
- ☐ 외모로 판단하지 않음 Not judging by appearance
- ☐ 이해하며 귀기울여 들음 Listening carefully
- ☐ 남을 감싸주려고 함 Trying to cover others
- ☐ 어려운 사람을 도움 Helping someone in need
- ☐ 다른 사람의 생각을 소중하게 여김 Valuing the thoughts of others
- ☐ 시기 질투하지 않으려고 함 Trying not to be jealous or envious
- ☐ 느긋하려고 함 Trying to take it easy
- ☐ 남의 정신적, 육체적 건강을 돌봄 Taking care of others' mental and physical health
- ☐ 남을 불쌍히 여김 Pity for others
- ☐ 꾸준함과 지속성 노력 Persistence and enduring efforts
- ☐ 내 장점과 단점 파악해 봄 Identifying my strengths and weaknesses
- ☐ 남을 존중함 Respecting others
- ☐ 남을 존중함 Trying not to be disappointed
- ☐ 남들에게 좋은 일을 하자고 설득 Persuading others to do good
- ☐ 비판하지 않으려고 함 Trying not to criticize
- ☐ 잘난 체하지 않으려 함 Trying not to be proud
- ☐ 갖고 있는 것을 남들과 나눔 Sharing what I have with others
- ☐ 남이 성장하도록 도움 Helping others grow

Mirae Journal

Date: ____________

제 4차 산업혁명시대의 거대한 파도 속에서 빅픽처, SQ, 서번트리더십의 역량을 키워 시대의 큰 파도를 마음껏 즐길 수 있는 새 시대 서퍼(surfer)가 양성되는 그 날까지. Until the day when surfers of the new era are nurtured, who can truly experience the great waves of the times by cultivating the capabilities of seeing the Big Picture, 9th Intelligence, and Servant Leadership in the midst of the vast waves of the Fourth Industrial Revolution.

사람, 동물, 식물, 미생물, 자연, 현상에 대한 감사거리를 3가지 적어보세요.
Write your appreciation for people, animals, plants, microorganisms, nature and phenomena.

나는 누구인가요? (나는 '김철수'입니다. 나는 학생입니다. 그런 것 말고요...)
Who am I?

세상에 선한 영향력을 미친 한 사람을 선정해봐요. Select one person who has good influence over the world, society and community.

이름 Name of the person :

선정이유 Reason for selection :

오늘 친구나 가족과 함께 시간 가는 줄 모르는 놀이를 했으면 그것을 적어보세요.
Why are you studying? Why do you live? Why are you doing it today? Write down one answer you got today.

왜 공부를 하는지, 왜 사는지, 왜 그 일을 하는지를 생각해본 적이 있으면 나름대로 얻어낸 답을 하나라도 적어보세요. Why are you studying? Why do you live? Why are you doing it today? Write down one answer you got today.

오늘 화가 나는 일이 있었다면 가장 화난 일을 적어보세요. I was angry because...

아래 내용 중에서 오늘 내가 노력해본 것이 있으면 왼쪽에 체크 표시를 하세요.
If there are any of the following characteristics of servant leadership that you have tried today, please check it.

- ☐ 겸손 Humility
- ☐ 편견을 없애려고 함 Trying to get rid of prejudice
- ☐ 주어진 일을 마무리 함 Finishing a task
- ☐ 남의 유익 생각 Considering the interests of others
- ☐ 외모로 판단하지 않음 Not judging by appearance
- ☐ 이해하며 귀기울여 들음 Listening carefully
- ☐ 남을 감싸주려고 함 Trying to cover others
- ☐ 어려운 사람을 도움 Helping someone in need
- ☐ 다른 사람의 생각을 소중하게 여김 Valuing the thoughts of others
- ☐ 시기 질투하지 않으려고 함 Trying not to be jealous or envious
- ☐ 느긋하려고 함 Trying to take it easy
- ☐ 남의 정신적, 육체적 건강을 돌봄 Taking care of others' mental and physical health
- ☐ 남을 불쌍히 여김 Pity for others
- ☐ 꾸준함과 지속성 노력 Persistence and enduring efforts
- ☐ 내 장점과 단점 파악해 봄 Identifying my strengths and weaknesses
- ☐ 남을 존중함 Respecting others
- ☐ 남을 존중함 Trying not to be disappointed
- ☐ 남들에게 좋은 일을 하자고 설득 Persuading others to do good
- ☐ 비판하지 않으려고 함 Trying not to criticize
- ☐ 잘난 체하지 않으려 함 Trying not to be proud
- ☐ 갖고 있는 것을 남들과 나눔 Sharing what I have with others
- ☐ 남이 성장하도록 도움 Helping others grow

Mirae Journal

Date: ____________________

제 4차 산업혁명시대의 거대한 파도 속에서 빅픽처, SQ, 서번트리더십의 역량을 키워 시대의 큰 파도를 마음껏 즐길 수 있는 새 시대 서퍼(surfer)가 양성되는 그 날까지. Until the day when surfers of the new era are nurtured, who can truly experience the great waves of the times by cultivating the capabilities of seeing the Big Picture, 9th Intelligence, and Servant Leadership in the midst of the vast waves of the Fourth Industrial Revolution.

사람, 동물, 식물, 미생물, 자연, 현상에 대한 감사거리를 3가지 적어보세요.
Write your appreciation for people, animals, plants, microorganisms, nature and phenomena.

나는 누구인가요? (나는 '김철수'입니다. 나는 학생입니다. 그런 것 말고요...)
Who am I?

세상에 선한 영향력을 미친 한 사람을 선정해봐요. Select one person who has good influence over the world, society and community.

이름 Name of the person :

선정이유 Reason for selection :

오늘 친구나 가족과 함께 시간 가는 줄 모르는 놀이를 했으면 그것을 적어보세요.
Why are you studying? Why do you live? Why are you doing it today? Write down one answer you got today.

왜 공부를 하는지, 왜 사는지, 왜 그 일을 하는지를 생각해본 적이 있으면 나름대로 얻어낸 답을 하나라도 적어보세요. Why are you studying? Why do you live? Why are you doing it today? Write down one answer you got today.

오늘 화가 나는 일이 있었다면 가장 화난 일을 적어보세요. I was angry because...

아래 내용 중에서 오늘 내가 노력해본 것이 있으면 왼쪽에 체크 표시를 하세요.
If there are any of the following characteristics of servant leadership that you have tried today, please check it.

- ☐ 겸손 Humility
- ☐ 편견을 없애려고 함 Trying to get rid of prejudice
- ☐ 주어진 일을 마무리 함 Finishing a task
- ☐ 남의 유익 생각 Considering the interests of others
- ☐ 외모로 판단하지 않음 Not judging by appearance
- ☐ 이해하며 귀기울여 들음 Listening carefully
- ☐ 남을 감싸주려고 함 Trying to cover others
- ☐ 어려운 사람을 도움 Helping someone in need
- ☐ 다른 사람의 생각을 소중하게 여김 Valuing the thoughts of others
- ☐ 시기 질투하지 않으려고 함 Trying not to be jealous or envious
- ☐ 느긋하려고 함 Trying to take it easy
- ☐ 남의 정신적, 육체적 건강을 돌봄 Taking care of others' mental and physical health
- ☐ 남을 불쌍히 여김 Pity for others
- ☐ 꾸준함과 지속성 노력 Persistence and enduring efforts
- ☐ 내 장점과 단점 파악해 봄 Identifying my strengths and weaknesses
- ☐ 남을 존중함 Respecting others
- ☐ 남을 존중함 Trying not to be disappointed
- ☐ 남들에게 좋은 일을 하자고 설득 Persuading others to do good
- ☐ 비판하지 않으려고 함 Trying not to criticize
- ☐ 잘난 체하지 않으려 함 Trying not to be proud
- ☐ 갖고 있는 것을 남들과 나눔 Sharing what I have with others
- ☐ 남이 성장하도록 도움 Helping others grow

Mirae Journal

Date: ____________

제 4차 산업혁명시대의 거대한 파도 속에서 빅픽처, SQ, 서번트리더십의 역량을 키워 시대의 큰 파도를 마음껏 즐길 수 있는 새 시대 서퍼(surfer)가 양성되는 그 날까지. Until the day when surfers of the new era are nurtured, who can truly experience the great waves of the times by cultivating the capabilities of seeing the Big Picture, 9th Intelligence, and Servant Leadership in the midst of the vast waves of the Fourth Industrial Revolution.

사람, 동물, 식물, 미생물, 자연, 현상에 대한 감사거리를 3가지 적어보세요.
Write your appreciation for people, animals, plants, microorganisms, nature and phenomena.

나는 누구인가요? (나는 '김철수'입니다. 나는 학생입니다. 그런 것 말고요...)
Who am I?

세상에 선한 영향력을 미친 한 사람을 선정해봐요. Select one person who has good influence over the world, society and community.

이름 Name of the person :

선정이유 Reason for selection :

오늘 친구나 가족과 함께 시간 가는 줄 모르는 놀이를 했으면 그것을 적어보세요.
Why are you studying? Why do you live? Why are you doing it today? Write down one answer you got today.

왜 공부를 하는지, 왜 사는지, 왜 그 일을 하는지를 생각해본 적이 있으면 나름대로 얻어낸 답을 하나라도 적어보세요. Why are you studying? Why do you live? Why are you doing it today? Write down one answer you got today.

오늘 화가 나는 일이 있었다면 가장 화난 일을 적어보세요. I was angry because...

아래 내용 중에서 오늘 내가 노력해본 것이 있으면 왼쪽에 체크 표시를 하세요.
If there are any of the following characteristics of servant leadership that you have tried today, please check it.

☐ 겸손 Humility	☐ 편견을 없애려고 함 Trying to get rid of prejudice
☐ 주어진 일을 마무리 함 Finishing a task	☐ 남의 유익 생각 Considering the interests of others
☐ 외모로 판단하지 않음 Not judging by appearance	☐ 이해하며 귀기울여 들음 Listening carefully
☐ 남을 감싸주려고 함 Trying to cover others	☐ 어려운 사람을 도움 Helping someone in need
☐ 다른 사람의 생각을 소중하게 여김 Valuing the thoughts of others	☐ 시기 질투하지 않으려고 함 Trying not to be jealous or envious
☐ 느긋하려고 함 Trying to take it easy	☐ 남의 정신적, 육체적 건강을 돌봄 Taking care of others' mental and physical health
☐ 남을 불쌍히 여김 Pity for others	☐ 꾸준함과 지속성 노력 Persistence and enduring efforts
☐ 내 장점과 단점 파악해 봄 Identifying my strengths and weaknesses	☐ 남을 존중함 Respecting others
☐ 남을 존중함 Trying not to be disappointed	☐ 남들에게 좋은 일을 하자고 설득 Persuading others to do good
☐ 비판하지 않으려고 함 Trying not to criticize	☐ 잘난 체하지 않으려 함 Trying not to be proud
☐ 갖고 있는 것을 남들과 나눔 Sharing what I have with others	☐ 남이 성장하도록 도움 Helping others grow

Mirae Journal

Date: ____________

제 4차 산업혁명시대의 거대한 파도 속에서 빅픽처, SQ, 서번트리더십의 역량을 키워 시대의 큰 파도를 마음껏 즐길 수 있는 새 시대 서퍼(surfer)가 양성되는 그 날까지. Until the day when surfers of the new era are nurtured, who can truly experience the great waves of the times by cultivating the capabilities of seeing the Big Picture, 9th Intelligence, and Servant Leadership in the midst of the vast waves of the Fourth Industrial Revolution.

사람, 동물, 식물, 미생물, 자연, 현상에 대한 감사거리를 3가지 적어보세요.
Write your appreciation for people, animals, plants, microorganisms, nature and phenomena.

나는 누구인가요? (나는 '김철수'입니다. 나는 학생입니다. 그런 것 말고요...)
Who am I?

세상에 선한 영향력을 미친 한 사람을 선정해봐요. Select one person who has good influence over the world, society and community.

이름 Name of the person :

선정이유 Reason for selection :

오늘 친구나 가족과 함께 시간 가는 줄 모르는 놀이를 했으면 그것을 적어보세요.
Why are you studying? Why do you live? Why are you doing it today? Write down one answer you got today.

왜 공부를 하는지, 왜 사는지, 왜 그 일을 하는지를 생각해본 적이 있으면 나름대로 얻어낸 답을 하나라도 적어보세요. Why are you studying? Why do you live? Why are you doing it today? Write down one answer you got today.

오늘 화가 나는 일이 있었다면 가장 화난 일을 적어보세요. I was angry because...

아래 내용 중에서 오늘 내가 노력해본 것이 있으면 왼쪽에 체크 표시를 하세요.
If there are any of the following characteristics of servant leadership that you have tried today, please check it.

- ☐ 겸손 Humility
- ☐ 편견을 없애려고 함 Trying to get rid of prejudice
- ☐ 주어진 일을 마무리 함 Finishing a task
- ☐ 남의 유익 생각 Considering the interests of others
- ☐ 외모로 판단하지 않음 Not judging by appearance
- ☐ 이해하며 귀기울여 들음 Listening carefully
- ☐ 남을 감싸주려고 함 Trying to cover others
- ☐ 어려운 사람을 도움 Helping someone in need
- ☐ 다른 사람의 생각을 소중하게 여김 Valuing the thoughts of others
- ☐ 시기 질투하지 않으려고 함 Trying not to be jealous or envious
- ☐ 느긋하려고 함 Trying to take it easy
- ☐ 남의 정신적, 육체적 건강을 돌봄 Taking care of others' mental and physical health
- ☐ 남을 불쌍히 여김 Pity for others
- ☐ 꾸준함과 지속성 노력 Persistence and enduring efforts
- ☐ 내 장점과 단점 파악해 봄 Identifying my strengths and weaknesses
- ☐ 남을 존중함 Respecting others
- ☐ 남을 존중함 Trying not to be disappointed
- ☐ 남들에게 좋은 일을 하자고 설득 Persuading others to do good
- ☐ 비판하지 않으려고 함 Trying not to criticize
- ☐ 잘난 체하지 않으려 함 Trying not to be proud
- ☐ 갖고 있는 것을 남들과 나눔 Sharing what I have with others
- ☐ 남이 성장하도록 도움 Helping others grow

Mirae Journal

Date:

제 4차 산업혁명시대의 거대한 파도 속에서 빅픽처, SQ, 서번트리더십의 역량을 키워 시대의 큰 파도를 마음껏 즐길 수 있는 새 시대 서퍼(surfer)가 양성되는 그 날까지. Until the day when surfers of the new era are nurtured, who can truly experience the great waves of the times by cultivating the capabilities of seeing the Big Picture, 9th Intelligence, and Servant Leadership in the midst of the vast waves of the Fourth Industrial Revolution.

사람, 동물, 식물, 미생물, 자연, 현상에 대한 감사거리를 3가지 적어보세요.
Write your appreciation for people, animals, plants, microorganisms, nature and phenomena.

나는 누구인가요? (나는 '김철수'입니다. 나는 학생입니다. 그런 것 말고요...)
Who am I?

세상에 선한 영향력을 미친 한 사람을 선정해봐요. Select one person who has good influence over the world, society and community.

이름 Name of the person :

선정이유 Reason for selection :

오늘 친구나 가족과 함께 시간 가는 줄 모르는 놀이를 했으면 그것을 적어보세요.
Why are you studying? Why do you live? Why are you doing it today? Write down one answer you got today.

왜 공부를 하는지, 왜 사는지, 왜 그 일을 하는지를 생각해본 적이 있으면 나름대로 얻어낸 답을 하나라도 적어보세요. Why are you studying? Why do you live? Why are you doing it today? Write down one answer you got today.

오늘 화가 나는 일이 있었다면 가장 화난 일을 적어보세요. I was angry because...

아래 내용 중에서 오늘 내가 노력해본 것이 있으면 왼쪽에 체크 표시를 하세요.
If there are any of the following characteristics of servant leadership that you have tried today, please check it.

- ☐ 겸손 Humility
- ☐ 편견을 없애려고 함 Trying to get rid of prejudice
- ☐ 주어진 일을 마무리 함 Finishing a task
- ☐ 남의 유익 생각 Considering the interests of others
- ☐ 외모로 판단하지 않음 Not judging by appearance
- ☐ 이해하며 귀기울여 들음 Listening carefully
- ☐ 남을 감싸주려고 함 Trying to cover others
- ☐ 어려운 사람을 도움 Helping someone in need
- ☐ 다른 사람의 생각을 소중하게 여김 Valuing the thoughts of others
- ☐ 시기 질투하지 않으려고 함 Trying not to be jealous or envious
- ☐ 느긋하려고 함 Trying to take it easy
- ☐ 남의 정신적, 육체적 건강을 돌봄 Taking care of others' mental and physical health
- ☐ 남을 불쌍히 여김 Pity for others
- ☐ 꾸준함과 지속성 노력 Persistence and enduring efforts
- ☐ 내 장점과 단점 파악해 봄 Identifying my strengths and weaknesses
- ☐ 남을 존중함 Respecting others
- ☐ 남을 존중함 Trying not to be disappointed
- ☐ 남들에게 좋은 일을 하자고 설득 Persuading others to do good
- ☐ 비판하지 않으려고 함 Trying not to criticize
- ☐ 잘난 체하지 않으려 함 Trying not to be proud
- ☐ 갖고 있는 것을 남들과 나눔 Sharing what I have with others
- ☐ 남이 성장하도록 도움 Helping others grow

Mirae Journal

Date: ____________

제 4차 산업혁명시대의 거대한 파도 속에서 빅픽처, SQ, 서번트리더십의 역량을 키워 시대의 큰 파도를 마음껏 즐길 수 있는 새 시대 서퍼(surfer)가 양성되는 그 날까지. Until the day when surfers of the new era are nurtured, who can truly experience the great waves of the times by cultivating the capabilities of seeing the Big Picture, 9th Intelligence, and Servant Leadership in the midst of the vast waves of the Fourth Industrial Revolution.

사람, 동물, 식물, 미생물, 자연, 현상에 대한 감사거리를 3가지 적어보세요.
Write your appreciation for people, animals, plants, microorganisms, nature and phenomena.

나는 누구인가요? (나는 '김철수'입니다. 나는 학생입니다. 그런 것 말고요...)
Who am I?

세상에 선한 영향력을 미친 한 사람을 선정해봐요. Select one person who has good influence over the world, society and community.

이름 Name of the person :

선정이유 Reason for selection :

오늘 친구나 가족과 함께 시간 가는 줄 모르는 놀이를 했으면 그것을 적어보세요.
Why are you studying? Why do you live? Why are you doing it today? Write down one answer you got today.

왜 공부를 하는지, 왜 사는지, 왜 그 일을 하는지를 생각해본 적이 있으면 나름대로 얻어낸 답을 하나라도 적어보세요. Why are you studying? Why do you live? Why are you doing it today? Write down one answer you got today.

오늘 화가 나는 일이 있었다면 가장 화난 일을 적어보세요. I was angry because...

아래 내용 중에서 오늘 내가 노력해본 것이 있으면 왼쪽에 체크 표시를 하세요.
If there are any of the following characteristics of servant leadership that you have tried today, please check it.

- ☐ 겸손 Humility
- ☐ 편견을 없애려고 함 Trying to get rid of prejudice
- ☐ 주어진 일을 마무리 함 Finishing a task
- ☐ 남의 유익 생각 Considering the interests of others
- ☐ 외모로 판단하지 않음 Not judging by appearance
- ☐ 이해하며 귀기울여 들음 Listening carefully
- ☐ 남을 감싸주려고 함 Trying to cover others
- ☐ 어려운 사람을 도움 Helping someone in need
- ☐ 다른 사람의 생각을 소중하게 여김 Valuing the thoughts of others
- ☐ 시기 질투하지 않으려고 함 Trying not to be jealous or envious
- ☐ 느긋하려고 함 Trying to take it easy
- ☐ 남의 정신적, 육체적 건강을 돌봄 Taking care of others' mental and physical health
- ☐ 남을 불쌍히 여김 Pity for others
- ☐ 꾸준함과 지속성 노력 Persistence and enduring efforts
- ☐ 내 장점과 단점 파악해 봄 Identifying my strengths and weaknesses
- ☐ 남을 존중함 Respecting others
- ☐ 남을 존중함 Trying not to be disappointed
- ☐ 남들에게 좋은 일을 하자고 설득 Persuading others to do good
- ☐ 비판하지 않으려고 함 Trying not to criticize
- ☐ 잘난 체하지 않으려 함 Trying not to be proud
- ☐ 갖고 있는 것을 남들과 나눔 Sharing what I have with others
- ☐ 남이 성장하도록 도움 Helping others grow

Mirae Journal

Date: ______________

제 4차 산업혁명시대의 거대한 파도 속에서 빅픽처, SQ, 서번트리더십의 역량을 키워 시대의 큰 파도를 마음껏 즐길 수 있는 새 시대 서퍼(surfer)가 양성되는 그 날까지. Until the day when surfers of the new era are nurtured, who can truly experience the great waves of the times by cultivating the capabilities of seeing the Big Picture, 9th Intelligence, and Servant Leadership in the midst of the vast waves of the Fourth Industrial Revolution.

사람, 동물, 식물, 미생물, 자연, 현상에 대한 감사거리를 3가지 적어보세요.
Write your appreciation for people, animals, plants, microorganisms, nature and phenomena.

나는 누구인가요? (나는 '김철수'입니다. 나는 학생입니다. 그런 것 말고요...)
Who am I?

세상에 선한 영향력을 미친 한 사람을 선정해봐요. Select one person who has good influence over the world, society and community.

이름 Name of the person :

선정이유 Reason for selection :

오늘 친구나 가족과 함께 시간 가는 줄 모르는 놀이를 했으면 그것을 적어보세요.
Why are you studying? Why do you live? Why are you doing it today? Write down one answer you got today.

왜 공부를 하는지, 왜 사는지, 왜 그 일을 하는지를 생각해본 적이 있으면 나름대로 얻어낸 답을 하나라도 적어보세요. Why are you studying? Why do you live? Why are you doing it today? Write down one answer you got today.

오늘 화가 나는 일이 있었다면 가장 화난 일을 적어보세요. I was angry because...

아래 내용 중에서 오늘 내가 노력해본 것이 있으면 왼쪽에 체크 표시를 하세요.
If there are any of the following characteristics of servant leadership that you have tried today, please check it.

- ☐ 겸손 Humility
- ☐ 편견을 없애려고 함 Trying to get rid of prejudice
- ☐ 주어진 일을 마무리 함 Finishing a task
- ☐ 남의 유익 생각 Considering the interests of others
- ☐ 외모로 판단하지 않음 Not judging by appearance
- ☐ 이해하며 귀기울여 들음 Listening carefully
- ☐ 남을 감싸주려고 함 Trying to cover others
- ☐ 어려운 사람을 도움 Helping someone in need
- ☐ 다른 사람의 생각을 소중하게 여김 Valuing the thoughts of others
- ☐ 시기 질투하지 않으려고 함 Trying not to be jealous or envious
- ☐ 느긋하려고 함 Trying to take it easy
- ☐ 남의 정신적, 육체적 건강을 돌봄 Taking care of others' mental and physical health
- ☐ 남을 불쌍히 여김 Pity for others
- ☐ 꾸준함과 지속성 노력 Persistence and enduring efforts
- ☐ 내 장점과 단점 파악해 봄 Identifying my strengths and weaknesses
- ☐ 남을 존중함 Respecting others
- ☐ 남을 존중함 Trying not to be disappointed
- ☐ 남들에게 좋은 일을 하자고 설득 Persuading others to do good
- ☐ 비판하지 않으려고 함 Trying not to criticize
- ☐ 잘난 체하지 않으려 함 Trying not to be proud
- ☐ 갖고 있는 것을 남들과 나눔 Sharing what I have with others
- ☐ 남이 성장하도록 도움 Helping others grow

Mirae Journal

Date: ______________

제 4차 산업혁명시대의 거대한 파도 속에서 빅픽처, SQ, 서번트리더십의 역량을 키워 시대의 큰 파도를 마음껏 즐길 수 있는 새 시대 서퍼(surfer)가 양성되는 그 날까지. Until the day when surfers of the new era are nurtured, who can truly experience the great waves of the times by cultivating the capabilities of seeing the Big Picture, 9th Intelligence, and Servant Leadership in the midst of the vast waves of the Fourth Industrial Revolution.

사람, 동물, 식물, 미생물, 자연, 현상에 대한 감사거리를 3가지 적어보세요.
Write your appreciation for people, animals, plants, microorganisms, nature and phenomena.

나는 누구인가요? (나는 '김철수'입니다. 나는 학생입니다. 그런 것 말고요...)
Who am I?

세상에 선한 영향력을 미친 한 사람을 선정해봐요. Select one person who has good influence over the world, society and community.

이름 Name of the person :

선정이유 Reason for selection :

오늘 친구나 가족과 함께 시간 가는 줄 모르는 놀이를 했으면 그것을 적어보세요.
Why are you studying? Why do you live? Why are you doing it today? Write down one answer you got today.

왜 공부를 하는지, 왜 사는지, 왜 그 일을 하는지를 생각해본 적이 있으면 나름대로 얻어낸 답을 하나라도 적어보세요. Why are you studying? Why do you live? Why are you doing it today? Write down one answer you got today.

오늘 화가 나는 일이 있었다면 가장 화난 일을 적어보세요. I was angry because...

아래 내용 중에서 오늘 내가 노력해본 것이 있으면 왼쪽에 체크 표시를 하세요.
If there are any of the following characteristics of servant leadership that you have tried today, please check it.

- ☐ 겸손 Humility
- ☐ 편견을 없애려고 함 Trying to get rid of prejudice
- ☐ 주어진 일을 마무리 함 Finishing a task
- ☐ 남의 유익 생각 Considering the interests of others
- ☐ 외모로 판단하지 않음 Not judging by appearance
- ☐ 이해하며 귀기울여 들음 Listening carefully
- ☐ 남을 감싸주려고 함 Trying to cover others
- ☐ 어려운 사람을 도움 Helping someone in need
- ☐ 다른 사람의 생각을 소중하게 여김 Valuing the thoughts of others
- ☐ 시기 질투하지 않으려고 함 Trying not to be jealous or envious
- ☐ 느긋하려고 함 Trying to take it easy
- ☐ 남의 정신적, 육체적 건강을 돌봄 Taking care of others' mental and physical health
- ☐ 남을 불쌍히 여김 Pity for others
- ☐ 꾸준함과 지속성 노력 Persistence and enduring efforts
- ☐ 내 장점과 단점 파악해 봄 Identifying my strengths and weaknesses
- ☐ 남을 존중함 Respecting others
- ☐ 남을 존중함 Trying not to be disappointed
- ☐ 남들에게 좋은 일을 하자고 설득 Persuading others to do good
- ☐ 비판하지 않으려고 함 Trying not to criticize
- ☐ 잘난 체하지 않으려 함 Trying not to be proud
- ☐ 갖고 있는 것을 남들과 나눔 Sharing what I have with others
- ☐ 남이 성장하도록 도움 Helping others grow

Mirae Journal

Date: ____________

제 4차 산업혁명시대의 거대한 파도 속에서 빅픽처, SQ, 서번트리더십의 역량을 키워 시대의 큰 파도를 마음껏 즐길 수 있는 새 시대 서퍼(surfer)가 양성되는 그 날까지. Until the day when surfers of the new era are nurtured, who can truly experience the great waves of the times by cultivating the capabilities of seeing the Big Picture, 9th Intelligence, and Servant Leadership in the midst of the vast waves of the Fourth Industrial Revolution.

사람, 동물, 식물, 미생물, 자연, 현상에 대한 감사거리를 3가지 적어보세요.
Write your appreciation for people, animals, plants, microorganisms, nature and phenomena.

나는 누구인가요? (나는 '김철수'입니다. 나는 학생입니다. 그런 것 말고요...)
Who am I?

세상에 선한 영향력을 미친 한 사람을 선정해봐요. Select one person who has good influence over the world, society and community.

이름 Name of the person :

선정이유 Reason for selection :

오늘 친구나 가족과 함께 시간 가는 줄 모르는 놀이를 했으면 그것을 적어보세요.
Why are you studying? Why do you live? Why are you doing it today? Write down one answer you got today.

왜 공부를 하는지, 왜 사는지, 왜 그 일을 하는지를 생각해본 적이 있으면 나름대로 얻어낸 답을 하나라도 적어보세요. Why are you studying? Why do you live? Why are you doing it today? Write down one answer you got today.

오늘 화가 나는 일이 있었다면 가장 화난 일을 적어보세요. I was angry because...

아래 내용 중에서 오늘 내가 노력해본 것이 있으면 왼쪽에 체크 표시를 하세요.
If there are any of the following characteristics of servant leadership that you have tried today, please check it.

- ☐ 겸손 Humility
- ☐ 편견을 없애려고 함 Trying to get rid of prejudice
- ☐ 주어진 일을 마무리 함 Finishing a task
- ☐ 남의 유익 생각 Considering the interests of others
- ☐ 외모로 판단하지 않음 Not judging by appearance
- ☐ 이해하며 귀기울여 들음 Listening carefully
- ☐ 남을 감싸주려고 함 Trying to cover others
- ☐ 어려운 사람을 도움 Helping someone in need
- ☐ 다른 사람의 생각을 소중하게 여김 Valuing the thoughts of others
- ☐ 시기 질투하지 않으려고 함 Trying not to be jealous or envious
- ☐ 느긋하려고 함 Trying to take it easy
- ☐ 남의 정신적, 육체적 건강을 돌봄 Taking care of others' mental and physical health
- ☐ 남을 불쌍히 여김 Pity for others
- ☐ 꾸준함과 지속성 노력 Persistence and enduring efforts
- ☐ 내 장점과 단점 파악해 봄 Identifying my strengths and weaknesses
- ☐ 남을 존중함 Respecting others
- ☐ 남을 존중함 Trying not to be disappointed
- ☐ 남들에게 좋은 일을 하자고 설득 Persuading others to do good
- ☐ 비판하지 않으려고 함 Trying not to criticize
- ☐ 잘난 체하지 않으려 함 Trying not to be proud
- ☐ 갖고 있는 것을 남들과 나눔 Sharing what I have with others
- ☐ 남이 성장하도록 도움 Helping others grow

Mirae Journal

Date: ____________________

제 4차 산업혁명시대의 거대한 파도 속에서 빅픽처, SQ, 서번트리더십의 역량을 키워 시대의 큰 파도를 마음껏 즐길 수 있는 새 시대 서퍼(surfer)가 양성되는 그 날까지. Until the day when surfers of the new era are nurtured, who can truly experience the great waves of the times by cultivating the capabilities of seeing the Big Picture, 9th Intelligence, and Servant Leadership in the midst of the vast waves of the Fourth Industrial Revolution.

사람, 동물, 식물, 미생물, 자연, 현상에 대한 감사거리를 3가지 적어보세요.
Write your appreciation for people, animals, plants, microorganisms, nature and phenomena.

____

____

나는 누구인가요? (나는 '김철수'입니다. 나는 학생입니다. 그런 것 말고요...)
Who am I?

____

____

세상에 선한 영향력을 미친 한 사람을 선정해봐요. Select one person who has good influence over the world, society and community.

이름 Name of the person : ______________________________

선정이유 Reason for selection : ______________________________

오늘 친구나 가족과 함께 시간 가는 줄 모르는 놀이를 했으면 그것을 적어보세요.
Why are you studying? Why do you live? Why are you doing it today? Write down one answer you got today.

____

____

____

왜 공부를 하는지, 왜 사는지, 왜 그 일을 하는지를 생각해본 적이 있으면 나름대로 얻어낸 답을 하나라도 적어보세요. Why are you studying? Why do you live? Why are you doing it today? Write down one answer you got today.

오늘 화가 나는 일이 있었다면 가장 화난 일을 적어보세요. I was angry because...

아래 내용 중에서 오늘 내가 노력해본 것이 있으면 왼쪽에 체크 표시를 하세요.
If there are any of the following characteristics of servant leadership that you have tried today, please check it.

- ☐ 겸손 Humility
- ☐ 편견을 없애려고 함 Trying to get rid of prejudice
- ☐ 주어진 일을 마무리 함 Finishing a task
- ☐ 남의 유익 생각 Considering the interests of others
- ☐ 외모로 판단하지 않음 Not judging by appearance
- ☐ 이해하며 귀기울여 들음 Listening carefully
- ☐ 남을 감싸주려고 함 Trying to cover others
- ☐ 어려운 사람을 도움 Helping someone in need
- ☐ 다른 사람의 생각을 소중하게 여김 Valuing the thoughts of others
- ☐ 시기 질투하지 않으려고 함 Trying not to be jealous or envious
- ☐ 느긋하려고 함 Trying to take it easy
- ☐ 남의 정신적, 육체적 건강을 돌봄 Taking care of others' mental and physical health
- ☐ 남을 불쌍히 여김 Pity for others
- ☐ 꾸준함과 지속성 노력 Persistence and enduring efforts
- ☐ 내 장점과 단점 파악해 봄 Identifying my strengths and weaknesses
- ☐ 남을 존중함 Respecting others
- ☐ 남을 존중함 Trying not to be disappointed
- ☐ 남들에게 좋은 일을 하자고 설득 Persuading others to do good
- ☐ 비판하지 않으려고 함 Trying not to criticize
- ☐ 잘난 체하지 않으려 함 Trying not to be proud
- ☐ 갖고 있는 것을 남들과 나눔 Sharing what I have with others
- ☐ 남이 성장하도록 도움 Helping others grow

Mirae Journal

Date: ____________

제 4차 산업혁명시대의 거대한 파도 속에서 빅픽처, SQ, 서번트리더십의 역량을 키워 시대의 큰 파도를 마음껏 즐길 수 있는 새 시대 서퍼(surfer)가 양성되는 그 날까지. Until the day when surfers of the new era are nurtured, who can truly experience the great waves of the times by cultivating the capabilities of seeing the Big Picture, 9th Intelligence, and Servant Leadership in the midst of the vast waves of the Fourth Industrial Revolution.

사람, 동물, 식물, 미생물, 자연, 현상에 대한 감사거리를 3가지 적어보세요.
Write your appreciation for people, animals, plants, microorganisms, nature and phenomena.

나는 누구인가요? (나는 '김철수'입니다. 나는 학생입니다. 그런 것 말고요...)
Who am I?

세상에 선한 영향력을 미친 한 사람을 선정해봐요. Select one person who has good influence over the world, society and community.

이름 Name of the person :

선정이유 Reason for selection :

오늘 친구나 가족과 함께 시간 가는 줄 모르는 놀이를 했으면 그것을 적어보세요.
Why are you studying? Why do you live? Why are you doing it today? Write down one answer you got today.

왜 공부를 하는지, 왜 사는지, 왜 그 일을 하는지를 생각해본 적이 있으면 나름대로 얻어낸 답을 하나라도 적어보세요. Why are you studying? Why do you live? Why are you doing it today? Write down one answer you got today.

오늘 화가 나는 일이 있었다면 가장 화난 일을 적어보세요. I was angry because...

아래 내용 중에서 오늘 내가 노력해본 것이 있으면 왼쪽에 체크 표시를 하세요.
If there are any of the following characteristics of servant leadership that you have tried today, please check it.

☐ 겸손 Humility	☐ 편견을 없애려고 함 Trying to get rid of prejudice
☐ 주어진 일을 마무리 함 Finishing a task	☐ 남의 유익 생각 Considering the interests of others
☐ 외모로 판단하지 않음 Not judging by appearance	☐ 이해하며 귀기울여 들음 Listening carefully
☐ 남을 감싸주려고 함 Trying to cover others	☐ 어려운 사람을 도움 Helping someone in need
☐ 다른 사람의 생각을 소중하게 여김 Valuing the thoughts of others	☐ 시기 질투하지 않으려고 함 Trying not to be jealous or envious
☐ 느긋하려고 함 Trying to take it easy	☐ 남의 정신적, 육체적 건강을 돌봄 Taking care of others' mental and physical health
☐ 남을 불쌍히 여김 Pity for others	☐ 꾸준함과 지속성 노력 Persistence and enduring efforts
☐ 내 장점과 단점 파악해 봄 Identifying my strengths and weaknesses	☐ 남을 존중함 Respecting others
☐ 남을 존중함 Trying not to be disappointed	☐ 남들에게 좋은 일을 하자고 설득 Persuading others to do good
☐ 비판하지 않으려고 함 Trying not to criticize	☐ 잘난 체하지 않으려 함 Trying not to be proud
☐ 갖고 있는 것을 남들과 나눔 Sharing what I have with others	☐ 남이 성장하도록 도움 Helping others grow

Mirae Journal

Date: ____________________

제 4차 산업혁명시대의 거대한 파도 속에서 빅픽처, SQ, 서번트리더십의 역량을 키워 시대의 큰 파도를 마음껏 즐길 수 있는 새 시대 서퍼(surfer)가 양성되는 그 날까지. Until the day when surfers of the new era are nurtured, who can truly experience the great waves of the times by cultivating the capabilities of seeing the Big Picture, 9th Intelligence, and Servant Leadership in the midst of the vast waves of the Fourth Industrial Revolution.

사람, 동물, 식물, 미생물, 자연, 현상에 대한 감사거리를 3가지 적어보세요.
Write your appreciation for people, animals, plants, microorganisms, nature and phenomena.

나는 누구인가요? (나는 '김철수'입니다. 나는 학생입니다. 그런 것 말고요...)
Who am I?

세상에 선한 영향력을 미친 한 사람을 선정해봐요. Select one person who has good influence over the world, society and community.

이름 Name of the person :

선정이유 Reason for selection :

오늘 친구나 가족과 함께 시간 가는 줄 모르는 놀이를 했으면 그것을 적어보세요.
Why are you studying? Why do you live? Why are you doing it today? Write down one answer you got today.

왜 공부를 하는지, 왜 사는지, 왜 그 일을 하는지를 생각해본 적이 있으면 나름대로 얻어낸 답을 하나라도 적어보세요. Why are you studying? Why do you live? Why are you doing it today? Write down one answer you got today.

오늘 화가 나는 일이 있었다면 가장 화난 일을 적어보세요. I was angry because...

아래 내용 중에서 오늘 내가 노력해본 것이 있으면 왼쪽에 체크 표시를 하세요.
If there are any of the following characteristics of servant leadership that you have tried today, please check it.

- ☐ 겸손 Humility
- ☐ 편견을 없애려고 함 Trying to get rid of prejudice
- ☐ 주어진 일을 마무리 함 Finishing a task
- ☐ 남의 유익 생각 Considering the interests of others
- ☐ 외모로 판단하지 않음 Not judging by appearance
- ☐ 이해하며 귀기울여 들음 Listening carefully
- ☐ 남을 감싸주려고 함 Trying to cover others
- ☐ 어려운 사람을 도움 Helping someone in need
- ☐ 다른 사람의 생각을 소중하게 여김 Valuing the thoughts of others
- ☐ 시기 질투하지 않으려고 함 Trying not to be jealous or envious
- ☐ 느긋하려고 함 Trying to take it easy
- ☐ 남의 정신적, 육체적 건강을 돌봄 Taking care of others' mental and physical health
- ☐ 남을 불쌍히 여김 Pity for others
- ☐ 꾸준함과 지속성 노력 Persistence and enduring efforts
- ☐ 내 장점과 단점 파악해 봄 Identifying my strengths and weaknesses
- ☐ 남을 존중함 Respecting others
- ☐ 남을 존중함 Trying not to be disappointed
- ☐ 남들에게 좋은 일을 하자고 설득 Persuading others to do good
- ☐ 비판하지 않으려고 함 Trying not to criticize
- ☐ 잘난 체하지 않으려 함 Trying not to be proud
- ☐ 갖고 있는 것을 남들과 나눔 Sharing what I have with others
- ☐ 남이 성장하도록 도움 Helping others grow

Mirae Journal

Date: ______________

제 4차 산업혁명시대의 거대한 파도 속에서 빅픽처, SQ, 서번트리더십의 역량을 키워 시대의 큰 파도를 마음껏 즐길 수 있는 새 시대 서퍼(surfer)가 양성되는 그 날까지. Until the day when surfers of the new era are nurtured, who can truly experience the great waves of the times by cultivating the capabilities of seeing the Big Picture, 9th Intelligence, and Servant Leadership in the midst of the vast waves of the Fourth Industrial Revolution.

사람, 동물, 식물, 미생물, 자연, 현상에 대한 감사거리를 3가지 적어보세요.
Write your appreciation for people, animals, plants, microorganisms, nature and phenomena.

나는 누구인가요? (나는 '김철수'입니다. 나는 학생입니다. 그런 것 말고요...)
Who am I?

세상에 선한 영향력을 미친 한 사람을 선정해봐요. Select one person who has good influence over the world, society and community.

이름 Name of the person :

선정이유 Reason for selection :

오늘 친구나 가족과 함께 시간 가는 줄 모르는 놀이를 했으면 그것을 적어보세요.
Why are you studying? Why do you live? Why are you doing it today? Write down one answer you got today.

왜 공부를 하는지, 왜 사는지, 왜 그 일을 하는지를 생각해본 적이 있으면 나름대로 얻어낸 답을 하나라도 적어보세요. Why are you studying? Why do you live? Why are you doing it today? Write down one answer you got today.

오늘 화가 나는 일이 있었다면 가장 화난 일을 적어보세요. I was angry because...

아래 내용 중에서 오늘 내가 노력해본 것이 있으면 왼쪽에 체크 표시를 하세요.
If there are any of the following characteristics of servant leadership that you have tried today, please check it.

☐ 겸손 Humility	☐ 편견을 없애려고 함 Trying to get rid of prejudice
☐ 주어진 일을 마무리 함 Finishing a task	☐ 남의 유익 생각 Considering the interests of others
☐ 외모로 판단하지 않음 Not judging by appearance	☐ 이해하며 귀기울여 들음 Listening carefully
☐ 남을 감싸주려고 함 Trying to cover others	☐ 어려운 사람을 도움 Helping someone in need
☐ 다른 사람의 생각을 소중하게 여김 Valuing the thoughts of others	☐ 시기 질투하지 않으려고 함 Trying not to be jealous or envious
☐ 느긋하려고 함 Trying to take it easy	☐ 남의 정신적, 육체적 건강을 돌봄 Taking care of others' mental and physical health
☐ 남을 불쌍히 여김 Pity for others	☐ 꾸준함과 지속성 노력 Persistence and enduring efforts
☐ 내 장점과 단점 파악해 봄 Identifying my strengths and weaknesses	☐ 남을 존중함 Respecting others
☐ 남을 존중함 Trying not to be disappointed	☐ 남들에게 좋은 일을 하자고 설득 Persuading others to do good
☐ 비판하지 않으려고 함 Trying not to criticize	☐ 잘난 체하지 않으려 함 Trying not to be proud
☐ 갖고 있는 것을 남들과 나눔 Sharing what I have with others	☐ 남이 성장하도록 도움 Helping others grow

Mirae Journal

Date: ____________

제 4차 산업혁명시대의 거대한 파도 속에서 빅픽처, SQ, 서번트리더십의 역량을 키워 시대의 큰 파도를 마음껏 즐길 수 있는 새 시대 서퍼(surfer)가 양성되는 그 날까지. Until the day when surfers of the new era are nurtured, who can truly experience the great waves of the times by cultivating the capabilities of seeing the Big Picture, 9th Intelligence, and Servant Leadership in the midst of the vast waves of the Fourth Industrial Revolution.

사람, 동물, 식물, 미생물, 자연, 현상에 대한 감사거리를 3가지 적어보세요.
Write your appreciation for people, animals, plants, microorganisms, nature and phenomena.

나는 누구인가요? (나는 '김철수'입니다. 나는 학생입니다. 그런 것 말고요...)
Who am I?

세상에 선한 영향력을 미친 한 사람을 선정해봐요. Select one person who has good influence over the world, society and community.

이름 Name of the person :

선정이유 Reason for selection :

오늘 친구나 가족과 함께 시간 가는 줄 모르는 놀이를 했으면 그것을 적어보세요.
Why are you studying? Why do you live? Why are you doing it today? Write down one answer you got today.

왜 공부를 하는지, 왜 사는지, 왜 그 일을 하는지를 생각해본 적이 있으면 나름대로 얻어낸 답을 하나라도 적어보세요. Why are you studying? Why do you live? Why are you doing it today? Write down one answer you got today.

오늘 화가 나는 일이 있었다면 가장 화난 일을 적어보세요. I was angry because...

아래 내용 중에서 오늘 내가 노력해본 것이 있으면 왼쪽에 체크 표시를 하세요.
If there are any of the following characteristics of servant leadership that you have tried today, please check it.

☐ 겸손 Humility	☐ 편견을 없애려고 함 Trying to get rid of prejudice
☐ 주어진 일을 마무리 함 Finishing a task	☐ 남의 유익 생각 Considering the interests of others
☐ 외모로 판단하지 않음 Not judging by appearance	☐ 이해하며 귀기울여 들음 Listening carefully
☐ 남을 감싸주려고 함 Trying to cover others	☐ 어려운 사람을 도움 Helping someone in need
☐ 다른 사람의 생각을 소중하게 여김 Valuing the thoughts of others	☐ 시기 질투하지 않으려고 함 Trying not to be jealous or envious
☐ 느긋하려고 함 Trying to take it easy	☐ 남의 정신적, 육체적 건강을 돌봄 Taking care of others' mental and physical health
☐ 남을 불쌍히 여김 Pity for others	☐ 꾸준함과 지속성 노력 Persistence and enduring efforts
☐ 내 장점과 단점 파악해 봄 Identifying my strengths and weaknesses	☐ 남을 존중함 Respecting others
☐ 남을 존중함 Trying not to be disappointed	☐ 남들에게 좋은 일을 하자고 설득 Persuading others to do good
☐ 비판하지 않으려고 함 Trying not to criticize	☐ 잘난 체하지 않으려 함 Trying not to be proud
☐ 갖고 있는 것을 남들과 나눔 Sharing what I have with others	☐ 남이 성장하도록 도움 Helping others grow

Mirae Journal

Date: ____________

제 4차 산업혁명시대의 거대한 파도 속에서 빅픽처, SQ, 서번트리더십의 역량을 키워 시대의 큰 파도를 마음껏 즐길 수 있는 새 시대 서퍼(surfer)가 양성되는 그 날까지. Until the day when surfers of the new era are nurtured, who can truly experience the great waves of the times by cultivating the capabilities of seeing the Big Picture, 9th Intelligence, and Servant Leadership in the midst of the vast waves of the Fourth Industrial Revolution.

사람, 동물, 식물, 미생물, 자연, 현상에 대한 감사거리를 3가지 적어보세요.
Write your appreciation for people, animals, plants, microorganisms, nature and phenomena.

나는 누구인가요? (나는 '김철수'입니다. 나는 학생입니다. 그런 것 말고요...)
Who am I?

세상에 선한 영향력을 미친 한 사람을 선정해봐요. Select one person who has good influence over the world, society and community.

이름 Name of the person :

선정이유 Reason for selection :

오늘 친구나 가족과 함께 시간 가는 줄 모르는 놀이를 했으면 그것을 적어보세요.
Why are you studying? Why do you live? Why are you doing it today? Write down one answer you got today.

왜 공부를 하는지, 왜 사는지, 왜 그 일을 하는지를 생각해본 적이 있으면 나름대로 얻어낸 답을 하나라도 적어보세요. Why are you studying? Why do you live? Why are you doing it today? Write down one answer you got today.

오늘 화가 나는 일이 있었다면 가장 화난 일을 적어보세요. I was angry because...

아래 내용 중에서 오늘 내가 노력해본 것이 있으면 왼쪽에 체크 표시를 하세요.
If there are any of the following characteristics of servant leadership that you have tried today, please check it.

☐ 겸손 Humility	☐ 편견을 없애려고 함 Trying to get rid of prejudice
☐ 주어진 일을 마무리 함 Finishing a task	☐ 남의 유익 생각 Considering the interests of others
☐ 외모로 판단하지 않음 Not judging by appearance	☐ 이해하며 귀기울여 들음 Listening carefully
☐ 남을 감싸주려고 함 Trying to cover others	☐ 어려운 사람을 도움 Helping someone in need
☐ 다른 사람의 생각을 소중하게 여김 Valuing the thoughts of others	☐ 시기 질투하지 않으려고 함 Trying not to be jealous or envious
☐ 느긋하려고 함 Trying to take it easy	☐ 남의 정신적, 육체적 건강을 돌봄 Taking care of others' mental and physical health
☐ 남을 불쌍히 여김 Pity for others	☐ 꾸준함과 지속성 노력 Persistence and enduring efforts
☐ 내 장점과 단점 파악해 봄 Identifying my strengths and weaknesses	☐ 남을 존중함 Respecting others
☐ 남을 존중함 Trying not to be disappointed	☐ 남들에게 좋은 일을 하자고 설득 Persuading others to do good
☐ 비판하지 않으려고 함 Trying not to criticize	☐ 잘난 체하지 않으려 함 Trying not to be proud
☐ 갖고 있는 것을 남들과 나눔 Sharing what I have with others	☐ 남이 성장하도록 도움 Helping others grow

Mirae Journal

Date: ____________

제 4차 산업혁명시대의 거대한 파도 속에서 빅픽처, SQ, 서번트리더십의 역량을 키워 시대의 큰 파도를 마음껏 즐길 수 있는 새 시대 서퍼(surfer)가 양성되는 그 날까지. Until the day when surfers of the new era are nurtured, who can truly experience the great waves of the times by cultivating the capabilities of seeing the Big Picture, 9th Intelligence, and Servant Leadership in the midst of the vast waves of the Fourth Industrial Revolution.

사람, 동물, 식물, 미생물, 자연, 현상에 대한 감사거리를 3가지 적어보세요.
Write your appreciation for people, animals, plants, microorganisms, nature and phenomena.

나는 누구인가요? (나는 '김철수'입니다. 나는 학생입니다. 그런 것 말고요...)
Who am I?

세상에 선한 영향력을 미친 한 사람을 선정해봐요. Select one person who has good influence over the world, society and community.

이름 Name of the person :

선정이유 Reason for selection :

오늘 친구나 가족과 함께 시간 가는 줄 모르는 놀이를 했으면 그것을 적어보세요.
Why are you studying? Why do you live? Why are you doing it today? Write down one answer you got today.

왜 공부를 하는지, 왜 사는지, 왜 그 일을 하는지를 생각해본 적이 있으면 나름대로 얻어낸 답을 하나라도 적어보세요. Why are you studying? Why do you live? Why are you doing it today? Write down one answer you got today.

오늘 화가 나는 일이 있었다면 가장 화난 일을 적어보세요. I was angry because...

아래 내용 중에서 오늘 내가 노력해본 것이 있으면 왼쪽에 체크 표시를 하세요.
If there are any of the following characteristics of servant leadership that you have tried today, please check it.

- ☐ 겸손 Humility
- ☐ 편견을 없애려고 함 Trying to get rid of prejudice
- ☐ 주어진 일을 마무리 함 Finishing a task
- ☐ 남의 유익 생각 Considering the interests of others
- ☐ 외모로 판단하지 않음 Not judging by appearance
- ☐ 이해하며 귀기울여 들음 Listening carefully
- ☐ 남을 감싸주려고 함 Trying to cover others
- ☐ 어려운 사람을 도움 Helping someone in need
- ☐ 다른 사람의 생각을 소중하게 여김 Valuing the thoughts of others
- ☐ 시기 질투하지 않으려고 함 Trying not to be jealous or envious
- ☐ 느긋하려고 함 Trying to take it easy
- ☐ 남의 정신적, 육체적 건강을 돌봄 Taking care of others' mental and physical health
- ☐ 남을 불쌍히 여김 Pity for others
- ☐ 꾸준함과 지속성 노력 Persistence and enduring efforts
- ☐ 내 장점과 단점 파악해 봄 Identifying my strengths and weaknesses
- ☐ 남을 존중함 Respecting others
- ☐ 남을 존중함 Trying not to be disappointed
- ☐ 남들에게 좋은 일을 하자고 설득 Persuading others to do good
- ☐ 비판하지 않으려고 함 Trying not to criticize
- ☐ 잘난 체하지 않으려 함 Trying not to be proud
- ☐ 갖고 있는 것을 남들과 나눔 Sharing what I have with others
- ☐ 남이 성장하도록 도움 Helping others grow

Mirae Journal

Date:

제 4차 산업혁명시대의 거대한 파도 속에서 빅픽처, SQ, 서번트리더십의 역량을 키워 시대의 큰 파도를 마음껏 즐길 수 있는 새 시대 서퍼(surfer)가 양성되는 그 날까지. Until the day when surfers of the new era are nurtured, who can truly experience the great waves of the times by cultivating the capabilities of seeing the Big Picture, 9th Intelligence, and Servant Leadership in the midst of the vast waves of the Fourth Industrial Revolution.

사람, 동물, 식물, 미생물, 자연, 현상에 대한 감사거리를 3가지 적어보세요.
Write your appreciation for people, animals, plants, microorganisms, nature and phenomena.

나는 누구인가요? (나는 '김철수'입니다. 나는 학생입니다. 그런 것 말고요...)
Who am I?

세상에 선한 영향력을 미친 한 사람을 선정해봐요. Select one person who has good influence over the world, society and community.

이름 Name of the person :

선정이유 Reason for selection :

오늘 친구나 가족과 함께 시간 가는 줄 모르는 놀이를 했으면 그것을 적어보세요.
Why are you studying? Why do you live? Why are you doing it today? Write down one answer you got today.

왜 공부를 하는지, 왜 사는지, 왜 그 일을 하는지를 생각해본 적이 있으면 나름대로 얻어낸 답을 하나라도 적어보세요. Why are you studying? Why do you live? Why are you doing it today? Write down one answer you got today.

오늘 화가 나는 일이 있었다면 가장 화난 일을 적어보세요. I was angry because...

아래 내용 중에서 오늘 내가 노력해본 것이 있으면 왼쪽에 체크 표시를 하세요.
If there are any of the following characteristics of servant leadership that you have tried today, please check it.

- ☐ 겸손 Humility
- ☐ 편견을 없애려고 함 Trying to get rid of prejudice
- ☐ 주어진 일을 마무리 함 Finishing a task
- ☐ 남의 유익 생각 Considering the interests of others
- ☐ 외모로 판단하지 않음 Not judging by appearance
- ☐ 이해하며 귀기울여 들음 Listening carefully
- ☐ 남을 감싸주려고 함 Trying to cover others
- ☐ 어려운 사람을 도움 Helping someone in need
- ☐ 다른 사람의 생각을 소중하게 여김 Valuing the thoughts of others
- ☐ 시기 질투하지 않으려고 함 Trying not to be jealous or envious
- ☐ 느긋하려고 함 Trying to take it easy
- ☐ 남의 정신적, 육체적 건강을 돌봄 Taking care of others' mental and physical health
- ☐ 남을 불쌍히 여김 Pity for others
- ☐ 꾸준함과 지속성 노력 Persistence and enduring efforts
- ☐ 내 장점과 단점 파악해 봄 Identifying my strengths and weaknesses
- ☐ 남을 존중함 Respecting others
- ☐ 남을 존중함 Trying not to be disappointed
- ☐ 남들에게 좋은 일을 하자고 설득 Persuading others to do good
- ☐ 비판하지 않으려고 함 Trying not to criticize
- ☐ 잘난 체하지 않으려 함 Trying not to be proud
- ☐ 갖고 있는 것을 남들과 나눔 Sharing what I have with others
- ☐ 남이 성장하도록 도움 Helping others grow

Mirae Journal

Date: ____________________

제 4차 산업혁명시대의 거대한 파도 속에서 빅픽처, SQ, 서번트리더십의 역량을 키워 시대의 큰 파도를 마음껏 즐길 수 있는 새 시대 서퍼(surfer)가 양성되는 그 날까지. Until the day when surfers of the new era are nurtured, who can truly experience the great waves of the times by cultivating the capabilities of seeing the Big Picture, 9th Intelligence, and Servant Leadership in the midst of the vast waves of the Fourth Industrial Revolution.

사람, 동물, 식물, 미생물, 자연, 현상에 대한 감사거리를 3가지 적어보세요.
Write your appreciation for people, animals, plants, microorganisms, nature and phenomena.

나는 누구인가요? (나는 '김철수'입니다. 나는 학생입니다. 그런 것 말고요...)
Who am I?

세상에 선한 영향력을 미친 한 사람을 선정해봐요. Select one person who has good influence over the world, society and community.

이름 Name of the person :

선정이유 Reason for selection :

오늘 친구나 가족과 함께 시간 가는 줄 모르는 놀이를 했으면 그것을 적어보세요.
Why are you studying? Why do you live? Why are you doing it today? Write down one answer you got today.

왜 공부를 하는지, 왜 사는지, 왜 그 일을 하는지를 생각해본 적이 있으면 나름대로 얻어낸 답을 하나라도 적어보세요. Why are you studying? Why do you live? Why are you doing it today? Write down one answer you got today.

오늘 화가 나는 일이 있었다면 가장 화난 일을 적어보세요. I was angry because...

아래 내용 중에서 오늘 내가 노력해본 것이 있으면 왼쪽에 체크 표시를 하세요.
If there are any of the following characteristics of servant leadership that you have tried today, please check it.

- □ 겸손 Humility
- □ 편견을 없애려고 함 Trying to get rid of prejudice
- □ 주어진 일을 마무리 함 Finishing a task
- □ 남의 유익 생각 Considering the interests of others
- □ 외모로 판단하지 않음 Not judging by appearance
- □ 이해하며 귀기울여 들음 Listening carefully
- □ 남을 감싸주려고 함 Trying to cover others
- □ 어려운 사람을 도움 Helping someone in need
- □ 다른 사람의 생각을 소중하게 여김 Valuing the thoughts of others
- □ 시기 질투하지 않으려고 함 Trying not to be jealous or envious
- □ 느긋하려고 함 Trying to take it easy
- □ 남의 정신적, 육체적 건강을 돌봄 Taking care of others' mental and physical health
- □ 남을 불쌍히 여김 Pity for others
- □ 꾸준함과 지속성 노력 Persistence and enduring efforts
- □ 내 장점과 단점 파악해 봄 Identifying my strengths and weaknesses
- □ 남을 존중함 Respecting others
- □ 남을 존중함 Trying not to be disappointed
- □ 남들에게 좋은 일을 하자고 설득 Persuading others to do good
- □ 비판하지 않으려고 함 Trying not to criticize
- □ 잘난 체하지 않으려 함 Trying not to be proud
- □ 갖고 있는 것을 남들과 나눔 Sharing what I have with others
- □ 남이 성장하도록 도움 Helping others grow

Mirae Journal

Date: ____________

제 4차 산업혁명시대의 거대한 파도 속에서 빅픽처, SQ, 서번트리더십의 역량을 키워 시대의 큰 파도를 마음껏 즐길 수 있는 새 시대 서퍼(surfer)가 양성되는 그 날까지. Until the day when surfers of the new era are nurtured, who can truly experience the great waves of the times by cultivating the capabilities of seeing the Big Picture, 9th Intelligence, and Servant Leadership in the midst of the vast waves of the Fourth Industrial Revolution.

사람, 동물, 식물, 미생물, 자연, 현상에 대한 감사거리를 3가지 적어보세요.
Write your appreciation for people, animals, plants, microorganisms, nature and phenomena.

나는 누구인가요? (나는 '김철수'입니다. 나는 학생입니다. 그런 것 말고요...)
Who am I?

세상에 선한 영향력을 미친 한 사람을 선정해봐요. Select one person who has good influence over the world, society and community.

이름 Name of the person :

선정이유 Reason for selection :

오늘 친구나 가족과 함께 시간 가는 줄 모르는 놀이를 했으면 그것을 적어보세요.
Why are you studying? Why do you live? Why are you doing it today? Write down one answer you got today.

왜 공부를 하는지, 왜 사는지, 왜 그 일을 하는지를 생각해본 적이 있으면 나름대로 얻어낸 답을 하나라도 적어보세요. Why are you studying? Why do you live? Why are you doing it today? Write down one answer you got today.

오늘 화가 나는 일이 있었다면 가장 화난 일을 적어보세요. I was angry because...

아래 내용 중에서 오늘 내가 노력해본 것이 있으면 왼쪽에 체크 표시를 하세요.
If there are any of the following characteristics of servant leadership that you have tried today, please check it.

□ 겸손 Humility	□ 편견을 없애려고 함 Trying to get rid of prejudice
□ 주어진 일을 마무리 함 Finishing a task	□ 남의 유익 생각 Considering the interests of others
□ 외모로 판단하지 않음 Not judging by appearance	□ 이해하며 귀기울여 들음 Listening carefully
□ 남을 감싸주려고 함 Trying to cover others	□ 어려운 사람을 도움 Helping someone in need
□ 다른 사람의 생각을 소중하게 여김 Valuing the thoughts of others	□ 시기 질투하지 않으려고 함 Trying not to be jealous or envious
□ 느긋하려고 함 Trying to take it easy	□ 남의 정신적, 육체적 건강을 돌봄 Taking care of others' mental and physical health
□ 남을 불쌍히 여김 Pity for others	□ 꾸준함과 지속성 노력 Persistence and enduring efforts
□ 내 장점과 단점 파악해 봄 Identifying my strengths and weaknesses	□ 남을 존중함 Respecting others
□ 남을 존중함 Trying not to be disappointed	□ 남들에게 좋은 일을 하자고 설득 Persuading others to do good
□ 비판하지 않으려고 함 Trying not to criticize	□ 잘난 체하지 않으려 함 Trying not to be proud
□ 갖고 있는 것을 남들과 나눔 Sharing what I have with others	□ 남이 성장하도록 도움 Helping others grow

Mirae Journal

Date: ____________

제 4차 산업혁명시대의 거대한 파도 속에서 빅픽처, SQ, 서번트리더십의 역량을 키워 시대의 큰 파도를 마음껏 즐길 수 있는 새 시대 서퍼(surfer)가 양성되는 그 날까지. Until the day when surfers of the new era are nurtured, who can truly experience the great waves of the times by cultivating the capabilities of seeing the Big Picture, 9th Intelligence, and Servant Leadership in the midst of the vast waves of the Fourth Industrial Revolution.

사람, 동물, 식물, 미생물, 자연, 현상에 대한 감사거리를 3가지 적어보세요.
Write your appreciation for people, animals, plants, microorganisms, nature and phenomena.

나는 누구인가요? (나는 '김철수'입니다. 나는 학생입니다. 그런 것 말고요...)
Who am I?

세상에 선한 영향력을 미친 한 사람을 선정해봐요. Select one person who has good influence over the world, society and community.

이름 Name of the person :

선정이유 Reason for selection :

오늘 친구나 가족과 함께 시간 가는 줄 모르는 놀이를 했으면 그것을 적어보세요.
Why are you studying? Why do you live? Why are you doing it today? Write down one answer you got today.

왜 공부를 하는지, 왜 사는지, 왜 그 일을 하는지를 생각해본 적이 있으면 나름대로 얻어낸 답을 하나라도 적어보세요. Why are you studying? Why do you live? Why are you doing it today? Write down one answer you got today.

오늘 화가 나는 일이 있었다면 가장 화난 일을 적어보세요. I was angry because...

아래 내용 중에서 오늘 내가 노력해본 것이 있으면 왼쪽에 체크 표시를 하세요.
If there are any of the following characteristics of servant leadership that you have tried today, please check it.

- ☐ 겸손 Humility
- ☐ 편견을 없애려고 함 Trying to get rid of prejudice
- ☐ 주어진 일을 마무리 함 Finishing a task
- ☐ 남의 유익 생각 Considering the interests of others
- ☐ 외모로 판단하지 않음 Not judging by appearance
- ☐ 이해하며 귀기울여 들음 Listening carefully
- ☐ 남을 감싸주려고 함 Trying to cover others
- ☐ 어려운 사람을 도움 Helping someone in need
- ☐ 다른 사람의 생각을 소중하게 여김 Valuing the thoughts of others
- ☐ 시기 질투하지 않으려고 함 Trying not to be jealous or envious
- ☐ 느긋하려고 함 Trying to take it easy
- ☐ 남의 정신적, 육체적 건강을 돌봄 Taking care of others' mental and physical health
- ☐ 남을 불쌍히 여김 Pity for others
- ☐ 꾸준함과 지속성 노력 Persistence and enduring efforts
- ☐ 내 장점과 단점 파악해 봄 Identifying my strengths and weaknesses
- ☐ 남을 존중함 Respecting others
- ☐ 남을 존중함 Trying not to be disappointed
- ☐ 남들에게 좋은 일을 하자고 설득 Persuading others to do good
- ☐ 비판하지 않으려고 함 Trying not to criticize
- ☐ 잘난 체하지 않으려 함 Trying not to be proud
- ☐ 갖고 있는 것을 남들과 나눔 Sharing what I have with others
- ☐ 남이 성장하도록 도움 Helping others grow

Mirae Journal

Date: ____________

제 4차 산업혁명시대의 거대한 파도 속에서 빅픽처, SQ, 서번트리더십의 역량을 키워 시대의 큰 파도를 마음껏 즐길 수 있는 새 시대 서퍼(surfer)가 양성되는 그 날까지. Until the day when surfers of the new era are nurtured, who can truly experience the great waves of the times by cultivating the capabilities of seeing the Big Picture, 9th Intelligence, and Servant Leadership in the midst of the vast waves of the Fourth Industrial Revolution.

사람, 동물, 식물, 미생물, 자연, 현상에 대한 감사거리를 3가지 적어보세요.
Write your appreciation for people, animals, plants, microorganisms, nature and phenomena.

나는 누구인가요? (나는 '김철수'입니다. 나는 학생입니다. 그런 것 말고요...)
Who am I?

세상에 선한 영향력을 미친 한 사람을 선정해봐요. Select one person who has good influence over the world, society and community.

이름 Name of the person :

선정이유 Reason for selection :

오늘 친구나 가족과 함께 시간 가는 줄 모르는 놀이를 했으면 그것을 적어보세요.
Why are you studying? Why do you live? Why are you doing it today? Write down one answer you got today.

왜 공부를 하는지, 왜 사는지, 왜 그 일을 하는지를 생각해본 적이 있으면 나름대로 얻어낸 답을 하나라도 적어보세요. Why are you studying? Why do you live? Why are you doing it today? Write down one answer you got today.

오늘 화가 나는 일이 있었다면 가장 화난 일을 적어보세요. I was angry because...

아래 내용 중에서 오늘 내가 노력해본 것이 있으면 왼쪽에 체크 표시를 하세요.
If there are any of the following characteristics of servant leadership that you have tried today, please check it.

- ☐ 겸손 Humility
- ☐ 편견을 없애려고 함 Trying to get rid of prejudice
- ☐ 주어진 일을 마무리 함 Finishing a task
- ☐ 남의 유익 생각 Considering the interests of others
- ☐ 외모로 판단하지 않음 Not judging by appearance
- ☐ 이해하며 귀기울여 들음 Listening carefully
- ☐ 남을 감싸주려고 함 Trying to cover others
- ☐ 어려운 사람을 도움 Helping someone in need
- ☐ 다른 사람의 생각을 소중하게 여김 Valuing the thoughts of others
- ☐ 시기 질투하지 않으려고 함 Trying not to be jealous or envious
- ☐ 느긋하려고 함 Trying to take it easy
- ☐ 남의 정신적, 육체적 건강을 돌봄 Taking care of others' mental and physical health
- ☐ 남을 불쌍히 여김 Pity for others
- ☐ 꾸준함과 지속성 노력 Persistence and enduring efforts
- ☐ 내 장점과 단점 파악해 봄 Identifying my strengths and weaknesses
- ☐ 남을 존중함 Respecting others
- ☐ 남을 존중함 Trying not to be disappointed
- ☐ 남들에게 좋은 일을 하자고 설득 Persuading others to do good
- ☐ 비판하지 않으려고 함 Trying not to criticize
- ☐ 잘난 체하지 않으려 함 Trying not to be proud
- ☐ 갖고 있는 것을 남들과 나눔 Sharing what I have with others
- ☐ 남이 성장하도록 도움 Helping others grow

Mirae Journal

Date: ________________

제 4차 산업혁명시대의 거대한 파도 속에서 빅픽처, SQ, 서번트리더십의 역량을 키워 시대의 큰 파도를 마음껏 즐길 수 있는 새 시대 서퍼(surfer)가 양성되는 그 날까지. Until the day when surfers of the new era are nurtured, who can truly experience the great waves of the times by cultivating the capabilities of seeing the Big Picture, 9th Intelligence, and Servant Leadership in the midst of the vast waves of the Fourth Industrial Revolution.

사람, 동물, 식물, 미생물, 자연, 현상에 대한 감사거리를 3가지 적어보세요.
Write your appreciation for people, animals, plants, microorganisms, nature and phenomena.

나는 누구인가요? (나는 '김철수'입니다. 나는 학생입니다. 그런 것 말고요...)
Who am I?

세상에 선한 영향력을 미친 한 사람을 선정해봐요. Select one person who has good influence over the world, society and community.

이름 Name of the person :

선정이유 Reason for selection :

오늘 친구나 가족과 함께 시간 가는 줄 모르는 놀이를 했으면 그것을 적어보세요.
Why are you studying? Why do you live? Why are you doing it today? Write down one answer you got today.

왜 공부를 하는지, 왜 사는지, 왜 그 일을 하는지를 생각해본 적이 있으면 나름대로 얻어낸 답을 하나라도 적어보세요. Why are you studying? Why do you live? Why are you doing it today? Write down one answer you got today.

오늘 화가 나는 일이 있었다면 가장 화난 일을 적어보세요. I was angry because...

아래 내용 중에서 오늘 내가 노력해본 것이 있으면 왼쪽에 체크 표시를 하세요.
If there are any of the following characteristics of servant leadership that you have tried today, please check it.

- ☐ 겸손 Humility
- ☐ 편견을 없애려고 함 Trying to get rid of prejudice
- ☐ 주어진 일을 마무리 함 Finishing a task
- ☐ 남의 유익 생각 Considering the interests of others
- ☐ 외모로 판단하지 않음 Not judging by appearance
- ☐ 이해하며 귀기울여 들음 Listening carefully
- ☐ 남을 감싸주려고 함 Trying to cover others
- ☐ 어려운 사람을 도움 Helping someone in need
- ☐ 다른 사람의 생각을 소중하게 여김 Valuing the thoughts of others
- ☐ 시기 질투하지 않으려고 함 Trying not to be jealous or envious
- ☐ 느긋하려고 함 Trying to take it easy
- ☐ 남의 정신적, 육체적 건강을 돌봄 Taking care of others' mental and physical health
- ☐ 남을 불쌍히 여김 Pity for others
- ☐ 꾸준함과 지속성 노력 Persistence and enduring efforts
- ☐ 내 장점과 단점 파악해 봄 Identifying my strengths and weaknesses
- ☐ 남을 존중함 Respecting others
- ☐ 남을 존중함 Trying not to be disappointed
- ☐ 남들에게 좋은 일을 하자고 설득 Persuading others to do good
- ☐ 비판하지 않으려고 함 Trying not to criticize
- ☐ 잘난 체하지 않으려 함 Trying not to be proud
- ☐ 갖고 있는 것을 남들과 나눔 Sharing what I have with others
- ☐ 남이 성장하도록 도움 Helping others grow

Mirae Journal

Date: ______________

제 4차 산업혁명시대의 거대한 파도 속에서 빅픽처, SQ, 서번트리더십의 역량을 키워 시대의 큰 파도를 마음껏 즐길 수 있는 새 시대 서퍼(surfer)가 양성되는 그 날까지. Until the day when surfers of the new era are nurtured, who can truly experience the great waves of the times by cultivating the capabilities of seeing the Big Picture, 9th Intelligence, and Servant Leadership in the midst of the vast waves of the Fourth Industrial Revolution.

사람, 동물, 식물, 미생물, 자연, 현상에 대한 감사거리를 3가지 적어보세요.
Write your appreciation for people, animals, plants, microorganisms, nature and phenomena.

____

____

나는 누구인가요? (나는 '김철수'입니다. 나는 학생입니다. 그런 것 말고요...)
Who am I?

____

____

세상에 선한 영향력을 미친 한 사람을 선정해봐요. Select one person who has good influence over the world, society and community.

이름 Name of the person : ______________

선정이유 Reason for selection : ______________

오늘 친구나 가족과 함께 시간 가는 줄 모르는 놀이를 했으면 그것을 적어보세요.
Why are you studying? Why do you live? Why are you doing it today? Write down one answer you got today.

____

____

____

왜 공부를 하는지, 왜 사는지, 왜 그 일을 하는지를 생각해본 적이 있으면 나름대로 얻어낸 답을 하나라도 적어보세요. Why are you studying? Why do you live? Why are you doing it today? Write down one answer you got today.

오늘 화가 나는 일이 있었다면 가장 화난 일을 적어보세요. I was angry because...

아래 내용 중에서 오늘 내가 노력해본 것이 있으면 왼쪽에 체크 표시를 하세요.
If there are any of the following characteristics of servant leadership that you have tried today, please check it.

- ☐ 겸손 Humility
- ☐ 편견을 없애려고 함 Trying to get rid of prejudice
- ☐ 주어진 일을 마무리 함 Finishing a task
- ☐ 남의 유익 생각 Considering the interests of others
- ☐ 외모로 판단하지 않음 Not judging by appearance
- ☐ 이해하며 귀기울여 들음 Listening carefully
- ☐ 남을 감싸주려고 함 Trying to cover others
- ☐ 어려운 사람을 도움 Helping someone in need
- ☐ 다른 사람의 생각을 소중하게 여김 Valuing the thoughts of others
- ☐ 시기 질투하지 않으려고 함 Trying not to be jealous or envious
- ☐ 느긋하려고 함 Trying to take it easy
- ☐ 남의 정신적, 육체적 건강을 돌봄 Taking care of others' mental and physical health
- ☐ 남을 불쌍히 여김 Pity for others
- ☐ 꾸준함과 지속성 노력 Persistence and enduring efforts
- ☐ 내 장점과 단점 파악해 봄 Identifying my strengths and weaknesses
- ☐ 남을 존중함 Respecting others
- ☐ 남을 존중함 Trying not to be disappointed
- ☐ 남들에게 좋은 일을 하자고 설득 Persuading others to do good
- ☐ 비판하지 않으려고 함 Trying not to criticize
- ☐ 잘난 체하지 않으려 함 Trying not to be proud
- ☐ 갖고 있는 것을 남들과 나눔 Sharing what I have with others
- ☐ 남이 성장하도록 도움 Helping others grow

Mirae Journal

Date: ____________

제 4차 산업혁명시대의 거대한 파도 속에서 빅픽처, SQ, 서번트리더십의 역량을 키워 시대의 큰 파도를 마음껏 즐길 수 있는 새 시대 서퍼(surfer)가 양성되는 그 날까지. Until the day when surfers of the new era are nurtured, who can truly experience the great waves of the times by cultivating the capabilities of seeing the Big Picture, 9th Intelligence, and Servant Leadership in the midst of the vast waves of the Fourth Industrial Revolution.

사람, 동물, 식물, 미생물, 자연, 현상에 대한 감사거리를 3가지 적어보세요.
Write your appreciation for people, animals, plants, microorganisms, nature and phenomena.

나는 누구인가요? (나는 '김철수'입니다. 나는 학생입니다. 그런 것 말고요...)
Who am I?

세상에 선한 영향력을 미친 한 사람을 선정해봐요. Select one person who has good influence over the world, society and community.

이름 Name of the person :

선정이유 Reason for selection :

오늘 친구나 가족과 함께 시간 가는 줄 모르는 놀이를 했으면 그것을 적어보세요.
Why are you studying? Why do you live? Why are you doing it today? Write down one answer you got today.

왜 공부를 하는지, 왜 사는지, 왜 그 일을 하는지를 생각해본 적이 있으면 나름대로 얻어낸 답을 하나라도 적어보세요. Why are you studying? Why do you live? Why are you doing it today? Write down one answer you got today.

오늘 화가 나는 일이 있었다면 가장 화난 일을 적어보세요. I was angry because...

아래 내용 중에서 오늘 내가 노력해본 것이 있으면 왼쪽에 체크 표시를 하세요.
If there are any of the following characteristics of servant leadership that you have tried today, please check it.

- ☐ 겸손 Humility
- ☐ 편견을 없애려고 함 Trying to get rid of prejudice
- ☐ 주어진 일을 마무리 함 Finishing a task
- ☐ 남의 유익 생각 Considering the interests of others
- ☐ 외모로 판단하지 않음 Not judging by appearance
- ☐ 이해하며 귀기울여 들음 Listening carefully
- ☐ 남을 감싸주려고 함 Trying to cover others
- ☐ 어려운 사람을 도움 Helping someone in need
- ☐ 다른 사람의 생각을 소중하게 여김 Valuing the thoughts of others
- ☐ 시기 질투하지 않으려고 함 Trying not to be jealous or envious
- ☐ 느긋하려고 함 Trying to take it easy
- ☐ 남의 정신적, 육체적 건강을 돌봄 Taking care of others' mental and physical health
- ☐ 남을 불쌍히 여김 Pity for others
- ☐ 꾸준함과 지속성 노력 Persistence and enduring efforts
- ☐ 내 장점과 단점 파악해 봄 Identifying my strengths and weaknesses
- ☐ 남을 존중함 Respecting others
- ☐ 남을 존중함 Trying not to be disappointed
- ☐ 남들에게 좋은 일을 하자고 설득 Persuading others to do good
- ☐ 비판하지 않으려고 함 Trying not to criticize
- ☐ 잘난 체하지 않으려 함 Trying not to be proud
- ☐ 갖고 있는 것을 남들과 나눔 Sharing what I have with others
- ☐ 남이 성장하도록 도움 Helping others grow

Mirae Journal

Date: ____________________

제 4차 산업혁명시대의 거대한 파도 속에서 빅픽처, SQ, 서번트리더십의 역량을 키워 시대의 큰 파도를 마음껏 즐길 수 있는 새 시대 서퍼(surfer)가 양성되는 그 날까지. Until the day when surfers of the new era are nurtured, who can truly experience the great waves of the times by cultivating the capabilities of seeing the Big Picture, 9th Intelligence, and Servant Leadership in the midst of the vast waves of the Fourth Industrial Revolution.

사람, 동물, 식물, 미생물, 자연, 현상에 대한 감사거리를 3가지 적어보세요.
Write your appreciation for people, animals, plants, microorganisms, nature and phenomena.

나는 누구인가요? (나는 '김철수'입니다. 나는 학생입니다. 그런 것 말고요...)
Who am I?

세상에 선한 영향력을 미친 한 사람을 선정해봐요. Select one person who has good influence over the world, society and community.

이름 Name of the person :

선정이유 Reason for selection :

오늘 친구나 가족과 함께 시간 가는 줄 모르는 놀이를 했으면 그것을 적어보세요.
Why are you studying? Why do you live? Why are you doing it today? Write down one answer you got today.

왜 공부를 하는지, 왜 사는지, 왜 그 일을 하는지를 생각해본 적이 있으면 나름대로 얻어낸 답을 하나라도 적어보세요. Why are you studying? Why do you live? Why are you doing it today? Write down one answer you got today.

오늘 화가 나는 일이 있었다면 가장 화난 일을 적어보세요. I was angry because...

아래 내용 중에서 오늘 내가 노력해본 것이 있으면 왼쪽에 체크 표시를 하세요.
If there are any of the following characteristics of servant leadership that you have tried today, please check it.

- ☐ 겸손 Humility
- ☐ 편견을 없애려고 함 Trying to get rid of prejudice
- ☐ 주어진 일을 마무리 함 Finishing a task
- ☐ 남의 유익 생각 Considering the interests of others
- ☐ 외모로 판단하지 않음 Not judging by appearance
- ☐ 이해하며 귀기울여 들음 Listening carefully
- ☐ 남을 감싸주려고 함 Trying to cover others
- ☐ 어려운 사람을 도움 Helping someone in need
- ☐ 다른 사람의 생각을 소중하게 여김 Valuing the thoughts of others
- ☐ 시기 질투하지 않으려고 함 Trying not to be jealous or envious
- ☐ 느긋하려고 함 Trying to take it easy
- ☐ 남의 정신적, 육체적 건강을 돌봄 Taking care of others' mental and physical health
- ☐ 남을 불쌍히 여김 Pity for others
- ☐ 꾸준함과 지속성 노력 Persistence and enduring efforts
- ☐ 내 장점과 단점 파악해 봄 Identifying my strengths and weaknesses
- ☐ 남을 존중함 Respecting others
- ☐ 남을 존중함 Trying not to be disappointed
- ☐ 남들에게 좋은 일을 하자고 설득 Persuading others to do good
- ☐ 비판하지 않으려고 함 Trying not to criticize
- ☐ 잘난 체하지 않으려 함 Trying not to be proud
- ☐ 갖고 있는 것을 남들과 나눔 Sharing what I have with others
- ☐ 남이 성장하도록 도움 Helping others grow

Mirae Journal

Date: ____________________

제 4차 산업혁명시대의 거대한 파도 속에서 빅픽처, SQ, 서번트리더십의 역량을 키워 시대의 큰 파도를 마음껏 즐길 수 있는 새 시대 서퍼(surfer)가 양성되는 그 날까지. Until the day when surfers of the new era are nurtured, who can truly experience the great waves of the times by cultivating the capabilities of seeing the Big Picture, 9th Intelligence, and Servant Leadership in the midst of the vast waves of the Fourth Industrial Revolution.

사람, 동물, 식물, 미생물, 자연, 현상에 대한 감사거리를 3가지 적어보세요.
Write your appreciation for people, animals, plants, microorganisms, nature and phenomena.

나는 누구인가요? (나는 '김철수'입니다. 나는 학생입니다. 그런 것 말고요...)
Who am I?

세상에 선한 영향력을 미친 한 사람을 선정해봐요. Select one person who has good influence over the world, society and community.

이름 Name of the person :

선정이유 Reason for selection :

오늘 친구나 가족과 함께 시간 가는 줄 모르는 놀이를 했으면 그것을 적어보세요.
Why are you studying? Why do you live? Why are you doing it today? Write down one answer you got today.

왜 공부를 하는지, 왜 사는지, 왜 그 일을 하는지를 생각해본 적이 있으면 나름대로 얻어낸 답을 하나라도 적어보세요. Why are you studying? Why do you live? Why are you doing it today? Write down one answer you got today.

오늘 화가 나는 일이 있었다면 가장 화난 일을 적어보세요. I was angry because...

아래 내용 중에서 오늘 내가 노력해본 것이 있으면 왼쪽에 체크 표시를 하세요.
If there are any of the following characteristics of servant leadership that you have tried today, please check it.

- ☐ 겸손 Humility
- ☐ 편견을 없애려고 함 Trying to get rid of prejudice
- ☐ 주어진 일을 마무리 함 Finishing a task
- ☐ 남의 유익 생각 Considering the interests of others
- ☐ 외모로 판단하지 않음 Not judging by appearance
- ☐ 이해하며 귀기울여 들음 Listening carefully
- ☐ 남을 감싸주려고 함 Trying to cover others
- ☐ 어려운 사람을 도움 Helping someone in need
- ☐ 다른 사람의 생각을 소중하게 여김 Valuing the thoughts of others
- ☐ 시기 질투하지 않으려고 함 Trying not to be jealous or envious
- ☐ 느긋하려고 함 Trying to take it easy
- ☐ 남의 정신적, 육체적 건강을 돌봄 Taking care of others' mental and physical health
- ☐ 남을 불쌍히 여김 Pity for others
- ☐ 꾸준함과 지속성 노력 Persistence and enduring efforts
- ☐ 내 장점과 단점 파악해 봄 Identifying my strengths and weaknesses
- ☐ 남을 존중함 Respecting others
- ☐ 남을 존중함 Trying not to be disappointed
- ☐ 남들에게 좋은 일을 하자고 설득 Persuading others to do good
- ☐ 비판하지 않으려고 함 Trying not to criticize
- ☐ 잘난 체하지 않으려 함 Trying not to be proud
- ☐ 갖고 있는 것을 남들과 나눔 Sharing what I have with others
- ☐ 남이 성장하도록 도움 Helping others grow

Mirae Journal

Date: ____________

제 4차 산업혁명시대의 거대한 파도 속에서 빅픽처, SQ, 서번트리더십의 역량을 키워 시대의 큰 파도를 마음껏 즐길 수 있는 새 시대 서퍼(surfer)가 양성되는 그 날까지. Until the day when surfers of the new era are nurtured, who can truly experience the great waves of the times by cultivating the capabilities of seeing the Big Picture, 9th Intelligence, and Servant Leadership in the midst of the vast waves of the Fourth Industrial Revolution.

사람, 동물, 식물, 미생물, 자연, 현상에 대한 감사거리를 3가지 적어보세요.
Write your appreciation for people, animals, plants, microorganisms, nature and phenomena.

나는 누구인가요? (나는 '김철수'입니다. 나는 학생입니다. 그런 것 말고요...)
Who am I?

세상에 선한 영향력을 미친 한 사람을 선정해봐요. Select one person who has good influence over the world, society and community.

이름 Name of the person :

선정이유 Reason for selection :

오늘 친구나 가족과 함께 시간 가는 줄 모르는 놀이를 했으면 그것을 적어보세요.
Why are you studying? Why do you live? Why are you doing it today? Write down one answer you got today.

왜 공부를 하는지, 왜 사는지, 왜 그 일을 하는지를 생각해본 적이 있으면 나름대로 얻어낸 답을 하나라도 적어보세요. Why are you studying? Why do you live? Why are you doing it today? Write down one answer you got today.

오늘 화가 나는 일이 있었다면 가장 화난 일을 적어보세요. I was angry because...

아래 내용 중에서 오늘 내가 노력해본 것이 있으면 왼쪽에 체크 표시를 하세요.
If there are any of the following characteristics of servant leadership that you have tried today, please check it.

- ☐ 겸손 Humility
- ☐ 편견을 없애려고 함 Trying to get rid of prejudice
- ☐ 주어진 일을 마무리 함 Finishing a task
- ☐ 남의 유익 생각 Considering the interests of others
- ☐ 외모로 판단하지 않음 Not judging by appearance
- ☐ 이해하며 귀기울여 들음 Listening carefully
- ☐ 남을 감싸주려고 함 Trying to cover others
- ☐ 어려운 사람을 도움 Helping someone in need
- ☐ 다른 사람의 생각을 소중하게 여김 Valuing the thoughts of others
- ☐ 시기 질투하지 않으려고 함 Trying not to be jealous or envious
- ☐ 느긋하려고 함 Trying to take it easy
- ☐ 남의 정신적, 육체적 건강을 돌봄 Taking care of others' mental and physical health
- ☐ 남을 불쌍히 여김 Pity for others
- ☐ 꾸준함과 지속성 노력 Persistence and enduring efforts
- ☐ 내 장점과 단점 파악해 봄 Identifying my strengths and weaknesses
- ☐ 남을 존중함 Respecting others
- ☐ 남을 존중함 Trying not to be disappointed
- ☐ 남들에게 좋은 일을 하자고 설득 Persuading others to do good
- ☐ 비판하지 않으려고 함 Trying not to criticize
- ☐ 잘난 체하지 않으려 함 Trying not to be proud
- ☐ 갖고 있는 것을 남들과 나눔 Sharing what I have with others
- ☐ 남이 성장하도록 도움 Helping others grow

Mirae Journal

Date: ________________

제 4차 산업혁명시대의 거대한 파도 속에서 빅픽처, SQ, 서번트리더십의 역량을 키워 시대의 큰 파도를 마음껏 즐길 수 있는 새 시대 서퍼(surfer)가 양성되는 그 날까지. Until the day when surfers of the new era are nurtured, who can truly experience the great waves of the times by cultivating the capabilities of seeing the Big Picture, 9th Intelligence, and Servant Leadership in the midst of the vast waves of the Fourth Industrial Revolution.

사람, 동물, 식물, 미생물, 자연, 현상에 대한 감사거리를 3가지 적어보세요.
Write your appreciation for people, animals, plants, microorganisms, nature and phenomena.

나는 누구인가요? (나는 '김철수'입니다. 나는 학생입니다. 그런 것 말고요...)
Who am I?

세상에 선한 영향력을 미친 한 사람을 선정해봐요. Select one person who has good influence over the world, society and community.

이름 Name of the person :

선정이유 Reason for selection :

오늘 친구나 가족과 함께 시간 가는 줄 모르는 놀이를 했으면 그것을 적어보세요.
Why are you studying? Why do you live? Why are you doing it today? Write down one answer you got today.

왜 공부를 하는지, 왜 사는지, 왜 그 일을 하는지를 생각해본 적이 있으면 나름대로 얻어낸 답을 하나라도 적어보세요. Why are you studying? Why do you live? Why are you doing it today? Write down one answer you got today.

오늘 화가 나는 일이 있었다면 가장 화난 일을 적어보세요. I was angry because...

아래 내용 중에서 오늘 내가 노력해본 것이 있으면 왼쪽에 체크 표시를 하세요.
If there are any of the following characteristics of servant leadership that you have tried today, please check it.

- ☐ 겸손 Humility
- ☐ 편견을 없애려고 함 Trying to get rid of prejudice
- ☐ 주어진 일을 마무리 함 Finishing a task
- ☐ 남의 유익 생각 Considering the interests of others
- ☐ 외모로 판단하지 않음 Not judging by appearance
- ☐ 이해하며 귀기울여 들음 Listening carefully
- ☐ 남을 감싸주려고 함 Trying to cover others
- ☐ 어려운 사람을 도움 Helping someone in need
- ☐ 다른 사람의 생각을 소중하게 여김 Valuing the thoughts of others
- ☐ 시기 질투하지 않으려고 함 Trying not to be jealous or envious
- ☐ 느긋하려고 함 Trying to take it easy
- ☐ 남의 정신적, 육체적 건강을 돌봄 Taking care of others' mental and physical health
- ☐ 남을 불쌍히 여김 Pity for others
- ☐ 꾸준함과 지속성 노력 Persistence and enduring efforts
- ☐ 내 장점과 단점 파악해 봄 Identifying my strengths and weaknesses
- ☐ 남을 존중함 Respecting others
- ☐ 남을 존중함 Trying not to be disappointed
- ☐ 남들에게 좋은 일을 하자고 설득 Persuading others to do good
- ☐ 비판하지 않으려고 함 Trying not to criticize
- ☐ 잘난 체하지 않으려 함 Trying not to be proud
- ☐ 갖고 있는 것을 남들과 나눔 Sharing what I have with others
- ☐ 남이 성장하도록 도움 Helping others grow

Mirae Journal

Date: ______________

제 4차 산업혁명시대의 거대한 파도 속에서 빅픽처, SQ, 서번트리더십의 역량을 키워 시대의 큰 파도를 마음껏 즐길 수 있는 새 시대 서퍼(surfer)가 양성되는 그 날까지. Until the day when surfers of the new era are nurtured, who can truly experience the great waves of the times by cultivating the capabilities of seeing the Big Picture, 9th Intelligence, and Servant Leadership in the midst of the vast waves of the Fourth Industrial Revolution.

사람, 동물, 식물, 미생물, 자연, 현상에 대한 감사거리를 3가지 적어보세요.
Write your appreciation for people, animals, plants, microorganisms, nature and phenomena.

나는 누구인가요? (나는 '김철수'입니다. 나는 학생입니다. 그런 것 말고요...)
Who am I?

세상에 선한 영향력을 미친 한 사람을 선정해봐요. Select one person who has good influence over the world, society and community.

이름 Name of the person :

선정이유 Reason for selection :

오늘 친구나 가족과 함께 시간 가는 줄 모르는 놀이를 했으면 그것을 적어보세요.
Why are you studying? Why do you live? Why are you doing it today? Write down one answer you got today.

왜 공부를 하는지, 왜 사는지, 왜 그 일을 하는지를 생각해본 적이 있으면 나름대로 얻어낸 답을 하나라도 적어보세요. Why are you studying? Why do you live? Why are you doing it today? Write down one answer you got today.

오늘 화가 나는 일이 있었다면 가장 화난 일을 적어보세요. I was angry because...

아래 내용 중에서 오늘 내가 노력해본 것이 있으면 왼쪽에 체크 표시를 하세요.
If there are any of the following characteristics of servant leadership that you have tried today, please check it.

- ☐ 겸손 Humility
- ☐ 편견을 없애려고 함 Trying to get rid of prejudice
- ☐ 주어진 일을 마무리 함 Finishing a task
- ☐ 남의 유익 생각 Considering the interests of others
- ☐ 외모로 판단하지 않음 Not judging by appearance
- ☐ 이해하며 귀기울여 들음 Listening carefully
- ☐ 남을 감싸주려고 함 Trying to cover others
- ☐ 어려운 사람을 도움 Helping someone in need
- ☐ 다른 사람의 생각을 소중하게 여김 Valuing the thoughts of others
- ☐ 시기 질투하지 않으려고 함 Trying not to be jealous or envious
- ☐ 느긋하려고 함 Trying to take it easy
- ☐ 남의 정신적, 육체적 건강을 돌봄 Taking care of others' mental and physical health
- ☐ 남을 불쌍히 여김 Pity for others
- ☐ 꾸준함과 지속성 노력 Persistence and enduring efforts
- ☐ 내 장점과 단점 파악해 봄 Identifying my strengths and weaknesses
- ☐ 남을 존중함 Respecting others
- ☐ 남을 존중함 Trying not to be disappointed
- ☐ 남들에게 좋은 일을 하자고 설득 Persuading others to do good
- ☐ 비판하지 않으려고 함 Trying not to criticize
- ☐ 잘난 체하지 않으려 함 Trying not to be proud
- ☐ 갖고 있는 것을 남들과 나눔 Sharing what I have with others
- ☐ 남이 성장하도록 도움 Helping others grow

Mirae Journal

Date: ______________

제 4차 산업혁명시대의 거대한 파도 속에서 빅픽처, SQ, 서번트리더십의 역량을 키워 시대의 큰 파도를 마음껏 즐길 수 있는 새 시대 서퍼(surfer)가 양성되는 그 날까지. Until the day when surfers of the new era are nurtured, who can truly experience the great waves of the times by cultivating the capabilities of seeing the Big Picture, 9th Intelligence, and Servant Leadership in the midst of the vast waves of the Fourth Industrial Revolution.

사람, 동물, 식물, 미생물, 자연, 현상에 대한 감사거리를 3가지 적어보세요.
Write your appreciation for people, animals, plants, microorganisms, nature and phenomena.

____

____

나는 누구인가요? (나는 '김철수'입니다. 나는 학생입니다. 그런 것 말고요...)
Who am I?

____

____

세상에 선한 영향력을 미친 한 사람을 선정해봐요. Select one person who has good influence over the world, society and community.

이름 Name of the person : ______________

선정이유 Reason for selection : ______________

오늘 친구나 가족과 함께 시간 가는 줄 모르는 놀이를 했으면 그것을 적어보세요.
Why are you studying? Why do you live? Why are you doing it today? Write down one answer you got today.

____

____

____

왜 공부를 하는지, 왜 사는지, 왜 그 일을 하는지를 생각해본 적이 있으면 나름대로 얻어낸 답을 하나라도 적어보세요. Why are you studying? Why do you live? Why are you doing it today? Write down one answer you got today.

오늘 화가 나는 일이 있었다면 가장 화난 일을 적어보세요. I was angry because...

아래 내용 중에서 오늘 내가 노력해본 것이 있으면 왼쪽에 체크 표시를 하세요.
If there are any of the following characteristics of servant leadership that you have tried today, please check it.

- ☐ 겸손 Humility
- ☐ 편견을 없애려고 함 Trying to get rid of prejudice
- ☐ 주어진 일을 마무리 함 Finishing a task
- ☐ 남의 유익 생각 Considering the interests of others
- ☐ 외모로 판단하지 않음 Not judging by appearance
- ☐ 이해하며 귀기울여 들음 Listening carefully
- ☐ 남을 감싸주려고 함 Trying to cover others
- ☐ 어려운 사람을 도움 Helping someone in need
- ☐ 다른 사람의 생각을 소중하게 여김 Valuing the thoughts of others
- ☐ 시기 질투하지 않으려고 함 Trying not to be jealous or envious
- ☐ 느긋하려고 함 Trying to take it easy
- ☐ 남의 정신적, 육체적 건강을 돌봄 Taking care of others' mental and physical health
- ☐ 남을 불쌍히 여김 Pity for others
- ☐ 꾸준함과 지속성 노력 Persistence and enduring efforts
- ☐ 내 장점과 단점 파악해 봄 Identifying my strengths and weaknesses
- ☐ 남을 존중함 Respecting others
- ☐ 남을 존중함 Trying not to be disappointed
- ☐ 남들에게 좋은 일을 하자고 설득 Persuading others to do good
- ☐ 비판하지 않으려고 함 Trying not to criticize
- ☐ 잘난 체하지 않으려 함 Trying not to be proud
- ☐ 갖고 있는 것을 남들과 나눔 Sharing what I have with others
- ☐ 남이 성장하도록 도움 Helping others grow

Mirae Journal

Date: ____________

제 4차 산업혁명시대의 거대한 파도 속에서 빅픽처, SQ, 서번트리더십의 역량을 키워 시대의 큰 파도를 마음껏 즐길 수 있는 새 시대 서퍼(surfer)가 양성되는 그 날까지. Until the day when surfers of the new era are nurtured, who can truly experience the great waves of the times by cultivating the capabilities of seeing the Big Picture, 9th Intelligence, and Servant Leadership in the midst of the vast waves of the Fourth Industrial Revolution.

사람, 동물, 식물, 미생물, 자연, 현상에 대한 감사거리를 3가지 적어보세요.
Write your appreciation for people, animals, plants, microorganisms, nature and phenomena.

나는 누구인가요? (나는 '김철수'입니다. 나는 학생입니다. 그런 것 말고요...)
Who am I?

세상에 선한 영향력을 미친 한 사람을 선정해봐요. Select one person who has good influence over the world, society and community.

이름 Name of the person :

선정이유 Reason for selection :

오늘 친구나 가족과 함께 시간 가는 줄 모르는 놀이를 했으면 그것을 적어보세요.
Why are you studying? Why do you live? Why are you doing it today? Write down one answer you got today.

왜 공부를 하는지, 왜 사는지, 왜 그 일을 하는지를 생각해본 적이 있으면 나름대로 얻어낸 답을 하나라도 적어보세요. Why are you studying? Why do you live? Why are you doing it today? Write down one answer you got today.

오늘 화가 나는 일이 있었다면 가장 화난 일을 적어보세요. I was angry because...

아래 내용 중에서 오늘 내가 노력해본 것이 있으면 왼쪽에 체크 표시를 하세요.
If there are any of the following characteristics of servant leadership that you have tried today, please check it.

☐ 겸손 Humility	☐ 편견을 없애려고 함 Trying to get rid of prejudice
☐ 주어진 일을 마무리 함 Finishing a task	☐ 남의 유익 생각 Considering the interests of others
☐ 외모로 판단하지 않음 Not judging by appearance	☐ 이해하며 귀기울여 들음 Listening carefully
☐ 남을 감싸주려고 함 Trying to cover others	☐ 어려운 사람을 도움 Helping someone in need
☐ 다른 사람의 생각을 소중하게 여김 Valuing the thoughts of others	☐ 시기 질투하지 않으려고 함 Trying not to be jealous or envious
☐ 느긋하려고 함 Trying to take it easy	☐ 남의 정신적, 육체적 건강을 돌봄 Taking care of others' mental and physical health
☐ 남을 불쌍히 여김 Pity for others	☐ 꾸준함과 지속성 노력 Persistence and enduring efforts
☐ 내 장점과 단점 파악해 봄 Identifying my strengths and weaknesses	☐ 남을 존중함 Respecting others
☐ 남을 존중함 Trying not to be disappointed	☐ 남들에게 좋은 일을 하자고 설득 Persuading others to do good
☐ 비판하지 않으려고 함 Trying not to criticize	☐ 잘난 체하지 않으려 함 Trying not to be proud
☐ 갖고 있는 것을 남들과 나눔 Sharing what I have with others	☐ 남이 성장하도록 도움 Helping others grow

Mirae Journal

Date: ____________

제 4차 산업혁명시대의 거대한 파도 속에서 빅픽처, SQ, 서번트리더십의 역량을 키워 시대의 큰 파도를 마음껏 즐길 수 있는 새 시대 서퍼(surfer)가 양성되는 그 날까지. Until the day when surfers of the new era are nurtured, who can truly experience the great waves of the times by cultivating the capabilities of seeing the Big Picture, 9th Intelligence, and Servant Leadership in the midst of the vast waves of the Fourth Industrial Revolution.

사람, 동물, 식물, 미생물, 자연, 현상에 대한 감사거리를 3가지 적어보세요.
Write your appreciation for people, animals, plants, microorganisms, nature and phenomena.

나는 누구인가요? (나는 '김철수'입니다. 나는 학생입니다. 그런 것 말고요...)
Who am I?

세상에 선한 영향력을 미친 한 사람을 선정해봐요. Select one person who has good influence over the world, society and community.

이름 Name of the person :

선정이유 Reason for selection :

오늘 친구나 가족과 함께 시간 가는 줄 모르는 놀이를 했으면 그것을 적어보세요.
Why are you studying? Why do you live? Why are you doing it today? Write down one answer you got today.

왜 공부를 하는지, 왜 사는지, 왜 그 일을 하는지를 생각해본 적이 있으면 나름대로 얻어낸 답을 하나라도 적어보세요. Why are you studying? Why do you live? Why are you doing it today? Write down one answer you got today.

오늘 화가 나는 일이 있었다면 가장 화난 일을 적어보세요. I was angry because...

아래 내용 중에서 오늘 내가 노력해본 것이 있으면 왼쪽에 체크 표시를 하세요.
If there are any of the following characteristics of servant leadership that you have tried today, please check it.

- ☐ 겸손 Humility
- ☐ 편견을 없애려고 함 Trying to get rid of prejudice
- ☐ 주어진 일을 마무리 함 Finishing a task
- ☐ 남의 유익 생각 Considering the interests of others
- ☐ 외모로 판단하지 않음 Not judging by appearance
- ☐ 이해하며 귀기울여 들음 Listening carefully
- ☐ 남을 감싸주려고 함 Trying to cover others
- ☐ 어려운 사람을 도움 Helping someone in need
- ☐ 다른 사람의 생각을 소중하게 여김 Valuing the thoughts of others
- ☐ 시기 질투하지 않으려고 함 Trying not to be jealous or envious
- ☐ 느긋하려고 함 Trying to take it easy
- ☐ 남의 정신적, 육체적 건강을 돌봄 Taking care of others' mental and physical health
- ☐ 남을 불쌍히 여김 Pity for others
- ☐ 꾸준함과 지속성 노력 Persistence and enduring efforts
- ☐ 내 장점과 단점 파악해 봄 Identifying my strengths and weaknesses
- ☐ 남을 존중함 Respecting others
- ☐ 남을 존중함 Trying not to be disappointed
- ☐ 남들에게 좋은 일을 하자고 설득 Persuading others to do good
- ☐ 비판하지 않으려고 함 Trying not to criticize
- ☐ 잘난 체하지 않으려 함 Trying not to be proud
- ☐ 갖고 있는 것을 남들과 나눔 Sharing what I have with others
- ☐ 남이 성장하도록 도움 Helping others grow

Mirae Journal

Date: ______________

제 4차 산업혁명시대의 거대한 파도 속에서 빅픽처, SQ, 서번트리더십의 역량을 키워 시대의 큰 파도를 마음껏 즐길 수 있는 새 시대 서퍼(surfer)가 양성되는 그 날까지. Until the day when surfers of the new era are nurtured, who can truly experience the great waves of the times by cultivating the capabilities of seeing the Big Picture, 9th Intelligence, and Servant Leadership in the midst of the vast waves of the Fourth Industrial Revolution.

사람, 동물, 식물, 미생물, 자연, 현상에 대한 감사거리를 3가지 적어보세요.
Write your appreciation for people, animals, plants, microorganisms, nature and phenomena.

나는 누구인가요? (나는 '김철수'입니다. 나는 학생입니다. 그런 것 말고요...)
Who am I?

세상에 선한 영향력을 미친 한 사람을 선정해봐요. Select one person who has good influence over the world, society and community.

이름 Name of the person :

선정이유 Reason for selection :

오늘 친구나 가족과 함께 시간 가는 줄 모르는 놀이를 했으면 그것을 적어보세요.
Why are you studying? Why do you live? Why are you doing it today? Write down one answer you got today.

왜 공부를 하는지, 왜 사는지, 왜 그 일을 하는지를 생각해본 적이 있으면 나름대로 얻어낸 답을 하나라도 적어보세요. Why are you studying? Why do you live? Why are you doing it today? Write down one answer you got today.

오늘 화가 나는 일이 있었다면 가장 화난 일을 적어보세요. I was angry because...

아래 내용 중에서 오늘 내가 노력해본 것이 있으면 왼쪽에 체크 표시를 하세요.
If there are any of the following characteristics of servant leadership that you have tried today, please check it.

- ☐ 겸손 Humility
- ☐ 편견을 없애려고 함 Trying to get rid of prejudice
- ☐ 주어진 일을 마무리 함 Finishing a task
- ☐ 남의 유익 생각 Considering the interests of others
- ☐ 외모로 판단하지 않음 Not judging by appearance
- ☐ 이해하며 귀기울여 들음 Listening carefully
- ☐ 남을 감싸주려고 함 Trying to cover others
- ☐ 어려운 사람을 도움 Helping someone in need
- ☐ 다른 사람의 생각을 소중하게 여김 Valuing the thoughts of others
- ☐ 시기 질투하지 않으려고 함 Trying not to be jealous or envious
- ☐ 느긋하려고 함 Trying to take it easy
- ☐ 남의 정신적, 육체적 건강을 돌봄 Taking care of others' mental and physical health
- ☐ 남을 불쌍히 여김 Pity for others
- ☐ 꾸준함과 지속성 노력 Persistence and enduring efforts
- ☐ 내 장점과 단점 파악해 봄 Identifying my strengths and weaknesses
- ☐ 남을 존중함 Respecting others
- ☐ 남을 존중함 Trying not to be disappointed
- ☐ 남들에게 좋은 일을 하자고 설득 Persuading others to do good
- ☐ 비판하지 않으려고 함 Trying not to criticize
- ☐ 잘난 체하지 않으려 함 Trying not to be proud
- ☐ 갖고 있는 것을 남들과 나눔 Sharing what I have with others
- ☐ 남이 성장하도록 도움 Helping others grow

Mirae Journal

Date:

제 4차 산업혁명시대의 거대한 파도 속에서 빅픽처, SQ, 서번트리더십의 역량을 키워 시대의 큰 파도를 마음껏 즐길 수 있는 새 시대 서퍼(surfer)가 양성되는 그 날까지. Until the day when surfers of the new era are nurtured, who can truly experience the great waves of the times by cultivating the capabilities of seeing the Big Picture, 9th Intelligence, and Servant Leadership in the midst of the vast waves of the Fourth Industrial Revolution.

사람, 동물, 식물, 미생물, 자연, 현상에 대한 감사거리를 3가지 적어보세요.
Write your appreciation for people, animals, plants, microorganisms, nature and phenomena.

나는 누구인가요? (나는 '김철수'입니다. 나는 학생입니다. 그런 것 말고요...)
Who am I?

세상에 선한 영향력을 미친 한 사람을 선정해봐요. Select one person who has good influence over the world, society and community.

이름 Name of the person :

선정이유 Reason for selection :

오늘 친구나 가족과 함께 시간 가는 줄 모르는 놀이를 했으면 그것을 적어보세요.
Why are you studying? Why do you live? Why are you doing it today? Write down one answer you got today.

왜 공부를 하는지, 왜 사는지, 왜 그 일을 하는지를 생각해본 적이 있으면 나름대로 얻어낸 답을 하나라도 적어보세요. Why are you studying? Why do you live? Why are you doing it today? Write down one answer you got today.

오늘 화가 나는 일이 있었다면 가장 화난 일을 적어보세요. I was angry because...

아래 내용 중에서 오늘 내가 노력해본 것이 있으면 왼쪽에 체크 표시를 하세요.
If there are any of the following characteristics of servant leadership that you have tried today, please check it.

☐ 겸손 Humility	☐ 편견을 없애려고 함 Trying to get rid of prejudice
☐ 주어진 일을 마무리 함 Finishing a task	☐ 남의 유익 생각 Considering the interests of others
☐ 외모로 판단하지 않음 Not judging by appearance	☐ 이해하며 귀기울여 들음 Listening carefully
☐ 남을 감싸주려고 함 Trying to cover others	☐ 어려운 사람을 도움 Helping someone in need
☐ 다른 사람의 생각을 소중하게 여김 Valuing the thoughts of others	☐ 시기 질투하지 않으려고 함 Trying not to be jealous or envious
☐ 느긋하려고 함 Trying to take it easy	☐ 남의 정신적, 육체적 건강을 돌봄 Taking care of others' mental and physical health
☐ 남을 불쌍히 여김 Pity for others	☐ 꾸준함과 지속성 노력 Persistence and enduring efforts
☐ 내 장점과 단점 파악해 봄 Identifying my strengths and weaknesses	☐ 남을 존중함 Respecting others
☐ 남을 존중함 Trying not to be disappointed	☐ 남들에게 좋은 일을 하자고 설득 Persuading others to do good
☐ 비판하지 않으려고 함 Trying not to criticize	☐ 잘난 체하지 않으려 함 Trying not to be proud
☐ 갖고 있는 것을 남들과 나눔 Sharing what I have with others	☐ 남이 성장하도록 도움 Helping others grow

Mirae Journal

Date: ____________________

제 4차 산업혁명시대의 거대한 파도 속에서 빅픽처, SQ, 서번트리더십의 역량을 키워 시대의 큰 파도를 마음껏 즐길 수 있는 새 시대 서퍼(surfer)가 양성되는 그 날까지. Until the day when surfers of the new era are nurtured, who can truly experience the great waves of the times by cultivating the capabilities of seeing the Big Picture, 9th Intelligence, and Servant Leadership in the midst of the vast waves of the Fourth Industrial Revolution.

사람, 동물, 식물, 미생물, 자연, 현상에 대한 감사거리를 3가지 적어보세요.
Write your appreciation for people, animals, plants, microorganisms, nature and phenomena.

나는 누구인가요? (나는 '김철수'입니다. 나는 학생입니다. 그런 것 말고요...)
Who am I?

세상에 선한 영향력을 미친 한 사람을 선정해봐요. Select one person who has good influence over the world, society and community.

이름 Name of the person :

선정이유 Reason for selection :

오늘 친구나 가족과 함께 시간 가는 줄 모르는 놀이를 했으면 그것을 적어보세요.
Why are you studying? Why do you live? Why are you doing it today? Write down one answer you got today.

왜 공부를 하는지, 왜 사는지, 왜 그 일을 하는지를 생각해본 적이 있으면 나름대로 얻어낸 답을 하나라도 적어보세요. Why are you studying? Why do you live? Why are you doing it today? Write down one answer you got today.

오늘 화가 나는 일이 있었다면 가장 화난 일을 적어보세요. I was angry because...

아래 내용 중에서 오늘 내가 노력해본 것이 있으면 왼쪽에 체크 표시를 하세요.
If there are any of the following characteristics of servant leadership that you have tried today, please check it.

☐ 겸손 Humility	☐ 편견을 없애려고 함 Trying to get rid of prejudice
☐ 주어진 일을 마무리 함 Finishing a task	☐ 남의 유익 생각 Considering the interests of others
☐ 외모로 판단하지 않음 Not judging by appearance	☐ 이해하며 귀기울여 들음 Listening carefully
☐ 남을 감싸주려고 함 Trying to cover others	☐ 어려운 사람을 도움 Helping someone in need
☐ 다른 사람의 생각을 소중하게 여김 Valuing the thoughts of others	☐ 시기 질투하지 않으려고 함 Trying not to be jealous or envious
☐ 느긋하려고 함 Trying to take it easy	☐ 남의 정신적, 육체적 건강을 돌봄 Taking care of others' mental and physical health
☐ 남을 불쌍히 여김 Pity for others	☐ 꾸준함과 지속성 노력 Persistence and enduring efforts
☐ 내 장점과 단점 파악해 봄 Identifying my strengths and weaknesses	☐ 남을 존중함 Respecting others
☐ 남을 존중함 Trying not to be disappointed	☐ 남들에게 좋은 일을 하자고 설득 Persuading others to do good
☐ 비판하지 않으려고 함 Trying not to criticize	☐ 잘난 체하지 않으려 함 Trying not to be proud
☐ 갖고 있는 것을 남들과 나눔 Sharing what I have with others	☐ 남이 성장하도록 도움 Helping others grow

Mirae Journal

Date: ____________

제 4차 산업혁명시대의 거대한 파도 속에서 빅픽처, SQ, 서번트리더십의 역량을 키워 시대의 큰 파도를 마음껏 즐길 수 있는 새 시대 서퍼(surfer)가 양성되는 그 날까지. Until the day when surfers of the new era are nurtured, who can truly experience the great waves of the times by cultivating the capabilities of seeing the Big Picture, 9th Intelligence, and Servant Leadership in the midst of the vast waves of the Fourth Industrial Revolution.

사람, 동물, 식물, 미생물, 자연, 현상에 대한 감사거리를 3가지 적어보세요.
Write your appreciation for people, animals, plants, microorganisms, nature and phenomena.

나는 누구인가요? (나는 '김철수'입니다. 나는 학생입니다. 그런 것 말고요...)
Who am I?

세상에 선한 영향력을 미친 한 사람을 선정해봐요. Select one person who has good influence over the world, society and community.

이름 Name of the person :

선정이유 Reason for selection :

오늘 친구나 가족과 함께 시간 가는 줄 모르는 놀이를 했으면 그것을 적어보세요.
Why are you studying? Why do you live? Why are you doing it today? Write down one answer you got today.

왜 공부를 하는지, 왜 사는지, 왜 그 일을 하는지를 생각해본 적이 있으면 나름대로 얻어낸 답을 하나라도 적어보세요. Why are you studying? Why do you live? Why are you doing it today? Write down one answer you got today.

오늘 화가 나는 일이 있었다면 가장 화난 일을 적어보세요. I was angry because...

아래 내용 중에서 오늘 내가 노력해본 것이 있으면 왼쪽에 체크 표시를 하세요.
If there are any of the following characteristics of servant leadership that you have tried today, please check it.

- ☐ 겸손 Humility
- ☐ 편견을 없애려고 함 Trying to get rid of prejudice
- ☐ 주어진 일을 마무리 함 Finishing a task
- ☐ 남의 유익 생각 Considering the interests of others
- ☐ 외모로 판단하지 않음 Not judging by appearance
- ☐ 이해하며 귀기울여 들음 Listening carefully
- ☐ 남을 감싸주려고 함 Trying to cover others
- ☐ 어려운 사람을 도움 Helping someone in need
- ☐ 다른 사람의 생각을 소중하게 여김 Valuing the thoughts of others
- ☐ 시기 질투하지 않으려고 함 Trying not to be jealous or envious
- ☐ 느긋하려고 함 Trying to take it easy
- ☐ 남의 정신적, 육체적 건강을 돌봄 Taking care of others' mental and physical health
- ☐ 남을 불쌍히 여김 Pity for others
- ☐ 꾸준함과 지속성 노력 Persistence and enduring efforts
- ☐ 내 장점과 단점 파악해 봄 Identifying my strengths and weaknesses
- ☐ 남을 존중함 Respecting others
- ☐ 남을 존중함 Trying not to be disappointed
- ☐ 남들에게 좋은 일을 하자고 설득 Persuading others to do good
- ☐ 비판하지 않으려고 함 Trying not to criticize
- ☐ 잘난 체하지 않으려 함 Trying not to be proud
- ☐ 갖고 있는 것을 남들과 나눔 Sharing what I have with others
- ☐ 남이 성장하도록 도움 Helping others grow

Mirae Journal

Date: ____________

제 4차 산업혁명시대의 거대한 파도 속에서 빅픽처, SQ, 서번트리더십의 역량을 키워 시대의 큰 파도를 마음껏 즐길 수 있는 새 시대 서퍼(surfer)가 양성되는 그 날까지. Until the day when surfers of the new era are nurtured, who can truly experience the great waves of the times by cultivating the capabilities of seeing the Big Picture, 9th Intelligence, and Servant Leadership in the midst of the vast waves of the Fourth Industrial Revolution.

사람, 동물, 식물, 미생물, 자연, 현상에 대한 감사거리를 3가지 적어보세요.
Write your appreciation for people, animals, plants, microorganisms, nature and phenomena.

나는 누구인가요? (나는 '김철수'입니다. 나는 학생입니다. 그런 것 말고요...)
Who am I?

세상에 선한 영향력을 미친 한 사람을 선정해봐요. Select one person who has good influence over the world, society and community.

이름 Name of the person :

선정이유 Reason for selection :

오늘 친구나 가족과 함께 시간 가는 줄 모르는 놀이를 했으면 그것을 적어보세요.
Why are you studying? Why do you live? Why are you doing it today? Write down one answer you got today.

왜 공부를 하는지, 왜 사는지, 왜 그 일을 하는지를 생각해본 적이 있으면 나름대로 얻어낸 답을 하나라도 적어보세요. Why are you studying? Why do you live? Why are you doing it today? Write down one answer you got today.

오늘 화가 나는 일이 있었다면 가장 화난 일을 적어보세요. I was angry because...

아래 내용 중에서 오늘 내가 노력해본 것이 있으면 왼쪽에 체크 표시를 하세요.
If there are any of the following characteristics of servant leadership that you have tried today, please check it.

- ☐ 겸손 Humility
- ☐ 편견을 없애려고 함 Trying to get rid of prejudice
- ☐ 주어진 일을 마무리 함 Finishing a task
- ☐ 남의 유익 생각 Considering the interests of others
- ☐ 외모로 판단하지 않음 Not judging by appearance
- ☐ 이해하며 귀기울여 들음 Listening carefully
- ☐ 남을 감싸주려고 함 Trying to cover others
- ☐ 어려운 사람을 도움 Helping someone in need
- ☐ 다른 사람의 생각을 소중하게 여김 Valuing the thoughts of others
- ☐ 시기 질투하지 않으려고 함 Trying not to be jealous or envious
- ☐ 느긋하려고 함 Trying to take it easy
- ☐ 남의 정신적, 육체적 건강을 돌봄 Taking care of others' mental and physical health
- ☐ 남을 불쌍히 여김 Pity for others
- ☐ 꾸준함과 지속성 노력 Persistence and enduring efforts
- ☐ 내 장점과 단점 파악해 봄 Identifying my strengths and weaknesses
- ☐ 남을 존중함 Respecting others
- ☐ 남을 존중함 Trying not to be disappointed
- ☐ 남들에게 좋은 일을 하자고 설득 Persuading others to do good
- ☐ 비판하지 않으려고 함 Trying not to criticize
- ☐ 잘난 체하지 않으려 함 Trying not to be proud
- ☐ 갖고 있는 것을 남들과 나눔 Sharing what I have with others
- ☐ 남이 성장하도록 도움 Helping others grow

Mirae Journal

Date: ____________

제 4차 산업혁명시대의 거대한 파도 속에서 빅픽처, SQ, 서번트리더십의 역량을 키워 시대의 큰 파도를 마음껏 즐길 수 있는 새 시대 서퍼(surfer)가 양성되는 그 날까지. Until the day when surfers of the new era are nurtured, who can truly experience the great waves of the times by cultivating the capabilities of seeing the Big Picture, 9th Intelligence, and Servant Leadership in the midst of the vast waves of the Fourth Industrial Revolution.

사람, 동물, 식물, 미생물, 자연, 현상에 대한 감사거리를 3가지 적어보세요. Write your appreciation for people, animals, plants, microorganisms, nature and phenomena.

나는 누구인가요? (나는 '김철수'입니다. 나는 학생입니다. 그런 것 말고요...) Who am I?

세상에 선한 영향력을 미친 한 사람을 선정해봐요. Select one person who has good influence over the world, society and community.

이름 Name of the person :

선정이유 Reason for selection :

오늘 친구나 가족과 함께 시간 가는 줄 모르는 놀이를 했으면 그것을 적어보세요. Why are you studying? Why do you live? Why are you doing it today? Write down one answer you got today.

왜 공부를 하는지, 왜 사는지, 왜 그 일을 하는지를 생각해본 적이 있으면 나름대로 얻어낸 답을 하나라도 적어보세요. Why are you studying? Why do you live? Why are you doing it today? Write down one answer you got today.

오늘 화가 나는 일이 있었다면 가장 화난 일을 적어보세요. I was angry because...

아래 내용 중에서 오늘 내가 노력해본 것이 있으면 왼쪽에 체크 표시를 하세요.
If there are any of the following characteristics of servant leadership that you have tried today, please check it.

☐ 겸손 Humility	☐ 편견을 없애려고 함 Trying to get rid of prejudice
☐ 주어진 일을 마무리 함 Finishing a task	☐ 남의 유익 생각 Considering the interests of others
☐ 외모로 판단하지 않음 Not judging by appearance	☐ 이해하며 귀기울여 들음 Listening carefully
☐ 남을 감싸주려고 함 Trying to cover others	☐ 어려운 사람을 도움 Helping someone in need
☐ 다른 사람의 생각을 소중하게 여김 Valuing the thoughts of others	☐ 시기 질투하지 않으려고 함 Trying not to be jealous or envious
☐ 느긋하려고 함 Trying to take it easy	☐ 남의 정신적, 육체적 건강을 돌봄 Taking care of others' mental and physical health
☐ 남을 불쌍히 여김 Pity for others	☐ 꾸준함과 지속성 노력 Persistence and enduring efforts
☐ 내 장점과 단점 파악해 봄 Identifying my strengths and weaknesses	☐ 남을 존중함 Respecting others
☐ 남을 존중함 Trying not to be disappointed	☐ 남들에게 좋은 일을 하자고 설득 Persuading others to do good
☐ 비판하지 않으려고 함 Trying not to criticize	☐ 잘난 체하지 않으려 함 Trying not to be proud
☐ 갖고 있는 것을 남들과 나눔 Sharing what I have with others	☐ 남이 성장하도록 도움 Helping others grow

Mirae Journal

Date: ______________

제 4차 산업혁명시대의 거대한 파도 속에서 빅픽처, SQ, 서번트리더십의 역량을 키워 시대의 큰 파도를 마음껏 즐길 수 있는 새 시대 서퍼(surfer)가 양성되는 그 날까지. Until the day when surfers of the new era are nurtured, who can truly experience the great waves of the times by cultivating the capabilities of seeing the Big Picture, 9th Intelligence, and Servant Leadership in the midst of the vast waves of the Fourth Industrial Revolution.

사람, 동물, 식물, 미생물, 자연, 현상에 대한 감사거리를 3가지 적어보세요.
Write your appreciation for people, animals, plants, microorganisms, nature and phenomena.

나는 누구인가요? (나는 '김철수'입니다. 나는 학생입니다. 그런 것 말고요...)
Who am I?

세상에 선한 영향력을 미친 한 사람을 선정해봐요. Select one person who has good influence over the world, society and community.

이름 Name of the person :

선정이유 Reason for selection :

오늘 친구나 가족과 함께 시간 가는 줄 모르는 놀이를 했으면 그것을 적어보세요.
Why are you studying? Why do you live? Why are you doing it today? Write down one answer you got today.

왜 공부를 하는지, 왜 사는지, 왜 그 일을 하는지를 생각해본 적이 있으면 나름대로 얻어낸 답을 하나라도 적어보세요. Why are you studying? Why do you live? Why are you doing it today? Write down one answer you got today.

오늘 화가 나는 일이 있었다면 가장 화난 일을 적어보세요. I was angry because...

아래 내용 중에서 오늘 내가 노력해본 것이 있으면 왼쪽에 체크 표시를 하세요.
If there are any of the following characteristics of servant leadership that you have tried today, please check it.

- ☐ 겸손 Humility
- ☐ 편견을 없애려고 함 Trying to get rid of prejudice
- ☐ 주어진 일을 마무리 함 Finishing a task
- ☐ 남의 유익 생각 Considering the interests of others
- ☐ 외모로 판단하지 않음 Not judging by appearance
- ☐ 이해하며 귀기울여 들음 Listening carefully
- ☐ 남을 감싸주려고 함 Trying to cover others
- ☐ 어려운 사람을 도움 Helping someone in need
- ☐ 다른 사람의 생각을 소중하게 여김 Valuing the thoughts of others
- ☐ 시기 질투하지 않으려고 함 Trying not to be jealous or envious
- ☐ 느긋하려고 함 Trying to take it easy
- ☐ 남의 정신적, 육체적 건강을 돌봄 Taking care of others' mental and physical health
- ☐ 남을 불쌍히 여김 Pity for others
- ☐ 꾸준함과 지속성 노력 Persistence and enduring efforts
- ☐ 내 장점과 단점 파악해 봄 Identifying my strengths and weaknesses
- ☐ 남을 존중함 Respecting others
- ☐ 남을 존중함 Trying not to be disappointed
- ☐ 남들에게 좋은 일을 하자고 설득 Persuading others to do good
- ☐ 비판하지 않으려고 함 Trying not to criticize
- ☐ 잘난 체하지 않으려 함 Trying not to be proud
- ☐ 갖고 있는 것을 남들과 나눔 Sharing what I have with others
- ☐ 남이 성장하도록 도움 Helping others grow

Mirae Journal

Date: ____________________

제 4차 산업혁명시대의 거대한 파도 속에서 빅픽처, SQ, 서번트리더십의 역량을 키워 시대의 큰 파도를 마음껏 즐길 수 있는 새 시대 서퍼(surfer)가 양성되는 그 날까지. Until the day when surfers of the new era are nurtured, who can truly experience the great waves of the times by cultivating the capabilities of seeing the Big Picture, 9th Intelligence, and Servant Leadership in the midst of the vast waves of the Fourth Industrial Revolution.

사람, 동물, 식물, 미생물, 자연, 현상에 대한 감사거리를 3가지 적어보세요.
Write your appreciation for people, animals, plants, microorganisms, nature and phenomena.

나는 누구인가요? (나는 '김철수'입니다. 나는 학생입니다. 그런 것 말고요...)
Who am I?

세상에 선한 영향력을 미친 한 사람을 선정해봐요. Select one person who has good influence over the world, society and community.

이름 Name of the person :

선정이유 Reason for selection :

오늘 친구나 가족과 함께 시간 가는 줄 모르는 놀이를 했으면 그것을 적어보세요.
Why are you studying? Why do you live? Why are you doing it today? Write down one answer you got today.

왜 공부를 하는지, 왜 사는지, 왜 그 일을 하는지를 생각해본 적이 있으면 나름대로 얻어낸 답을 하나라도 적어보세요. Why are you studying? Why do you live? Why are you doing it today? Write down one answer you got today.

오늘 화가 나는 일이 있었다면 가장 화난 일을 적어보세요. I was angry because...

아래 내용 중에서 오늘 내가 노력해본 것이 있으면 왼쪽에 체크 표시를 하세요.
If there are any of the following characteristics of servant leadership that you have tried today, please check it.

- ☐ 겸손 Humility
- ☐ 편견을 없애려고 함 Trying to get rid of prejudice
- ☐ 주어진 일을 마무리 함 Finishing a task
- ☐ 남의 유익 생각 Considering the interests of others
- ☐ 외모로 판단하지 않음 Not judging by appearance
- ☐ 이해하며 귀기울여 들음 Listening carefully
- ☐ 남을 감싸주려고 함 Trying to cover others
- ☐ 어려운 사람을 도움 Helping someone in need
- ☐ 다른 사람의 생각을 소중하게 여김 Valuing the thoughts of others
- ☐ 시기 질투하지 않으려고 함 Trying not to be jealous or envious
- ☐ 느긋하려고 함 Trying to take it easy
- ☐ 남의 정신적, 육체적 건강을 돌봄 Taking care of others' mental and physical health
- ☐ 남을 불쌍히 여김 Pity for others
- ☐ 꾸준함과 지속성 노력 Persistence and enduring efforts
- ☐ 내 장점과 단점 파악해 봄 Identifying my strengths and weaknesses
- ☐ 남을 존중함 Respecting others
- ☐ 남을 존중함 Trying not to be disappointed
- ☐ 남들에게 좋은 일을 하자고 설득 Persuading others to do good
- ☐ 비판하지 않으려고 함 Trying not to criticize
- ☐ 잘난 체하지 않으려 함 Trying not to be proud
- ☐ 갖고 있는 것을 남들과 나눔 Sharing what I have with others
- ☐ 남이 성장하도록 도움 Helping others grow

Mirae Journal

Date: ____________

제 4차 산업혁명시대의 거대한 파도 속에서 빅픽처, SQ, 서번트리더십의 역량을 키워 시대의 큰 파도를 마음껏 즐길 수 있는 새 시대 서퍼(surfer)가 양성되는 그 날까지. Until the day when surfers of the new era are nurtured, who can truly experience the great waves of the times by cultivating the capabilities of seeing the Big Picture, 9th Intelligence, and Servant Leadership in the midst of the vast waves of the Fourth Industrial Revolution.

사람, 동물, 식물, 미생물, 자연, 현상에 대한 감사거리를 3가지 적어보세요.
Write your appreciation for people, animals, plants, microorganisms, nature and phenomena.

나는 누구인가요? (나는 '김철수'입니다. 나는 학생입니다. 그런 것 말고요...)
Who am I?

세상에 선한 영향력을 미친 한 사람을 선정해봐요. Select one person who has good influence over the world, society and community.

이름 Name of the person :

선정이유 Reason for selection :

오늘 친구나 가족과 함께 시간 가는 줄 모르는 놀이를 했으면 그것을 적어보세요.
Why are you studying? Why do you live? Why are you doing it today? Write down one answer you got today.

왜 공부를 하는지, 왜 사는지, 왜 그 일을 하는지를 생각해본 적이 있으면 나름대로 얻어낸 답을 하나라도 적어보세요. Why are you studying? Why do you live? Why are you doing it today? Write down one answer you got today.

오늘 화가 나는 일이 있었다면 가장 화난 일을 적어보세요. I was angry because...

아래 내용 중에서 오늘 내가 노력해본 것이 있으면 왼쪽에 체크 표시를 하세요.
If there are any of the following characteristics of servant leadership that you have tried today, please check it.

- ☐ 겸손 Humility
- ☐ 편견을 없애려고 함 Trying to get rid of prejudice
- ☐ 주어진 일을 마무리 함 Finishing a task
- ☐ 남의 유익 생각 Considering the interests of others
- ☐ 외모로 판단하지 않음 Not judging by appearance
- ☐ 이해하며 귀기울여 들음 Listening carefully
- ☐ 남을 감싸주려고 함 Trying to cover others
- ☐ 어려운 사람을 도움 Helping someone in need
- ☐ 다른 사람의 생각을 소중하게 여김 Valuing the thoughts of others
- ☐ 시기 질투하지 않으려고 함 Trying not to be jealous or envious
- ☐ 느긋하려고 함 Trying to take it easy
- ☐ 남의 정신적, 육체적 건강을 돌봄 Taking care of others' mental and physical health
- ☐ 남을 불쌍히 여김 Pity for others
- ☐ 꾸준함과 지속성 노력 Persistence and enduring efforts
- ☐ 내 장점과 단점 파악해 봄 Identifying my strengths and weaknesses
- ☐ 남을 존중함 Respecting others
- ☐ 남을 존중함 Trying not to be disappointed
- ☐ 남들에게 좋은 일을 하자고 설득 Persuading others to do good
- ☐ 비판하지 않으려고 함 Trying not to criticize
- ☐ 잘난 체하지 않으려 함 Trying not to be proud
- ☐ 갖고 있는 것을 남들과 나눔 Sharing what I have with others
- ☐ 남이 성장하도록 도움 Helping others grow

Mirae Journal

Date: ____________

제 4차 산업혁명시대의 거대한 파도 속에서 빅픽처, SQ, 서번트리더십의 역량을 키워 시대의 큰 파도를 마음껏 즐길 수 있는 새 시대 서퍼(surfer)가 양성되는 그 날까지. Until the day when surfers of the new era are nurtured, who can truly experience the great waves of the times by cultivating the capabilities of seeing the Big Picture, 9th Intelligence, and Servant Leadership in the midst of the vast waves of the Fourth Industrial Revolution.

사람, 동물, 식물, 미생물, 자연, 현상에 대한 감사거리를 3가지 적어보세요.
Write your appreciation for people, animals, plants, microorganisms, nature and phenomena.

나는 누구인가요? (나는 '김철수'입니다. 나는 학생입니다. 그런 것 말고요...)
Who am I?

세상에 선한 영향력을 미친 한 사람을 선정해봐요. Select one person who has good influence over the world, society and community.

이름 Name of the person :

선정이유 Reason for selection :

오늘 친구나 가족과 함께 시간 가는 줄 모르는 놀이를 했으면 그것을 적어보세요.
Why are you studying? Why do you live? Why are you doing it today? Write down one answer you got today.

왜 공부를 하는지, 왜 사는지, 왜 그 일을 하는지를 생각해본 적이 있으면 나름대로 얻어낸 답을 하나라도 적어보세요. Why are you studying? Why do you live? Why are you doing it today? Write down one answer you got today.

오늘 화가 나는 일이 있었다면 가장 화난 일을 적어보세요. I was angry because...

아래 내용 중에서 오늘 내가 노력해본 것이 있으면 왼쪽에 체크 표시를 하세요.
If there are any of the following characteristics of servant leadership that you have tried today, please check it.

☐ 겸손 Humility	☐ 편견을 없애려고 함 Trying to get rid of prejudice
☐ 주어진 일을 마무리 함 Finishing a task	☐ 남의 유익 생각 Considering the interests of others
☐ 외모로 판단하지 않음 Not judging by appearance	☐ 이해하며 귀기울여 들음 Listening carefully
☐ 남을 감싸주려고 함 Trying to cover others	☐ 어려운 사람을 도움 Helping someone in need
☐ 다른 사람의 생각을 소중하게 여김 Valuing the thoughts of others	☐ 시기 질투하지 않으려고 함 Trying not to be jealous or envious
☐ 느긋하려고 함 Trying to take it easy	☐ 남의 정신적, 육체적 건강을 돌봄 Taking care of others' mental and physical health
☐ 남을 불쌍히 여김 Pity for others	☐ 꾸준함과 지속성 노력 Persistence and enduring efforts
☐ 내 장점과 단점 파악해 봄 Identifying my strengths and weaknesses	☐ 남을 존중함 Respecting others
☐ 남을 존중함 Trying not to be disappointed	☐ 남들에게 좋은 일을 하자고 설득 Persuading others to do good
☐ 비판하지 않으려고 함 Trying not to criticize	☐ 잘난 체하지 않으려 함 Trying not to be proud
☐ 갖고 있는 것을 남들과 나눔 Sharing what I have with others	☐ 남이 성장하도록 도움 Helping others grow

Mirae Journal

Date: ____________

제 4차 산업혁명시대의 거대한 파도 속에서 빅픽처, SQ, 서번트리더십의 역량을 키워 시대의 큰 파도를 마음껏 즐길 수 있는 새 시대 서퍼(surfer)가 양성되는 그 날까지. Until the day when surfers of the new era are nurtured, who can truly experience the great waves of the times by cultivating the capabilities of seeing the Big Picture, 9th Intelligence, and Servant Leadership in the midst of the vast waves of the Fourth Industrial Revolution.

사람, 동물, 식물, 미생물, 자연, 현상에 대한 감사거리를 3가지 적어보세요.
Write your appreciation for people, animals, plants, microorganisms, nature and phenomena.

나는 누구인가요? (나는 '김철수'입니다. 나는 학생입니다. 그런 것 말고요...)
Who am I?

세상에 선한 영향력을 미친 한 사람을 선정해봐요. Select one person who has good influence over the world, society and community.

이름 Name of the person :

선정이유 Reason for selection :

오늘 친구나 가족과 함께 시간 가는 줄 모르는 놀이를 했으면 그것을 적어보세요.
Why are you studying? Why do you live? Why are you doing it today? Write down one answer you got today.

왜 공부를 하는지, 왜 사는지, 왜 그 일을 하는지를 생각해본 적이 있으면 나름대로 얻어낸 답을 하나라도 적어보세요. Why are you studying? Why do you live? Why are you doing it today? Write down one answer you got today.

오늘 화가 나는 일이 있었다면 가장 화난 일을 적어보세요. I was angry because...

아래 내용 중에서 오늘 내가 노력해본 것이 있으면 왼쪽에 체크 표시를 하세요.
If there are any of the following characteristics of servant leadership that you have tried today, please check it.

- ☐ 겸손 Humility
- ☐ 편견을 없애려고 함 Trying to get rid of prejudice
- ☐ 주어진 일을 마무리 함 Finishing a task
- ☐ 남의 유익 생각 Considering the interests of others
- ☐ 외모로 판단하지 않음 Not judging by appearance
- ☐ 이해하며 귀기울여 들음 Listening carefully
- ☐ 남을 감싸주려고 함 Trying to cover others
- ☐ 어려운 사람을 도움 Helping someone in need
- ☐ 다른 사람의 생각을 소중하게 여김 Valuing the thoughts of others
- ☐ 시기 질투하지 않으려고 함 Trying not to be jealous or envious
- ☐ 느긋하려고 함 Trying to take it easy
- ☐ 남의 정신적, 육체적 건강을 돌봄 Taking care of others' mental and physical health
- ☐ 남을 불쌍히 여김 Pity for others
- ☐ 꾸준함과 지속성 노력 Persistence and enduring efforts
- ☐ 내 장점과 단점 파악해 봄 Identifying my strengths and weaknesses
- ☐ 남을 존중함 Respecting others
- ☐ 남을 존중함 Trying not to be disappointed
- ☐ 남들에게 좋은 일을 하자고 설득 Persuading others to do good
- ☐ 비판하지 않으려고 함 Trying not to criticize
- ☐ 잘난 체하지 않으려 함 Trying not to be proud
- ☐ 갖고 있는 것을 남들과 나눔 Sharing what I have with others
- ☐ 남이 성장하도록 도움 Helping others grow

Mirae Journal

Date: ______________

제 4차 산업혁명시대의 거대한 파도 속에서 빅픽처, SQ, 서번트리더십의 역량을 키워 시대의 큰 파도를 마음껏 즐길 수 있는 새 시대 서퍼(surfer)가 양성되는 그 날까지. Until the day when surfers of the new era are nurtured, who can truly experience the great waves of the times by cultivating the capabilities of seeing the Big Picture, 9th Intelligence, and Servant Leadership in the midst of the vast waves of the Fourth Industrial Revolution.

사람, 동물, 식물, 미생물, 자연, 현상에 대한 감사거리를 3가지 적어보세요.
Write your appreciation for people, animals, plants, microorganisms, nature and phenomena.

나는 누구인가요? (나는 '김철수'입니다. 나는 학생입니다. 그런 것 말고요...)
Who am I?

세상에 선한 영향력을 미친 한 사람을 선정해봐요. Select one person who has good influence over the world, society and community.

이름 Name of the person :

선정이유 Reason for selection :

오늘 친구나 가족과 함께 시간 가는 줄 모르는 놀이를 했으면 그것을 적어보세요.
Why are you studying? Why do you live? Why are you doing it today? Write down one answer you got today.

왜 공부를 하는지, 왜 사는지, 왜 그 일을 하는지를 생각해본 적이 있으면 나름대로 얻어낸 답을 하나라도 적어보세요. Why are you studying? Why do you live? Why are you doing it today? Write down one answer you got today.

오늘 화가 나는 일이 있었다면 가장 화난 일을 적어보세요. I was angry because...

아래 내용 중에서 오늘 내가 노력해본 것이 있으면 왼쪽에 체크 표시를 하세요.
If there are any of the following characteristics of servant leadership that you have tried today, please check it.

- ☐ 겸손 Humility
- ☐ 편견을 없애려고 함 Trying to get rid of prejudice
- ☐ 주어진 일을 마무리 함 Finishing a task
- ☐ 남의 유익 생각 Considering the interests of others
- ☐ 외모로 판단하지 않음 Not judging by appearance
- ☐ 이해하며 귀기울여 들음 Listening carefully
- ☐ 남을 감싸주려고 함 Trying to cover others
- ☐ 어려운 사람을 도움 Helping someone in need
- ☐ 다른 사람의 생각을 소중하게 여김 Valuing the thoughts of others
- ☐ 시기 질투하지 않으려고 함 Trying not to be jealous or envious
- ☐ 느긋하려고 함 Trying to take it easy
- ☐ 남의 정신적, 육체적 건강을 돌봄 Taking care of others' mental and physical health
- ☐ 남을 불쌍히 여김 Pity for others
- ☐ 꾸준함과 지속성 노력 Persistence and enduring efforts
- ☐ 내 장점과 단점 파악해 봄 Identifying my strengths and weaknesses
- ☐ 남을 존중함 Respecting others
- ☐ 남을 존중함 Trying not to be disappointed
- ☐ 남들에게 좋은 일을 하자고 설득 Persuading others to do good
- ☐ 비판하지 않으려고 함 Trying not to criticize
- ☐ 잘난 체하지 않으려 함 Trying not to be proud
- ☐ 갖고 있는 것을 남들과 나눔 Sharing what I have with others
- ☐ 남이 성장하도록 도움 Helping others grow

Mirae Journal

Date: ____________________

제 4차 산업혁명시대의 거대한 파도 속에서 빅픽처, SQ, 서번트리더십의 역량을 키워 시대의 큰 파도를 마음껏 즐길 수 있는 새 시대 서퍼(surfer)가 양성되는 그 날까지. Until the day when surfers of the new era are nurtured, who can truly experience the great waves of the times by cultivating the capabilities of seeing the Big Picture, 9th Intelligence, and Servant Leadership in the midst of the vast waves of the Fourth Industrial Revolution.

사람, 동물, 식물, 미생물, 자연, 현상에 대한 감사거리를 3가지 적어보세요.
Write your appreciation for people, animals, plants, microorganisms, nature and phenomena.

나는 누구인가요? (나는 '김철수'입니다. 나는 학생입니다. 그런 것 말고요...)
Who am I?

세상에 선한 영향력을 미친 한 사람을 선정해봐요. Select one person who has good influence over the world, society and community.

이름 Name of the person :

선정이유 Reason for selection :

오늘 친구나 가족과 함께 시간 가는 줄 모르는 놀이를 했으면 그것을 적어보세요.
Why are you studying? Why do you live? Why are you doing it today? Write down one answer you got today.

왜 공부를 하는지, 왜 사는지, 왜 그 일을 하는지를 생각해본 적이 있으면 나름대로 얻어낸 답을 하나라도 적어보세요. Why are you studying? Why do you live? Why are you doing it today? Write down one answer you got today.

오늘 화가 나는 일이 있었다면 가장 화난 일을 적어보세요. I was angry because...

아래 내용 중에서 오늘 내가 노력해본 것이 있으면 왼쪽에 체크 표시를 하세요.
If there are any of the following characteristics of servant leadership that you have tried today, please check it.

- □ 겸손 Humility
- □ 편견을 없애려고 함 Trying to get rid of prejudice
- □ 주어진 일을 마무리 함 Finishing a task
- □ 남의 유익 생각 Considering the interests of others
- □ 외모로 판단하지 않음 Not judging by appearance
- □ 이해하며 귀기울여 들음 Listening carefully
- □ 남을 감싸주려고 함 Trying to cover others
- □ 어려운 사람을 도움 Helping someone in need
- □ 다른 사람의 생각을 소중하게 여김 Valuing the thoughts of others
- □ 시기 질투하지 않으려고 함 Trying not to be jealous or envious
- □ 느긋하려고 함 Trying to take it easy
- □ 남의 정신적, 육체적 건강을 돌봄 Taking care of others' mental and physical health
- □ 남을 불쌍히 여김 Pity for others
- □ 꾸준함과 지속성 노력 Persistence and enduring efforts
- □ 내 장점과 단점 파악해 봄 Identifying my strengths and weaknesses
- □ 남을 존중함 Respecting others
- □ 남을 존중함 Trying not to be disappointed
- □ 남들에게 좋은 일을 하자고 설득 Persuading others to do good
- □ 비판하지 않으려고 함 Trying not to criticize
- □ 잘난 체하지 않으려 함 Trying not to be proud
- □ 갖고 있는 것을 남들과 나눔 Sharing what I have with others
- □ 남이 성장하도록 도움 Helping others grow

Mirae Journal

Date: ____________________

제 4차 산업혁명시대의 거대한 파도 속에서 빅픽처, SQ, 서번트리더십의 역량을 키워 시대의 큰 파도를 마음껏 즐길 수 있는 새 시대 서퍼(surfer)가 양성되는 그 날까지. Until the day when surfers of the new era are nurtured, who can truly experience the great waves of the times by cultivating the capabilities of seeing the Big Picture, 9th Intelligence, and Servant Leadership in the midst of the vast waves of the Fourth Industrial Revolution.

사람, 동물, 식물, 미생물, 자연, 현상에 대한 감사거리를 3가지 적어보세요.
Write your appreciation for people, animals, plants, microorganisms, nature and phenomena.

나는 누구인가요? (나는 '김철수'입니다. 나는 학생입니다. 그런 것 말고요...)
Who am I?

세상에 선한 영향력을 미친 한 사람을 선정해봐요. Select one person who has good influence over the world, society and community.

이름 Name of the person :

선정이유 Reason for selection :

오늘 친구나 가족과 함께 시간 가는 줄 모르는 놀이를 했으면 그것을 적어보세요.
Why are you studying? Why do you live? Why are you doing it today? Write down one answer you got today.

왜 공부를 하는지, 왜 사는지, 왜 그 일을 하는지를 생각해본 적이 있으면 나름대로 얻어낸 답을 하나라도 적어보세요. Why are you studying? Why do you live? Why are you doing it today? Write down one answer you got today.

오늘 화가 나는 일이 있었다면 가장 화난 일을 적어보세요. I was angry because...

아래 내용 중에서 오늘 내가 노력해본 것이 있으면 왼쪽에 체크 표시를 하세요.
If there are any of the following characteristics of servant leadership that you have tried today, please check it.

- ☐ 겸손 Humility
- ☐ 편견을 없애려고 함 Trying to get rid of prejudice
- ☐ 주어진 일을 마무리 함 Finishing a task
- ☐ 남의 유익 생각 Considering the interests of others
- ☐ 외모로 판단하지 않음 Not judging by appearance
- ☐ 이해하며 귀기울여 들음 Listening carefully
- ☐ 남을 감싸주려고 함 Trying to cover others
- ☐ 어려운 사람을 도움 Helping someone in need
- ☐ 다른 사람의 생각을 소중하게 여김 Valuing the thoughts of others
- ☐ 시기 질투하지 않으려고 함 Trying not to be jealous or envious
- ☐ 느긋하려고 함 Trying to take it easy
- ☐ 남의 정신적, 육체적 건강을 돌봄 Taking care of others' mental and physical health
- ☐ 남을 불쌍히 여김 Pity for others
- ☐ 꾸준함과 지속성 노력 Persistence and enduring efforts
- ☐ 내 장점과 단점 파악해 봄 Identifying my strengths and weaknesses
- ☐ 남을 존중함 Respecting others
- ☐ 남을 존중함 Trying not to be disappointed
- ☐ 남들에게 좋은 일을 하자고 설득 Persuading others to do good
- ☐ 비판하지 않으려고 함 Trying not to criticize
- ☐ 잘난 체하지 않으려 함 Trying not to be proud
- ☐ 갖고 있는 것을 남들과 나눔 Sharing what I have with others
- ☐ 남이 성장하도록 도움 Helping others grow

Mirae Journal

Date: ____________________

제 4차 산업혁명시대의 거대한 파도 속에서 빅픽처, SQ, 서번트리더십의 역량을 키워 시대의 큰 파도를 마음껏 즐길 수 있는 새 시대 서퍼(surfer)가 양성되는 그 날까지. Until the day when surfers of the new era are nurtured, who can truly experience the great waves of the times by cultivating the capabilities of seeing the Big Picture, 9th Intelligence, and Servant Leadership in the midst of the vast waves of the Fourth Industrial Revolution.

사람, 동물, 식물, 미생물, 자연, 현상에 대한 감사거리를 3가지 적어보세요.
Write your appreciation for people, animals, plants, microorganisms, nature and phenomena.

나는 누구인가요? (나는 '김철수'입니다. 나는 학생입니다. 그런 것 말고요...)
Who am I?

세상에 선한 영향력을 미친 한 사람을 선정해봐요. Select one person who has good influence over the world, society and community.

이름 Name of the person :

선정이유 Reason for selection :

오늘 친구나 가족과 함께 시간 가는 줄 모르는 놀이를 했으면 그것을 적어보세요.
Why are you studying? Why do you live? Why are you doing it today? Write down one answer you got today.

왜 공부를 하는지, 왜 사는지, 왜 그 일을 하는지를 생각해본 적이 있으면 나름대로 얻어낸 답을 하나라도 적어보세요. Why are you studying? Why do you live? Why are you doing it today? Write down one answer you got today.

오늘 화가 나는 일이 있었다면 가장 화난 일을 적어보세요. I was angry because...

아래 내용 중에서 오늘 내가 노력해본 것이 있으면 왼쪽에 체크 표시를 하세요.
If there are any of the following characteristics of servant leadership that you have tried today, please check it.

☐ 겸손 Humility	☐ 편견을 없애려고 함 Trying to get rid of prejudice
☐ 주어진 일을 마무리 함 Finishing a task	☐ 남의 유익 생각 Considering the interests of others
☐ 외모로 판단하지 않음 Not judging by appearance	☐ 이해하며 귀기울여 들음 Listening carefully
☐ 남을 감싸주려고 함 Trying to cover others	☐ 어려운 사람을 도움 Helping someone in need
☐ 다른 사람의 생각을 소중하게 여김 Valuing the thoughts of others	☐ 시기 질투하지 않으려고 함 Trying not to be jealous or envious
☐ 느긋하려고 함 Trying to take it easy	☐ 남의 정신적, 육체적 건강을 돌봄 Taking care of others' mental and physical health
☐ 남을 불쌍히 여김 Pity for others	☐ 꾸준함과 지속성 노력 Persistence and enduring efforts
☐ 내 장점과 단점 파악해 봄 Identifying my strengths and weaknesses	☐ 남을 존중함 Respecting others
☐ 남을 존중함 Trying not to be disappointed	☐ 남들에게 좋은 일을 하자고 설득 Persuading others to do good
☐ 비판하지 않으려고 함 Trying not to criticize	☐ 잘난 체하지 않으려 함 Trying not to be proud
☐ 갖고 있는 것을 남들과 나눔 Sharing what I have with others	☐ 남이 성장하도록 도움 Helping others grow

Mirae Journal

Date: ____________

제 4차 산업혁명시대의 거대한 파도 속에서 빅픽처, SQ, 서번트리더십의 역량을 키워 시대의 큰 파도를 마음껏 즐길 수 있는 새 시대 서퍼(surfer)가 양성되는 그 날까지. Until the day when surfers of the new era are nurtured, who can truly experience the great waves of the times by cultivating the capabilities of seeing the Big Picture, 9th Intelligence, and Servant Leadership in the midst of the vast waves of the Fourth Industrial Revolution.

사람, 동물, 식물, 미생물, 자연, 현상에 대한 감사거리를 3가지 적어보세요.
Write your appreciation for people, animals, plants, microorganisms, nature and phenomena.

나는 누구인가요? (나는 '김철수'입니다. 나는 학생입니다. 그런 것 말고요...)
Who am I?

세상에 선한 영향력을 미친 한 사람을 선정해봐요. Select one person who has good influence over the world, society and community.

이름 Name of the person :

선정이유 Reason for selection :

오늘 친구나 가족과 함께 시간 가는 줄 모르는 놀이를 했으면 그것을 적어보세요.
Why are you studying? Why do you live? Why are you doing it today? Write down one answer you got today.

왜 공부를 하는지, 왜 사는지, 왜 그 일을 하는지를 생각해본 적이 있으면 나름대로 얻어낸 답을 하나라도 적어보세요. Why are you studying? Why do you live? Why are you doing it today? Write down one answer you got today.

오늘 화가 나는 일이 있었다면 가장 화난 일을 적어보세요. I was angry because...

아래 내용 중에서 오늘 내가 노력해본 것이 있으면 왼쪽에 체크 표시를 하세요.
If there are any of the following characteristics of servant leadership that you have tried today, please check it.

- ☐ 겸손 Humility
- ☐ 편견을 없애려고 함 Trying to get rid of prejudice
- ☐ 주어진 일을 마무리 함 Finishing a task
- ☐ 남의 유익 생각 Considering the interests of others
- ☐ 외모로 판단하지 않음 Not judging by appearance
- ☐ 이해하며 귀기울여 들음 Listening carefully
- ☐ 남을 감싸주려고 함 Trying to cover others
- ☐ 어려운 사람을 도움 Helping someone in need
- ☐ 다른 사람의 생각을 소중하게 여김 Valuing the thoughts of others
- ☐ 시기 질투하지 않으려고 함 Trying not to be jealous or envious
- ☐ 느긋하려고 함 Trying to take it easy
- ☐ 남의 정신적, 육체적 건강을 돌봄 Taking care of others' mental and physical health
- ☐ 남을 불쌍히 여김 Pity for others
- ☐ 꾸준함과 지속성 노력 Persistence and enduring efforts
- ☐ 내 장점과 단점 파악해 봄 Identifying my strengths and weaknesses
- ☐ 남을 존중함 Respecting others
- ☐ 남을 존중함 Trying not to be disappointed
- ☐ 남들에게 좋은 일을 하자고 설득 Persuading others to do good
- ☐ 비판하지 않으려고 함 Trying not to criticize
- ☐ 잘난 체하지 않으려 함 Trying not to be proud
- ☐ 갖고 있는 것을 남들과 나눔 Sharing what I have with others
- ☐ 남이 성장하도록 도움 Helping others grow

Mirae Journal

Date: ______________

제 4차 산업혁명시대의 거대한 파도 속에서 빅픽처, SQ, 서번트리더십의 역량을 키워 시대의 큰 파도를 마음껏 즐길 수 있는 새 시대 서퍼(surfer)가 양성되는 그 날까지. Until the day when surfers of the new era are nurtured, who can truly experience the great waves of the times by cultivating the capabilities of seeing the Big Picture, 9th Intelligence, and Servant Leadership in the midst of the vast waves of the Fourth Industrial Revolution.

사람, 동물, 식물, 미생물, 자연, 현상에 대한 감사거리를 3가지 적어보세요.
Write your appreciation for people, animals, plants, microorganisms, nature and phenomena.

나는 누구인가요? (나는 '김철수'입니다. 나는 학생입니다. 그런 것 말고요...)
Who am I?

세상에 선한 영향력을 미친 한 사람을 선정해봐요. Select one person who has good influence over the world, society and community.

이름 Name of the person :

선정이유 Reason for selection :

오늘 친구나 가족과 함께 시간 가는 줄 모르는 놀이를 했으면 그것을 적어보세요.
Why are you studying? Why do you live? Why are you doing it today? Write down one answer you got today.

왜 공부를 하는지, 왜 사는지, 왜 그 일을 하는지를 생각해본 적이 있으면 나름대로 얻어낸 답을 하나라도 적어보세요. Why are you studying? Why do you live? Why are you doing it today? Write down one answer you got today.

오늘 화가 나는 일이 있었다면 가장 화난 일을 적어보세요. I was angry because...

아래 내용 중에서 오늘 내가 노력해본 것이 있으면 왼쪽에 체크 표시를 하세요.
If there are any of the following characteristics of servant leadership that you have tried today, please check it.

- ☐ 겸손 Humility
- ☐ 편견을 없애려고 함 Trying to get rid of prejudice
- ☐ 주어진 일을 마무리 함 Finishing a task
- ☐ 남의 유익 생각 Considering the interests of others
- ☐ 외모로 판단하지 않음 Not judging by appearance
- ☐ 이해하며 귀기울여 들음 Listening carefully
- ☐ 남을 감싸주려고 함 Trying to cover others
- ☐ 어려운 사람을 도움 Helping someone in need
- ☐ 다른 사람의 생각을 소중하게 여김 Valuing the thoughts of others
- ☐ 시기 질투하지 않으려고 함 Trying not to be jealous or envious
- ☐ 느긋하려고 함 Trying to take it easy
- ☐ 남의 정신적, 육체적 건강을 돌봄 Taking care of others' mental and physical health
- ☐ 남을 불쌍히 여김 Pity for others
- ☐ 꾸준함과 지속성 노력 Persistence and enduring efforts
- ☐ 내 장점과 단점 파악해 봄 Identifying my strengths and weaknesses
- ☐ 남을 존중함 Respecting others
- ☐ 남을 존중함 Trying not to be disappointed
- ☐ 남들에게 좋은 일을 하자고 설득 Persuading others to do good
- ☐ 비판하지 않으려고 함 Trying not to criticize
- ☐ 잘난 체하지 않으려 함 Trying not to be proud
- ☐ 갖고 있는 것을 남들과 나눔 Sharing what I have with others
- ☐ 남이 성장하도록 도움 Helping others grow

Future Journal and Future Reading

Leading

데일리 다이어리

Daily Diary

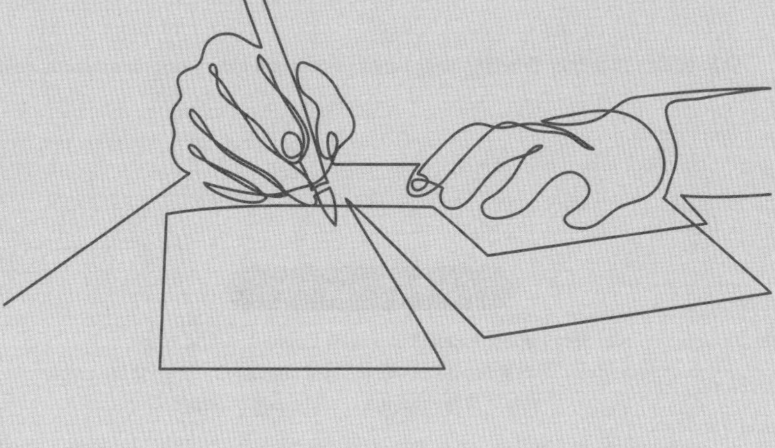

Daily Diary

Date: ____________

오늘의 할 일 Things to do today

중요한 일 Important tasks to do	급한 일 Urgent tasks to deal with

오늘 나에게 하고 싶은 칭찬의 말 Words of Encouragement to Speak to myself

오늘 만난 사람 중에 인상적이었던 사람에 대해 써보기

Talk about the person I met today who was impressive

오늘 행복했던 순간과 불행했던 순간 써보기 Write about today's happy and unhappy moments

오늘의 감정 Mood today

행복 Happy / 슬픔 Sad / 만족 Content / 화남 Angry
기쁨 Joyful / 두려움 Fearful / 자신감 넘침 Confident / 비참함 Miserable
희망 가득함 Hopeful / 걱정스러움 Worried

오늘 나의 장점을 잘 발휘했던 순간 써보기

Write an occasion that has revealed my strengths well today.

타인의 평가에 마음이 흔들렸던 순간이 있었다면 써보기

Write if there was a moment when my heart was rocked by someone else's judgment.

집어치우고 싶은 잡생각 써보기

Write down the mishaps I am trying to get rid of.

새롭게 아이디어 떠오를 때마다 5개 적어보기

Write down 5 ideas

1.

2.

3.

4.

5.

나의 버킷리스트 아이디어

My Bucket list Ideas

이번 주 중요한 일

Important things to do this week

이번 달 중요한 일

Important things to do this month

올해 꼭 만나고 싶은 사람

The person I want to meet(see) this year

내리쓰기(Freewriting): 문법이나 철자, 형식 등을 고려하지 않고 마음 가는 대로 글쓰기.

Daily Diary

Date: ________

오늘의 할 일 Things to do today

중요한 일 Important tasks to do	급한 일 Urgent tasks to deal with

오늘 나에게 하고 싶은 칭찬의 말 Words of Encouragement to Speak to myself

오늘 만난 사람 중에 인상적이었던 사람에 대해 써보기

Talk about the person I met today who was impressive

오늘 행복했던 순간과 불행했던 순간 써보기 Write about today's happy and unhappy moments

오늘의 감정 Mood today

행복 Happy / 슬픔 Sad / 만족 Content / 화남 Angry
기쁨 Joyful / 두려움 Fearful / 자신감 넘침 Confident / 비참함 Miserable
희망 가득함 Hopeful / 걱정스러움 Worried

오늘 나의 장점을 잘 발휘했던 순간 써보기

Write an occasion that has revealed my strengths well today.

타인의 평가에 마음이 흔들렸던 순간이 있었다면 써보기

Write if there was a moment when my heart was rocked by someone else's judgment.

집어치우고 싶은 잡생각 써보기

Write down the mishaps I am trying to get rid of.

새롭게 아이디어 떠오를 때마다 5개 적어보기

Write down 5 ideas

1.

2.

3.

4.

5.

나의 버킷리스트 아이디어

My Bucket list Ideas

이번 주 중요한 일

Important things to do this week

이번 달 중요한 일

Important things to do this month

올해 꼭 만나고 싶은 사람

The person I want to meet(see) this year

내리쓰기(Freewriting): 문법이나 철자, 형식 등을 고려하지 않고 마음 가는 대로 글쓰기.

Daily Diary

Date: ____________

오늘의 할 일 Things to do today

중요한 일 Important tasks to do	급한 일 Urgent tasks to deal with

오늘 나에게 하고 싶은 칭찬의 말 Words of Encouragement to Speak to myself

____

____

오늘 만난 사람 중에 인상적이었던 사람에 대해 써보기
Talk about the person I met today who was impressive

____

____

오늘 행복했던 순간과 불행했던 순간 써보기 Write about today's happy and unhappy moments

____

____

오늘의 감정 Mood today

행복 Happy / 슬픔 Sad / 만족 Content / 화남 Angry
기쁨 Joyful / 두려움 Fearful / 자신감 넘침 Confident / 비참함 Miserable
희망 가득함 Hopeful / 걱정스러움 Worried

오늘 나의 장점을 잘 발휘했던 순간 써보기

Write an occasion that has revealed my strengths well today.

타인의 평가에 마음이 흔들렸던 순간이 있었다면 써보기 Write if there was a moment when my heart was rocked by someone else's judgment.

집어치우고 싶은 잡생각 써보기

Write down the mishaps I am trying to get rid of.

새롭게 아이디어 떠오를 때마다 5개 적어보기 Write down 5 ideas

1.

2.

3.

4.

5.

나의 버킷리스트 아이디어

My Bucket list Ideas

이번 주 중요한 일

Important things to do this week

이번 달 중요한 일

Important things to do this month

올해 꼭 만나고 싶은 사람

The person I want to meet(see) this year

내리쓰기(Freewriting): 문법이나 철자, 형식 등을 고려하지 않고 마음 가는 대로 글쓰기.

Daily Diary

Date: ____________

오늘의 할 일 Things to do today

중요한 일 Important tasks to do	급한 일 Urgent tasks to deal with

오늘 나에게 하고 싶은 칭찬의 말 Words of Encouragement to Speak to myself

오늘 만난 사람 중에 인상적이었던 사람에 대해 써보기

Talk about the person I met today who was impressive

오늘 행복했던 순간과 불행했던 순간 써보기 Write about today's happy and unhappy moments

오늘의 감정 Mood today

행복 Happy / 슬픔 Sad / 만족 Content / 화남 Angry
기쁨 Joyful / 두려움 Fearful / 자신감 넘침 Confident / 비참함 Miserable
희망 가득함 Hopeful / 걱정스러움 Worried

오늘 나의 장점을 잘 발휘했던 순간 써보기
Write an occasion that has revealed my strengths well today.

타인의 평가에 마음이 흔들렸던 순간이 있었다면 써보기
Write if there was a moment when my heart was rocked by someone else's judgment.

집어치우고 싶은 잡생각 써보기
Write down the mishaps I am trying to get rid of.

새롭게 아이디어 떠오를 때마다 5개 적어보기
Write down 5 ideas

1.

2.

3.

4.

5.

나의 버킷리스트 아이디어
My Bucket list Ideas

이번 주 중요한 일
Important things to do this week

이번 달 중요한 일
Important things to do this month

올해 꼭 만나고 싶은 사람
The person I want to meet(see) this year

내리쓰기(Freewriting): 문법이나 철자, 형식 등을 고려하지 않고 마음 가는 대로 글쓰기.

Daily Diary

Date: ______

오늘의 할 일 Things to do today

중요한 일 Important tasks to do	급한 일 Urgent tasks to deal with

오늘 나에게 하고 싶은 칭찬의 말 Words of Encouragement to Speak to myself

오늘 만난 사람 중에 인상적이었던 사람에 대해 써보기

Talk about the person I met today who was impressive

오늘 행복했던 순간과 불행했던 순간 써보기 Write about today's happy and unhappy moments

오늘의 감정 Mood today

행복 Happy / 슬픔 Sad / 만족 Content / 화남 Angry
기쁨 Joyful / 두려움 Fearful / 자신감 넘침 Confident / 비참함 Miserable
희망 가득함 Hopeful / 걱정스러움 Worried

오늘 나의 장점을 잘 발휘했던 순간 써보기
Write an occasion that has revealed my strengths well today.

타인의 평가에 마음이 흔들렸던 순간이 있었다면 써보기 Write if there was a moment when my heart was rocked by someone else's judgment.

집어치우고 싶은 잡생각 써보기
Write down the mishaps I am trying to get rid of.

새롭게 아이디어 떠오를 때마다 5개 적어보기 Write down 5 ideas

1.

2.

3.

4.

5.

나의 버킷리스트 아이디어
My Bucket list Ideas

이번 주 중요한 일
Important things to do this week

이번 달 중요한 일
Important things to do this month

올해 꼭 만나고 싶은 사람
The person I want to meet(see) this year

내리쓰기(Freewriting): 문법이나 철자, 형식 등을 고려하지 않고 마음 가는 대로 글쓰기.

Daily Diary

Date: ______________

오늘의 할 일 Things to do today

중요한 일 Important tasks to do	급한 일 Urgent tasks to deal with

오늘 나에게 하고 싶은 칭찬의 말 Words of Encouragement to Speak to myself

오늘 만난 사람 중에 인상적이었던 사람에 대해 써보기

Talk about the person I met today who was impressive

오늘 행복했던 순간과 불행했던 순간 써보기 Write about today's happy and unhappy moments

오늘의 감정 Mood today

행복 Happy / 슬픔 Sad / 만족 Content / 화남 Angry
기쁨 Joyful / 두려움 Fearful / 자신감 넘침 Confident / 비참함 Miserable
희망 가득함 Hopeful / 걱정스러움 Worried

오늘 나의 장점을 잘 발휘했던 순간 써보기
Write an occasion that has revealed my strengths well today.

타인의 평가에 마음이 흔들렸던 순간이 있었다면 써보기 Write if there was a moment when my heart was rocked by someone else's judgment.

집어치우고 싶은 잡생각 써보기
Write down the mishaps I am trying to get rid of.

새롭게 아이디어 떠오를 때마다 5개 적어보기 Write down 5 ideas

1.

2.

3.

4.

5.

나의 버킷리스트 아이디어
My Bucket list Ideas

이번 주 중요한 일
Important things to do this week

이번 달 중요한 일
Important things to do this month

올해 꼭 만나고 싶은 사람
The person I want to meet(see) this year

내리쓰기(Freewriting): 문법이나 철자, 형식 등을 고려하지 않고 마음 가는 대로 글쓰기.

Daily Diary

Date: ______________

오늘의 할 일 Things to do today

중요한 일 Important tasks to do	급한 일 Urgent tasks to deal with

오늘 나에게 하고 싶은 칭찬의 말 Words of Encouragement to Speak to myself

오늘 만난 사람 중에 인상적이었던 사람에 대해 써보기

Talk about the person I met today who was impressive

오늘 행복했던 순간과 불행했던 순간 써보기 Write about today's happy and unhappy moments

오늘의 감정 Mood today

행복 Happy / 슬픔 Sad / 만족 Content / 화남 Angry
기쁨 Joyful / 두려움 Fearful / 자신감 넘침 Confident / 비참함 Miserable
희망 가득함 Hopeful / 걱정스러움 Worried

오늘 나의 장점을 잘 발휘했던 순간 써보기
Write an occasion that has revealed my strengths well today.

타인의 평가에 마음이 흔들렸던 순간이 있었다면 써보기 Write if there was a moment when my heart was rocked by someone else's judgment.

집어치우고 싶은 잡생각 써보기
Write down the mishaps I am trying to get rid of.

새롭게 아이디어 떠오를 때마다 5개 적어보기 Write down 5 ideas

1.

2.

3.

4.

5.

나의 버킷리스트 아이디어
My Bucket list Ideas

이번 주 중요한 일
Important things to do this week

이번 달 중요한 일
Important things to do this month

올해 꼭 만나고 싶은 사람
The person I want to meet(see) this year

내리쓰기(Freewriting): 문법이나 철자, 형식 등을 고려하지 않고 마음 가는 대로 글쓰기.

Daily Diary

Date: ____________________

오늘의 할 일 Things to do today

중요한 일 Important tasks to do	급한 일 Urgent tasks to deal with

오늘 나에게 하고 싶은 칭찬의 말 Words of Encouragement to Speak to myself

오늘 만난 사람 중에 인상적이었던 사람에 대해 써보기
Talk about the person I met today who was impressive

오늘 행복했던 순간과 불행했던 순간 써보기 Write about today's happy and unhappy moments

오늘의 감정 Mood today

행복 Happy / 슬픔 Sad / 만족 Content / 화남 Angry
기쁨 Joyful / 두려움 Fearful / 자신감 넘침 Confident / 비참함 Miserable
희망 가득함 Hopeful / 걱정스러움 Worried

오늘 나의 장점을 잘 발휘했던 순간 써보기
Write an occasion that has revealed my strengths well today.

타인의 평가에 마음이 흔들렸던 순간이 있었다면 써보기 Write if there was a moment when my heart was rocked by someone else's judgment.

집어치우고 싶은 잡생각 써보기
Write down the mishaps I am trying to get rid of.

새롭게 아이디어 떠오를 때마다 5개 적어보기 Write down 5 ideas

1.

2.

3.

4.

5.

나의 버킷리스트 아이디어
My Bucket list Ideas

이번 주 중요한 일
Important things to do this week

이번 달 중요한 일
Important things to do this month

올해 꼭 만나고 싶은 사람
The person I want to meet(see) this year

내리쓰기(Freewriting): 문법이나 철자, 형식 등을 고려하지 않고 마음 가는 대로 글쓰기.

Daily Diary

Date: ______________

오늘의 할 일 Things to do today

중요한 일 Important tasks to do	급한 일 Urgent tasks to deal with

오늘 나에게 하고 싶은 칭찬의 말 Words of Encouragement to Speak to myself

오늘 만난 사람 중에 인상적이었던 사람에 대해 써보기
Talk about the person I met today who was impressive

오늘 행복했던 순간과 불행했던 순간 써보기 Write about today's happy and unhappy moments

오늘의 감정 Mood today

행복 Happy / 슬픔 Sad / 만족 Content / 화남 Angry
기쁨 Joyful / 두려움 Fearful / 자신감 넘침 Confident / 비참함 Miserable
희망 가득함 Hopeful / 걱정스러움 Worried

오늘 나의 장점을 잘 발휘했던 순간 써보기

Write an occasion that has revealed my strengths well today.

타인의 평가에 마음이 흔들렸던 순간이 있었다면 써보기

Write if there was a moment when my heart was rocked by someone else's judgment.

집어치우고 싶은 잡생각 써보기

Write down the mishaps I am trying to get rid of.

새롭게 아이디어 떠오를 때마다 5개 적어보기

Write down 5 ideas

1.

2.

3.

4.

5.

나의 버킷리스트 아이디어

My Bucket list Ideas

이번 주 중요한 일

Important things to do this week

이번 달 중요한 일

Important things to do this month

올해 꼭 만나고 싶은 사람

The person I want to meet(see) this year

내리쓰기(Freewriting): 문법이나 철자, 형식 등을 고려하지 않고 마음 가는 대로 글쓰기.

Daily Diary

Date: ____________

오늘의 할 일 Things to do today

중요한 일 Important tasks to do	급한 일 Urgent tasks to deal with

오늘 나에게 하고 싶은 칭찬의 말 Words of Encouragement to Speak to myself

오늘 만난 사람 중에 인상적이었던 사람에 대해 써보기
Talk about the person I met today who was impressive

오늘 행복했던 순간과 불행했던 순간 써보기 Write about today's happy and unhappy moments

오늘의 감정 Mood today

행복 Happy / 슬픔 Sad / 만족 Content / 화남 Angry
기쁨 Joyful / 두려움 Fearful / 자신감 넘침 Confident / 비참함 Miserable
희망 가득함 Hopeful / 걱정스러움 Worried

오늘 나의 장점을 잘 발휘했던 순간 써보기
Write an occasion that has revealed my strengths well today.

타인의 평가에 마음이 흔들렸던 순간이 있었다면 써보기
Write if there was a moment when my heart was rocked by someone else's judgment.

집어치우고 싶은 잡생각 써보기
Write down the mishaps I am trying to get rid of.

새롭게 아이디어 떠오를 때마다 5개 적어보기
Write down 5 ideas

1.

2.

3.

4.

5.

나의 버킷리스트 아이디어
My Bucket list Ideas

이번 주 중요한 일
Important things to do this week

이번 달 중요한 일
Important things to do this month

올해 꼭 만나고 싶은 사람
The person I want to meet(see) this year

내리쓰기(Freewriting): 문법이나 철자, 형식 등을 고려하지 않고 마음 가는 대로 글쓰기.

Daily Diary

Date: ____________

오늘의 할 일 Things to do today

중요한 일 Important tasks to do	급한 일 Urgent tasks to deal with

오늘 나에게 하고 싶은 칭찬의 말 Words of Encouragement to Speak to myself

오늘 만난 사람 중에 인상적이었던 사람에 대해 써보기
Talk about the person I met today who was impressive

오늘 행복했던 순간과 불행했던 순간 써보기 Write about today's happy and unhappy moments

오늘의 감정 Mood today

행복 Happy / 슬픔 Sad / 만족 Content / 화남 Angry
기쁨 Joyful / 두려움 Fearful / 자신감 넘침 Confident / 비참함 Miserable
희망 가득함 Hopeful / 걱정스러움 Worried

오늘 나의 장점을 잘 발휘했던 순간 써보기
Write an occasion that has revealed my strengths well today.

타인의 평가에 마음이 흔들렸던 순간이 있었다면 써보기 Write if there was a moment when my heart was rocked by someone else's judgment.

집어치우고 싶은 잡생각 써보기
Write down the mishaps I am trying to get rid of.

새롭게 아이디어 떠오를 때마다 5개 적어보기 Write down 5 ideas

1.

2.

3.

4.

5.

나의 버킷리스트 아이디어
My Bucket list Ideas

이번 주 중요한 일
Important things to do this week

이번 달 중요한 일
Important things to do this month

올해 꼭 만나고 싶은 사람
The person I want to meet(see) this year

내리쓰기(Freewriting): 문법이나 철자, 형식 등을 고려하지 않고 마음 가는 대로 글쓰기.

Daily Diary

Date: ____________

오늘의 할 일 Things to do today

중요한 일 Important tasks to do	급한 일 Urgent tasks to deal with

오늘 나에게 하고 싶은 칭찬의 말 Words of Encouragement to Speak to myself

오늘 만난 사람 중에 인상적이었던 사람에 대해 써보기
Talk about the person I met today who was impressive

오늘 행복했던 순간과 불행했던 순간 써보기 Write about today's happy and unhappy moments

오늘의 감정 Mood today

행복 Happy / 슬픔 Sad / 만족 Content / 화남 Angry
기쁨 Joyful / 두려움 Fearful / 자신감 넘침 Confident / 비참함 Miserable
희망 가득함 Hopeful / 걱정스러움 Worried

오늘 나의 장점을 잘 발휘했던 순간 써보기

Write an occasion that has revealed my strengths well today.

타인의 평가에 마음이 흔들렸던 순간이 있었다면 써보기

Write if there was a moment when my heart was rocked by someone else's judgment.

집어치우고 싶은 잡생각 써보기

Write down the mishaps I am trying to get rid of.

새롭게 아이디어 떠오를 때마다 5개 적어보기

Write down 5 ideas

1.

2.

3.

4.

5.

나의 버킷리스트 아이디어

My Bucket list Ideas

이번 주 중요한 일

Important things to do this week

이번 달 중요한 일

Important things to do this month

올해 꼭 만나고 싶은 사람

The person I want to meet(see) this year

내리쓰기(Freewriting): 문법이나 철자, 형식 등을 고려하지 않고 마음 가는 대로 글쓰기.

Daily Diary

Date: ____________

오늘의 할 일 Things to do today

중요한 일 Important tasks to do	급한 일 Urgent tasks to deal with

오늘 나에게 하고 싶은 칭찬의 말 Words of Encouragement to Speak to myself

오늘 만난 사람 중에 인상적이었던 사람에 대해 써보기

Talk about the person I met today who was impressive

오늘 행복했던 순간과 불행했던 순간 써보기 Write about today's happy and unhappy moments

오늘의 감정 Mood today

행복 Happy / 슬픔 Sad / 만족 Content / 화남 Angry
기쁨 Joyful / 두려움 Fearful / 자신감 넘침 Confident / 비참함 Miserable
희망 가득함 Hopeful / 걱정스러움 Worried

오늘 나의 장점을 잘 발휘했던 순간 써보기
Write an occasion that has revealed my strengths well today.

타인의 평가에 마음이 흔들렸던 순간이 있었다면 써보기
Write if there was a moment when my heart was rocked by someone else's judgment.

집어치우고 싶은 잡생각 써보기
Write down the mishaps I am trying to get rid of.

새롭게 아이디어 떠오를 때마다 5개 적어보기
Write down 5 ideas

1.

2.

3.

4.

5.

나의 버킷리스트 아이디어
My Bucket list Ideas

이번 주 중요한 일
Important things to do this week

이번 달 중요한 일
Important things to do this month

올해 꼭 만나고 싶은 사람
The person I want to meet(see) this year

내리쓰기(Freewriting): 문법이나 철자, 형식 등을 고려하지 않고 마음 가는 대로 글쓰기.

Daily Diary

Date: __________

오늘의 할 일 Things to do today

중요한 일 Important tasks to do	급한 일 Urgent tasks to deal with

오늘 나에게 하고 싶은 칭찬의 말 Words of Encouragement to Speak to myself

오늘 만난 사람 중에 인상적이었던 사람에 대해 써보기
Talk about the person I met today who was impressive

오늘 행복했던 순간과 불행했던 순간 써보기 Write about today's happy and unhappy moments

오늘의 감정 Mood today

행복 Happy / 슬픔 Sad / 만족 Content / 화남 Angry
기쁨 Joyful / 두려움 Fearful / 자신감 넘침 Confident / 비참함 Miserable
희망 가득함 Hopeful / 걱정스러움 Worried

오늘 나의 장점을 잘 발휘했던 순간 써보기
Write an occasion that has revealed my strengths well today.

타인의 평가에 마음이 흔들렸던 순간이 있었다면 써보기
Write if there was a moment when my heart was rocked by someone else's judgment.

집어치우고 싶은 잡생각 써보기
Write down the mishaps I am trying to get rid of.

새롭게 아이디어 떠오를 때마다 5개 적어보기
Write down 5 ideas

1.

2.

3.

4.

5.

나의 버킷리스트 아이디어
My Bucket list Ideas

이번 주 중요한 일
Important things to do this week

이번 달 중요한 일
Important things to do this month

올해 꼭 만나고 싶은 사람
The person I want to meet(see) this year

내리쓰기(Freewriting): 문법이나 철자, 형식 등을 고려하지 않고 마음 가는 대로 글쓰기.

Daily Diary

Date: ______________

오늘의 할 일 Things to do today

중요한 일 Important tasks to do	급한 일 Urgent tasks to deal with

오늘 나에게 하고 싶은 칭찬의 말 Words of Encouragement to Speak to myself

오늘 만난 사람 중에 인상적이었던 사람에 대해 써보기
Talk about the person I met today who was impressive

오늘 행복했던 순간과 불행했던 순간 써보기 Write about today's happy and unhappy moments

오늘의 감정 Mood today

행복 Happy / 슬픔 Sad / 만족 Content / 화남 Angry
기쁨 Joyful / 두려움 Fearful / 자신감 넘침 Confident / 비참함 Miserable
희망 가득함 Hopeful / 걱정스러움 Worried

오늘 나의 장점을 잘 발휘했던 순간 써보기
Write an occasion that has revealed my strengths well today.

타인의 평가에 마음이 흔들렸던 순간이 있었다면 써보기 Write if there was a moment when my heart was rocked by someone else's judgment.

집어치우고 싶은 잡생각 써보기
Write down the mishaps I am trying to get rid of.

새롭게 아이디어 떠오를 때마다 5개 적어보기 Write down 5 ideas

1.

2.

3.

4.

5.

나의 버킷리스트 아이디어
My Bucket list Ideas

이번 주 중요한 일
Important things to do this week

이번 달 중요한 일
Important things to do this month

올해 꼭 만나고 싶은 사람
The person I want to meet(see) this year

내리쓰기(Freewriting): 문법이나 철자, 형식 등을 고려하지 않고 마음 가는 대로 글쓰기.

Daily Diary

Date: ____________

오늘의 할 일 Things to do today

중요한 일 Important tasks to do	급한 일 Urgent tasks to deal with

오늘 나에게 하고 싶은 칭찬의 말 Words of Encouragement to Speak to myself

오늘 만난 사람 중에 인상적이었던 사람에 대해 써보기
Talk about the person I met today who was impressive

오늘 행복했던 순간과 불행했던 순간 써보기 Write about today's happy and unhappy moments

오늘의 감정 Mood today

행복 Happy / 슬픔 Sad / 만족 Content / 화남 Angry
기쁨 Joyful / 두려움 Fearful / 자신감 넘침 Confident / 비참함 Miserable
희망 가득함 Hopeful / 걱정스러움 Worried

오늘 나의 장점을 잘 발휘했던 순간 써보기
Write an occasion that has revealed my strengths well today.

타인의 평가에 마음이 흔들렸던 순간이 있었다면 써보기 Write if there was a moment when my heart was rocked by someone else's judgment.

집어치우고 싶은 잡생각 써보기
Write down the mishaps I am trying to get rid of.

새롭게 아이디어 떠오를 때마다 5개 적어보기 Write down 5 ideas

1.

2.

3.

4.

5.

나의 버킷리스트 아이디어
My Bucket list Ideas

이번 주 중요한 일
Important things to do this week

이번 달 중요한 일
Important things to do this month

올해 꼭 만나고 싶은 사람
The person I want to meet(see) this year

내리쓰기(Freewriting): 문법이나 철자, 형식 등을 고려하지 않고 마음 가는 대로 글쓰기.

Daily Diary

Date:

오늘의 할 일 Things to do today

중요한 일 Important tasks to do	급한 일 Urgent tasks to deal with

오늘 나에게 하고 싶은 칭찬의 말 Words of Encouragement to Speak to myself

오늘 만난 사람 중에 인상적이었던 사람에 대해 써보기
Talk about the person I met today who was impressive

오늘 행복했던 순간과 불행했던 순간 써보기 Write about today's happy and unhappy moments

오늘의 감정 Mood today

행복 Happy / 슬픔 Sad / 만족 Content / 화남 Angry
기쁨 Joyful / 두려움 Fearful / 자신감 넘침 Confident / 비참함 Miserable
희망 가득함 Hopeful / 걱정스러움 Worried

오늘 나의 장점을 잘 발휘했던 순간 써보기
Write an occasion that has revealed my strengths well today.

타인의 평가에 마음이 흔들렸던 순간이 있었다면 써보기
Write if there was a moment when my heart was rocked by someone else's judgment.

집어치우고 싶은 잡생각 써보기
Write down the mishaps I am trying to get rid of.

새롭게 아이디어 떠오를 때마다 5개 적어보기
Write down 5 ideas

1.

2.

3.

4.

5.

나의 버킷리스트 아이디어
My Bucket list Ideas

이번 주 중요한 일
Important things to do this week

이번 달 중요한 일
Important things to do this month

올해 꼭 만나고 싶은 사람
The person I want to meet(see) this year

내리쓰기(Freewriting): 문법이나 철자, 형식 등을 고려하지 않고 마음 가는 대로 글쓰기.

Daily Diary

Date: ____________

오늘의 할 일 Things to do today

중요한 일 Important tasks to do	급한 일 Urgent tasks to deal with

오늘 나에게 하고 싶은 칭찬의 말 Words of Encouragement to Speak to myself

오늘 만난 사람 중에 인상적이었던 사람에 대해 써보기
Talk about the person I met today who was impressive

오늘 행복했던 순간과 불행했던 순간 써보기 Write about today's happy and unhappy moments

오늘의 감정 Mood today

행복 Happy / 슬픔 Sad / 만족 Content / 화남 Angry
기쁨 Joyful / 두려움 Fearful / 자신감 넘침 Confident / 비참함 Miserable
희망 가득함 Hopeful / 걱정스러움 Worried

오늘 나의 장점을 잘 발휘했던 순간 써보기
Write an occasion that has revealed my strengths well today.

타인의 평가에 마음이 흔들렸던 순간이 있었다면 써보기
Write if there was a moment when my heart was rocked by someone else's judgment.

집어치우고 싶은 잡생각 써보기
Write down the mishaps I am trying to get rid of.

새롭게 아이디어 떠오를 때마다 5개 적어보기
Write down 5 ideas

1.

2.

3.

4.

5.

나의 버킷리스트 아이디어
My Bucket list Ideas

이번 주 중요한 일
Important things to do this week

이번 달 중요한 일
Important things to do this month

올해 꼭 만나고 싶은 사람
The person I want to meet(see) this year

내리쓰기(Freewriting): 문법이나 철자, 형식 등을 고려하지 않고 마음 가는 대로 글쓰기.

Daily Diary

Date: ____________

오늘의 할 일 Things to do today

중요한 일 Important tasks to do	급한 일 Urgent tasks to deal with

오늘 나에게 하고 싶은 칭찬의 말 Words of Encouragement to Speak to myself

____

____

오늘 만난 사람 중에 인상적이었던 사람에 대해 써보기
Talk about the person I met today who was impressive

____

____

오늘 행복했던 순간과 불행했던 순간 써보기 Write about today's happy and unhappy moments

____

____

오늘의 감정 Mood today

행복 Happy / 슬픔 Sad / 만족 Content / 화남 Angry
기쁨 Joyful / 두려움 Fearful / 자신감 넘침 Confident / 비참함 Miserable
희망 가득함 Hopeful / 걱정스러움 Worried

오늘 나의 장점을 잘 발휘했던 순간 써보기
Write an occasion that has revealed my strengths well today.

타인의 평가에 마음이 흔들렸던 순간이 있었다면 써보기
Write if there was a moment when my heart was rocked by someone else's judgment.

집어치우고 싶은 잡생각 써보기
Write down the mishaps I am trying to get rid of.

새롭게 아이디어 떠오를 때마다 5개 적어보기
Write down 5 ideas

1.

2.

3.

4.

5.

나의 버킷리스트 아이디어
My Bucket list Ideas

이번 주 중요한 일
Important things to do this week

이번 달 중요한 일
Important things to do this month

올해 꼭 만나고 싶은 사람
The person I want to meet(see) this year

내리쓰기(Freewriting): 문법이나 철자, 형식 등을 고려하지 않고 마음 가는 대로 글쓰기.

Daily Diary

Date: ____________________

오늘의 할 일 Things to do today

중요한 일 Important tasks to do	급한 일 Urgent tasks to deal with

오늘 나에게 하고 싶은 칭찬의 말 Words of Encouragement to Speak to myself

____

____

오늘 만난 사람 중에 인상적이었던 사람에 대해 써보기
Talk about the person I met today who was impressive

____

____

오늘 행복했던 순간과 불행했던 순간 써보기 Write about today's happy and unhappy moments

____

____

오늘의 감정 Mood today

행복 Happy / 슬픔 Sad / 만족 Content / 화남 Angry
기쁨 Joyful / 두려움 Fearful / 자신감 넘침 Confident / 비참함 Miserable
희망 가득함 Hopeful / 걱정스러움 Worried

오늘 나의 장점을 잘 발휘했던 순간 써보기

Write an occasion that has revealed my strengths well today.

타인의 평가에 마음이 흔들렸던 순간이 있었다면 써보기

Write if there was a moment when my heart was rocked by someone else's judgment.

집어치우고 싶은 잡생각 써보기

Write down the mishaps I am trying to get rid of.

새롭게 아이디어 떠오를 때마다 5개 적어보기

Write down 5 ideas

1.

2.

3.

4.

5.

나의 버킷리스트 아이디어

My Bucket list Ideas

이번 주 중요한 일

Important things to do this week

이번 달 중요한 일

Important things to do this month

올해 꼭 만나고 싶은 사람

The person I want to meet(see) this year

내리쓰기(Freewriting): 문법이나 철자, 형식 등을 고려하지 않고 마음 가는 대로 글쓰기.

Daily Diary

Date: ____________

오늘의 할 일 Things to do today

중요한 일 Important tasks to do	급한 일 Urgent tasks to deal with

오늘 나에게 하고 싶은 칭찬의 말 Words of Encouragement to Speak to myself

오늘 만난 사람 중에 인상적이었던 사람에 대해 써보기

Talk about the person I met today who was impressive

오늘 행복했던 순간과 불행했던 순간 써보기 Write about today's happy and unhappy moments

오늘의 감정 Mood today

행복 Happy / 슬픔 Sad / 만족 Content / 화남 Angry
기쁨 Joyful / 두려움 Fearful / 자신감 넘침 Confident / 비참함 Miserable
희망 가득함 Hopeful / 걱정스러움 Worried

오늘 나의 장점을 잘 발휘했던 순간 써보기
Write an occasion that has revealed my strengths well today.

타인의 평가에 마음이 흔들렸던 순간이 있었다면 써보기
Write if there was a moment when my heart was rocked by someone else's judgment.

집어치우고 싶은 잡생각 써보기
Write down the mishaps I am trying to get rid of.

새롭게 아이디어 떠오를 때마다 5개 적어보기
Write down 5 ideas

1.

2.

3.

4.

5.

나의 버킷리스트 아이디어
My Bucket list Ideas

이번 주 중요한 일
Important things to do this week

이번 달 중요한 일
Important things to do this month

올해 꼭 만나고 싶은 사람
The person I want to meet(see) this year

내리쓰기(Freewriting): 문법이나 철자, 형식 등을 고려하지 않고 마음 가는 대로 글쓰기.

Daily Diary

Date: ____________

오늘의 할 일 Things to do today

중요한 일 Important tasks to do	급한 일 Urgent tasks to deal with

오늘 나에게 하고 싶은 칭찬의 말 Words of Encouragement to Speak to myself

오늘 만난 사람 중에 인상적이었던 사람에 대해 써보기
Talk about the person I met today who was impressive

오늘 행복했던 순간과 불행했던 순간 써보기 Write about today's happy and unhappy moments

오늘의 감정 Mood today

행복 Happy / 슬픔 Sad / 만족 Content / 화남 Angry
기쁨 Joyful / 두려움 Fearful / 자신감 넘침 Confident / 비참함 Miserable
희망 가득함 Hopeful / 걱정스러움 Worried

오늘 나의 장점을 잘 발휘했던 순간 써보기
Write an occasion that has revealed my strengths well today.

타인의 평가에 마음이 흔들렸던 순간이 있었다면 써보기 Write if there was a moment when my heart was rocked by someone else's judgment.

집어치우고 싶은 잡생각 써보기
Write down the mishaps I am trying to get rid of.

새롭게 아이디어 떠오를 때마다 5개 적어보기 Write down 5 ideas

1.

2.

3.

4.

5.

나의 버킷리스트 아이디어
My Bucket list Ideas

이번 주 중요한 일
Important things to do this week

이번 달 중요한 일
Important things to do this month

올해 꼭 만나고 싶은 사람
The person I want to meet(see) this year

내리쓰기(Freewriting): 문법이나 철자, 형식 등을 고려하지 않고 마음 가는 대로 글쓰기.

Daily Diary

Date: ______________

오늘의 할 일 Things to do today

중요한 일 Important tasks to do	급한 일 Urgent tasks to deal with

오늘 나에게 하고 싶은 칭찬의 말 Words of Encouragement to Speak to myself

오늘 만난 사람 중에 인상적이었던 사람에 대해 써보기
Talk about the person I met today who was impressive

오늘 행복했던 순간과 불행했던 순간 써보기 Write about today's happy and unhappy moments

오늘의 감정 Mood today

행복 Happy / 슬픔 Sad / 만족 Content / 화남 Angry
기쁨 Joyful / 두려움 Fearful / 자신감 넘침 Confident / 비참함 Miserable
희망 가득함 Hopeful / 걱정스러움 Worried

오늘 나의 장점을 잘 발휘했던 순간 써보기
Write an occasion that has revealed my strengths well today.

타인의 평가에 마음이 흔들렸던 순간이 있었다면 써보기
Write if there was a moment when my heart was rocked by someone else's judgment.

집어치우고 싶은 잡생각 써보기
Write down the mishaps I am trying to get rid of.

새롭게 아이디어 떠오를 때마다 5개 적어보기
Write down 5 ideas

1.

2.

3.

4.

5.

나의 버킷리스트 아이디어
My Bucket list Ideas

이번 주 중요한 일
Important things to do this week

이번 달 중요한 일
Important things to do this month

올해 꼭 만나고 싶은 사람
The person I want to meet(see) this year

내리쓰기(Freewriting): 문법이나 철자, 형식 등을 고려하지 않고 마음 가는 대로 글쓰기.

Daily Diary

Date: ____________

오늘의 할 일 Things to do today

중요한 일 Important tasks to do	급한 일 Urgent tasks to deal with

오늘 나에게 하고 싶은 칭찬의 말 Words of Encouragement to Speak to myself

오늘 만난 사람 중에 인상적이었던 사람에 대해 써보기

Talk about the person I met today who was impressive

오늘 행복했던 순간과 불행했던 순간 써보기 Write about today's happy and unhappy moments

오늘의 감정 Mood today

행복 Happy / 슬픔 Sad / 만족 Content / 화남 Angry
기쁨 Joyful / 두려움 Fearful / 자신감 넘침 Confident / 비참함 Miserable
희망 가득함 Hopeful / 걱정스러움 Worried

오늘 나의 장점을 잘 발휘했던 순간 써보기
Write an occasion that has revealed my strengths well today.

타인의 평가에 마음이 흔들렸던 순간이 있었다면 써보기 Write if there was a moment when my heart was rocked by someone else's judgment.

집어치우고 싶은 잡생각 써보기
Write down the mishaps I am trying to get rid of.

새롭게 아이디어 떠오를 때마다 5개 적어보기 Write down 5 ideas

1.

2.

3.

4.

5.

나의 버킷리스트 아이디어
My Bucket list Ideas

이번 주 중요한 일
Important things to do this week

이번 달 중요한 일
Important things to do this month

올해 꼭 만나고 싶은 사람
The person I want to meet(see) this year

내리쓰기(Freewriting): 문법이나 철자, 형식 등을 고려하지 않고 마음 가는 대로 글쓰기.

Daily Diary

Date: ______________

오늘의 할 일 Things to do today

중요한 일 Important tasks to do	급한 일 Urgent tasks to deal with

오늘 나에게 하고 싶은 칭찬의 말 Words of Encouragement to Speak to myself

____

____

오늘 만난 사람 중에 인상적이었던 사람에 대해 써보기

Talk about the person I met today who was impressive

____

____

오늘 행복했던 순간과 불행했던 순간 써보기 Write about today's happy and unhappy moments

____

____

오늘의 감정 Mood today

행복 Happy / 슬픔 Sad / 만족 Content / 화남 Angry
기쁨 Joyful / 두려움 Fearful / 자신감 넘침 Confident / 비참함 Miserable
희망 가득함 Hopeful / 걱정스러움 Worried

오늘 나의 장점을 잘 발휘했던 순간 써보기
Write an occasion that has revealed my strengths well today.

타인의 평가에 마음이 흔들렸던 순간이 있었다면 써보기 Write if there was a moment when my heart was rocked by someone else's judgment.

집어치우고 싶은 잡생각 써보기
Write down the mishaps I am trying to get rid of.

새롭게 아이디어 떠오를 때마다 5개 적어보기 Write down 5 ideas

1.

2.

3.

4.

5.

나의 버킷리스트 아이디어
My Bucket list Ideas

이번 주 중요한 일
Important things to do this week

이번 달 중요한 일
Important things to do this month

올해 꼭 만나고 싶은 사람
The person I want to meet(see) this year

내리쓰기(Freewriting): 문법이나 철자, 형식 등을 고려하지 않고 마음 가는 대로 글쓰기.

Daily Diary

Date:

오늘의 할 일 Things to do today

중요한 일 Important tasks to do	급한 일 Urgent tasks to deal with

오늘 나에게 하고 싶은 칭찬의 말 Words of Encouragement to Speak to myself

오늘 만난 사람 중에 인상적이었던 사람에 대해 써보기
Talk about the person I met today who was impressive

오늘 행복했던 순간과 불행했던 순간 써보기 Write about today's happy and unhappy moments

오늘의 감정 Mood today

행복 Happy / 슬픔 Sad / 만족 Content / 화남 Angry
기쁨 Joyful / 두려움 Fearful / 자신감 넘침 Confident / 비참함 Miserable
희망 가득함 Hopeful / 걱정스러움 Worried

오늘 나의 장점을 잘 발휘했던 순간 써보기

Write an occasion that has revealed my strengths well today.

타인의 평가에 마음이 흔들렸던 순간이 있었다면 써보기

Write if there was a moment when my heart was rocked by someone else's judgment.

집어치우고 싶은 잡생각 써보기

Write down the mishaps I am trying to get rid of.

새롭게 아이디어 떠오를 때마다 5개 적어보기

Write down 5 ideas

1.

2.

3.

4.

5.

나의 버킷리스트 아이디어

My Bucket list Ideas

이번 주 중요한 일

Important things to do this week

이번 달 중요한 일

Important things to do this month

올해 꼭 만나고 싶은 사람

The person I want to meet(see) this year

내리쓰기(Freewriting): 문법이나 철자, 형식 등을 고려하지 않고 마음 가는 대로 글쓰기.

Daily Diary

Date: ____________

오늘의 할 일 Things to do today

중요한 일 Important tasks to do	급한 일 Urgent tasks to deal with

오늘 나에게 하고 싶은 칭찬의 말 Words of Encouragement to Speak to myself

오늘 만난 사람 중에 인상적이었던 사람에 대해 써보기

Talk about the person I met today who was impressive

오늘 행복했던 순간과 불행했던 순간 써보기 Write about today's happy and unhappy moments

오늘의 감정 Mood today

행복 Happy / 슬픔 Sad / 만족 Content / 화남 Angry
기쁨 Joyful / 두려움 Fearful / 자신감 넘침 Confident / 비참함 Miserable
희망 가득함 Hopeful / 걱정스러움 Worried

오늘 나의 장점을 잘 발휘했던 순간 써보기

Write an occasion that has revealed my strengths well today.

타인의 평가에 마음이 흔들렸던 순간이 있었다면 써보기

Write if there was a moment when my heart was rocked by someone else's judgment.

집어치우고 싶은 잡생각 써보기

Write down the mishaps I am trying to get rid of.

새롭게 아이디어 떠오를 때마다 5개 적어보기

Write down 5 ideas

1.

2.

3.

4.

5.

나의 버킷리스트 아이디어

My Bucket list Ideas

이번 주 중요한 일

Important things to do this week

이번 달 중요한 일

Important things to do this month

올해 꼭 만나고 싶은 사람

The person I want to meet(see) this year

내리쓰기(Freewriting): 문법이나 철자, 형식 등을 고려하지 않고 마음 가는 대로 글쓰기.

Daily Diary

Date: ______________

오늘의 할 일 Things to do today

중요한 일 Important tasks to do	급한 일 Urgent tasks to deal with

오늘 나에게 하고 싶은 칭찬의 말 Words of Encouragement to Speak to myself

____

____

오늘 만난 사람 중에 인상적이었던 사람에 대해 써보기
Talk about the person I met today who was impressive

____

____

오늘 행복했던 순간과 불행했던 순간 써보기 Write about today's happy and unhappy moments

____

____

오늘의 감정 Mood today

행복 Happy / 슬픔 Sad / 만족 Content / 화남 Angry
기쁨 Joyful / 두려움 Fearful / 자신감 넘침 Confident / 비참함 Miserable
희망 가득함 Hopeful / 걱정스러움 Worried

오늘 나의 장점을 잘 발휘했던 순간 써보기
Write an occasion that has revealed my strengths well today.

타인의 평가에 마음이 흔들렸던 순간이 있었다면 써보기 Write if there was a moment when my heart was rocked by someone else's judgment.

집어치우고 싶은 잡생각 써보기
Write down the mishaps I am trying to get rid of.

새롭게 아이디어 떠오를 때마다 5개 적어보기 Write down 5 ideas

1.

2.

3.

4.

5.

나의 버킷리스트 아이디어
My Bucket list Ideas

이번 주 중요한 일
Important things to do this week

이번 달 중요한 일
Important things to do this month

올해 꼭 만나고 싶은 사람
The person I want to meet(see) this year

내리쓰기(Freewriting): 문법이나 철자, 형식 등을 고려하지 않고 마음 가는 대로 글쓰기.

Daily Diary

Date: ____________

오늘의 할 일 Things to do today

중요한 일 Important tasks to do	급한 일 Urgent tasks to deal with

오늘 나에게 하고 싶은 칭찬의 말 Words of Encouragement to Speak to myself

오늘 만난 사람 중에 인상적이었던 사람에 대해 써보기

Talk about the person I met today who was impressive

오늘 행복했던 순간과 불행했던 순간 써보기 Write about today's happy and unhappy moments

오늘의 감정 Mood today

행복 Happy / 슬픔 Sad / 만족 Content / 화남 Angry
기쁨 Joyful / 두려움 Fearful / 자신감 넘침 Confident / 비참함 Miserable
희망 가득함 Hopeful / 걱정스러움 Worried

오늘 나의 장점을 잘 발휘했던 순간 써보기
Write an occasion that has revealed my strengths well today.

타인의 평가에 마음이 흔들렸던 순간이 있었다면 써보기 Write if there was a moment when my heart was rocked by someone else's judgment.

집어치우고 싶은 잡생각 써보기
Write down the mishaps I am trying to get rid of.

새롭게 아이디어 떠오를 때마다 5개 적어보기 Write down 5 ideas

1.

2.

3.

4.

5.

나의 버킷리스트 아이디어
My Bucket list Ideas

이번 주 중요한 일
Important things to do this week

이번 달 중요한 일
Important things to do this month

올해 꼭 만나고 싶은 사람
The person I want to meet(see) this year

내리쓰기(Freewriting): 문법이나 철자, 형식 등을 고려하지 않고 마음 가는 대로 글쓰기.

Daily Diary

Date: ____________

오늘의 할 일 Things to do today

중요한 일 Important tasks to do	급한 일 Urgent tasks to deal with

오늘 나에게 하고 싶은 칭찬의 말 Words of Encouragement to Speak to myself

오늘 만난 사람 중에 인상적이었던 사람에 대해 써보기

Talk about the person I met today who was impressive

오늘 행복했던 순간과 불행했던 순간 써보기 Write about today's happy and unhappy moments

오늘의 감정 Mood today

행복 Happy / 슬픔 Sad / 만족 Content / 화남 Angry
기쁨 Joyful / 두려움 Fearful / 자신감 넘침 Confident / 비참함 Miserable
희망 가득함 Hopeful / 걱정스러움 Worried

오늘 나의 장점을 잘 발휘했던 순간 써보기
Write an occasion that has revealed my strengths well today.

타인의 평가에 마음이 흔들렸던 순간이 있었다면 써보기
Write if there was a moment when my heart was rocked by someone else's judgment.

집어치우고 싶은 잡생각 써보기
Write down the mishaps I am trying to get rid of.

새롭게 아이디어 떠오를 때마다 5개 적어보기
Write down 5 ideas

1.

2.

3.

4.

5.

나의 버킷리스트 아이디어
My Bucket list Ideas

이번 주 중요한 일
Important things to do this week

이번 달 중요한 일
Important things to do this month

올해 꼭 만나고 싶은 사람
The person I want to meet(see) this year

내리쓰기(Freewriting): 문법이나 철자, 형식 등을 고려하지 않고 마음 가는 대로 글쓰기.

Daily Diary

Date: ______________

오늘의 할 일 Things to do today

중요한 일 Important tasks to do	급한 일 Urgent tasks to deal with

오늘 나에게 하고 싶은 칭찬의 말 Words of Encouragement to Speak to myself

오늘 만난 사람 중에 인상적이었던 사람에 대해 써보기

Talk about the person I met today who was impressive

오늘 행복했던 순간과 불행했던 순간 써보기 Write about today's happy and unhappy moments

오늘의 감정 Mood today

행복 Happy / 슬픔 Sad / 만족 Content / 화남 Angry

기쁨 Joyful / 두려움 Fearful / 자신감 넘침 Confident / 비참함 Miserable

희망 가득함 Hopeful / 걱정스러움 Worried

오늘 나의 장점을 잘 발휘했던 순간 써보기
Write an occasion that has revealed my strengths well today.

타인의 평가에 마음이 흔들렸던 순간이 있었다면 써보기
Write if there was a moment when my heart was rocked by someone else's judgment.

집어치우고 싶은 잡생각 써보기
Write down the mishaps I am trying to get rid of.

새롭게 아이디어 떠오를 때마다 5개 적어보기
Write down 5 ideas

1.

2.

3.

4.

5.

나의 버킷리스트 아이디어
My Bucket list Ideas

이번 주 중요한 일
Important things to do this week

이번 달 중요한 일
Important things to do this month

올해 꼭 만나고 싶은 사람
The person I want to meet(see) this year

내리쓰기(Freewriting): 문법이나 철자, 형식 등을 고려하지 않고 마음 가는 대로 글쓰기.

Daily Diary

Date: ____________

오늘의 할 일 Things to do today

중요한 일 Important tasks to do	급한 일 Urgent tasks to deal with

오늘 나에게 하고 싶은 칭찬의 말 Words of Encouragement to Speak to myself

오늘 만난 사람 중에 인상적이었던 사람에 대해 써보기

Talk about the person I met today who was impressive

오늘 행복했던 순간과 불행했던 순간 써보기 Write about today's happy and unhappy moments

오늘의 감정 Mood today

행복 Happy / 슬픔 Sad / 만족 Content / 화남 Angry
기쁨 Joyful / 두려움 Fearful / 자신감 넘침 Confident / 비참함 Miserable
희망 가득함 Hopeful / 걱정스러움 Worried

오늘 나의 장점을 잘 발휘했던 순간 써보기
Write an occasion that has revealed my strengths well today.

타인의 평가에 마음이 흔들렸던 순간이 있었다면 써보기 Write if there was a moment when my heart was rocked by someone else's judgment.

집어치우고 싶은 잡생각 써보기
Write down the mishaps I am trying to get rid of.

새롭게 아이디어 떠오를 때마다 5개 적어보기 Write down 5 ideas

1.

2.

3.

4.

5.

나의 버킷리스트 아이디어
My Bucket list Ideas

이번 주 중요한 일
Important things to do this week

이번 달 중요한 일
Important things to do this month

올해 꼭 만나고 싶은 사람
The person I want to meet(see) this year

내리쓰기(Freewriting): 문법이나 철자, 형식 등을 고려하지 않고 마음 가는 대로 글쓰기.

Daily Diary

Date: ______

오늘의 할 일 Things to do today

중요한 일 Important tasks to do	급한 일 Urgent tasks to deal with

오늘 나에게 하고 싶은 칭찬의 말 Words of Encouragement to Speak to myself

오늘 만난 사람 중에 인상적이었던 사람에 대해 써보기

Talk about the person I met today who was impressive

오늘 행복했던 순간과 불행했던 순간 써보기 Write about today's happy and unhappy moments

오늘의 감정 Mood today

행복 Happy / 슬픔 Sad / 만족 Content / 화남 Angry

기쁨 Joyful / 두려움 Fearful / 자신감 넘침 Confident / 비참함 Miserable

희망 가득함 Hopeful / 걱정스러움 Worried

오늘 나의 장점을 잘 발휘했던 순간 써보기
Write an occasion that has revealed my strengths well today.

타인의 평가에 마음이 흔들렸던 순간이 있었다면 써보기
Write if there was a moment when my heart was rocked by someone else's judgment.

집어치우고 싶은 잡생각 써보기
Write down the mishaps I am trying to get rid of.

새롭게 아이디어 떠오를 때마다 5개 적어보기
Write down 5 ideas

1.

2.

3.

4.

5.

나의 버킷리스트 아이디어
My Bucket list Ideas

이번 주 중요한 일
Important things to do this week

이번 달 중요한 일
Important things to do this month

올해 꼭 만나고 싶은 사람
The person I want to meet(see) this year

내리쓰기(Freewriting): 문법이나 철자, 형식 등을 고려하지 않고 마음 가는 대로 글쓰기.

Daily Diary

Date:

오늘의 할 일 Things to do today

중요한 일 Important tasks to do	급한 일 Urgent tasks to deal with

오늘 나에게 하고 싶은 칭찬의 말 Words of Encouragement to Speak to myself

오늘 만난 사람 중에 인상적이었던 사람에 대해 써보기

Talk about the person I met today who was impressive

오늘 행복했던 순간과 불행했던 순간 써보기 Write about today's happy and unhappy moments

오늘의 감정 Mood today

행복 Happy / 슬픔 Sad / 만족 Content / 화남 Angry
기쁨 Joyful / 두려움 Fearful / 자신감 넘침 Confident / 비참함 Miserable
희망 가득함 Hopeful / 걱정스러움 Worried

오늘 나의 장점을 잘 발휘했던 순간 써보기
Write an occasion that has revealed my strengths well today.

타인의 평가에 마음이 흔들렸던 순간이 있었다면 써보기
Write if there was a moment when my heart was rocked by someone else's judgment.

집어치우고 싶은 잡생각 써보기
Write down the mishaps I am trying to get rid of.

새롭게 아이디어 떠오를 때마다 5개 적어보기
Write down 5 ideas

1.

2.

3.

4.

5.

나의 버킷리스트 아이디어
My Bucket list Ideas

이번 주 중요한 일
Important things to do this week

이번 달 중요한 일
Important things to do this month

올해 꼭 만나고 싶은 사람
The person I want to meet(see) this year

내리쓰기(Freewriting): 문법이나 철자, 형식 등을 고려하지 않고 마음 가는 대로 글쓰기.

Daily Diary

Date: ____________

오늘의 할 일 Things to do today

중요한 일 Important tasks to do	급한 일 Urgent tasks to deal with

오늘 나에게 하고 싶은 칭찬의 말 Words of Encouragement to Speak to myself

오늘 만난 사람 중에 인상적이었던 사람에 대해 써보기

Talk about the person I met today who was impressive

오늘 행복했던 순간과 불행했던 순간 써보기 Write about today's happy and unhappy moments

오늘의 감정 Mood today

행복 Happy / 슬픔 Sad / 만족 Content / 화남 Angry
기쁨 Joyful / 두려움 Fearful / 자신감 넘침 Confident / 비참함 Miserable
희망 가득함 Hopeful / 걱정스러움 Worried

오늘 나의 장점을 잘 발휘했던 순간 써보기
Write an occasion that has revealed my strengths well today.

타인의 평가에 마음이 흔들렸던 순간이 있었다면 써보기 Write if there was a moment when my heart was rocked by someone else's judgment.

집어치우고 싶은 잡생각 써보기
Write down the mishaps I am trying to get rid of.

새롭게 아이디어 떠오를 때마다 5개 적어보기 Write down 5 ideas

1.

2.

3.

4.

5.

나의 버킷리스트 아이디어
My Bucket list Ideas

이번 주 중요한 일
Important things to do this week

이번 달 중요한 일
Important things to do this month

올해 꼭 만나고 싶은 사람
The person I want to meet(see) this year

내리쓰기(Freewriting): 문법이나 철자, 형식 등을 고려하지 않고 마음 가는 대로 글쓰기.

Daily Diary

Date: ____________

오늘의 할 일 Things to do today

중요한 일 Important tasks to do	급한 일 Urgent tasks to deal with

오늘 나에게 하고 싶은 칭찬의 말 Words of Encouragement to Speak to myself

오늘 만난 사람 중에 인상적이었던 사람에 대해 써보기

Talk about the person I met today who was impressive

오늘 행복했던 순간과 불행했던 순간 써보기 Write about today's happy and unhappy moments

오늘의 감정 Mood today

행복 Happy / 슬픔 Sad / 만족 Content / 화남 Angry
기쁨 Joyful / 두려움 Fearful / 자신감 넘침 Confident / 비참함 Miserable
희망 가득함 Hopeful / 걱정스러움 Worried

오늘 나의 장점을 잘 발휘했던 순간 써보기

Write an occasion that has revealed my strengths well today.

타인의 평가에 마음이 흔들렸던 순간이 있었다면 써보기

Write if there was a moment when my heart was rocked by someone else's judgment.

집어치우고 싶은 잡생각 써보기

Write down the mishaps I am trying to get rid of.

새롭게 아이디어 떠오를 때마다 5개 적어보기

Write down 5 ideas

1.

2.

3.

4.

5.

나의 버킷리스트 아이디어

My Bucket list Ideas

이번 주 중요한 일

Important things to do this week

이번 달 중요한 일

Important things to do this month

올해 꼭 만나고 싶은 사람

The person I want to meet(see) this year

내리쓰기(Freewriting): 문법이나 철자, 형식 등을 고려하지 않고 마음 가는 대로 글쓰기.

Daily Diary

Date: ______________

오늘의 할 일 Things to do today

중요한 일 Important tasks to do	급한 일 Urgent tasks to deal with

오늘 나에게 하고 싶은 칭찬의 말 Words of Encouragement to Speak to myself

오늘 만난 사람 중에 인상적이었던 사람에 대해 써보기

Talk about the person I met today who was impressive

오늘 행복했던 순간과 불행했던 순간 써보기 Write about today's happy and unhappy moments

오늘의 감정 Mood today

행복 Happy / 슬픔 Sad / 만족 Content / 화남 Angry
기쁨 Joyful / 두려움 Fearful / 자신감 넘침 Confident / 비참함 Miserable
희망 가득함 Hopeful / 걱정스러움 Worried

오늘 나의 장점을 잘 발휘했던 순간 써보기
Write an occasion that has revealed my strengths well today.

타인의 평가에 마음이 흔들렸던 순간이 있었다면 써보기 Write if there was a moment when my heart was rocked by someone else's judgment.

집어치우고 싶은 잡생각 써보기
Write down the mishaps I am trying to get rid of.

새롭게 아이디어 떠오를 때마다 5개 적어보기 Write down 5 ideas

1.

2.

3.

4.

5.

나의 버킷리스트 아이디어
My Bucket list Ideas

이번 주 중요한 일
Important things to do this week

이번 달 중요한 일
Important things to do this month

올해 꼭 만나고 싶은 사람
The person I want to meet(see) this year

내리쓰기(Freewriting): 문법이나 철자, 형식 등을 고려하지 않고 마음 가는 대로 글쓰기.

Daily Diary

Date: ____________

오늘의 할 일 Things to do today

중요한 일 Important tasks to do	급한 일 Urgent tasks to deal with

오늘 나에게 하고 싶은 칭찬의 말 Words of Encouragement to Speak to myself

오늘 만난 사람 중에 인상적이었던 사람에 대해 써보기

Talk about the person I met today who was impressive

오늘 행복했던 순간과 불행했던 순간 써보기 Write about today's happy and unhappy moments

오늘의 감정 Mood today

행복 Happy / 슬픔 Sad / 만족 Content / 화남 Angry

기쁨 Joyful / 두려움 Fearful / 자신감 넘침 Confident / 비참함 Miserable

희망 가득함 Hopeful / 걱정스러움 Worried

오늘 나의 장점을 잘 발휘했던 순간 써보기
Write an occasion that has revealed my strengths well today.

타인의 평가에 마음이 흔들렸던 순간이 있었다면 써보기 Write if there was a moment when my heart was rocked by someone else's judgment.

집어치우고 싶은 잡생각 써보기
Write down the mishaps I am trying to get rid of.

새롭게 아이디어 떠오를 때마다 5개 적어보기 Write down 5 ideas

1.

2.

3.

4.

5.

나의 버킷리스트 아이디어
My Bucket list Ideas

이번 주 중요한 일
Important things to do this week

이번 달 중요한 일
Important things to do this month

올해 꼭 만나고 싶은 사람
The person I want to meet(see) this year

내리쓰기(Freewriting): 문법이나 철자, 형식 등을 고려하지 않고 마음 가는 대로 글쓰기.

Daily Diary

Date: ____________________

오늘의 할 일 Things to do today

중요한 일 Important tasks to do	급한 일 Urgent tasks to deal with

오늘 나에게 하고 싶은 칭찬의 말 Words of Encouragement to Speak to myself

____

____

오늘 만난 사람 중에 인상적이었던 사람에 대해 써보기

Talk about the person I met today who was impressive

____

____

오늘 행복했던 순간과 불행했던 순간 써보기 Write about today's happy and unhappy moments

____

____

오늘의 감정 Mood today

행복 Happy / 슬픔 Sad / 만족 Content / 화남 Angry
기쁨 Joyful / 두려움 Fearful / 자신감 넘침 Confident / 비참함 Miserable
희망 가득함 Hopeful / 걱정스러움 Worried

오늘 나의 장점을 잘 발휘했던 순간 써보기
Write an occasion that has revealed my strengths well today.

타인의 평가에 마음이 흔들렸던 순간이 있었다면 써보기
Write if there was a moment when my heart was rocked by someone else's judgment.

집어치우고 싶은 잡생각 써보기
Write down the mishaps I am trying to get rid of.

새롭게 아이디어 떠오를 때마다 5개 적어보기
Write down 5 ideas

1.

2.

3.

4.

5.

나의 버킷리스트 아이디어
My Bucket list Ideas

이번 주 중요한 일
Important things to do this week

이번 달 중요한 일
Important things to do this month

올해 꼭 만나고 싶은 사람
The person I want to meet(see) this year

내리쓰기(Freewriting): 문법이나 철자, 형식 등을 고려하지 않고 마음 가는 대로 글쓰기.

Daily Diary

Date: ______________

오늘의 할 일 Things to do today

중요한 일 Important tasks to do	급한 일 Urgent tasks to deal with

오늘 나에게 하고 싶은 칭찬의 말 Words of Encouragement to Speak to myself

____

____

오늘 만난 사람 중에 인상적이었던 사람에 대해 써보기

Talk about the person I met today who was impressive

____

____

오늘 행복했던 순간과 불행했던 순간 써보기 Write about today's happy and unhappy moments

____

____

오늘의 감정 Mood today

행복 Happy / 슬픔 Sad / 만족 Content / 화남 Angry
기쁨 Joyful / 두려움 Fearful / 자신감 넘침 Confident / 비참함 Miserable
희망 가득함 Hopeful / 걱정스러움 Worried

오늘 나의 장점을 잘 발휘했던 순간 써보기

Write an occasion that has revealed my strengths well today.

타인의 평가에 마음이 흔들렸던 순간이 있었다면 써보기

Write if there was a moment when my heart was rocked by someone else's judgment.

집어치우고 싶은 잡생각 써보기

Write down the mishaps I am trying to get rid of.

새롭게 아이디어 떠오를 때마다 5개 적어보기

Write down 5 ideas

1.

2.

3.

4.

5.

나의 버킷리스트 아이디어

My Bucket list Ideas

이번 주 중요한 일

Important things to do this week

이번 달 중요한 일

Important things to do this month

올해 꼭 만나고 싶은 사람

The person I want to meet(see) this year

내리쓰기(Freewriting): 문법이나 철자, 형식 등을 고려하지 않고 마음 가는 대로 글쓰기.

Daily Diary

Date: ______________

오늘의 할 일 Things to do today

중요한 일 Important tasks to do	급한 일 Urgent tasks to deal with

오늘 나에게 하고 싶은 칭찬의 말 Words of Encouragement to Speak to myself

오늘 만난 사람 중에 인상적이었던 사람에 대해 써보기

Talk about the person I met today who was impressive

오늘 행복했던 순간과 불행했던 순간 써보기 Write about today's happy and unhappy moments

오늘의 감정 Mood today

행복 Happy / 슬픔 Sad / 만족 Content / 화남 Angry
기쁨 Joyful / 두려움 Fearful / 자신감 넘침 Confident / 비참함 Miserable
희망 가득함 Hopeful / 걱정스러움 Worried

오늘 나의 장점을 잘 발휘했던 순간 써보기
Write an occasion that has revealed my strengths well today.

타인의 평가에 마음이 흔들렸던 순간이 있었다면 써보기
Write if there was a moment when my heart was rocked by someone else's judgment.

집어치우고 싶은 잡생각 써보기
Write down the mishaps I am trying to get rid of.

새롭게 아이디어 떠오를 때마다 5개 적어보기
Write down 5 ideas

1.

2.

3.

4.

5.

나의 버킷리스트 아이디어
My Bucket list Ideas

이번 주 중요한 일
Important things to do this week

이번 달 중요한 일
Important things to do this month

올해 꼭 만나고 싶은 사람
The person I want to meet(see) this year

내리쓰기(Freewriting): 문법이나 철자, 형식 등을 고려하지 않고 마음 가는 대로 글쓰기.

Daily Diary

Date: ____________

오늘의 할 일 Things to do today

중요한 일 Important tasks to do	급한 일 Urgent tasks to deal with

오늘 나에게 하고 싶은 칭찬의 말 Words of Encouragement to Speak to myself

오늘 만난 사람 중에 인상적이었던 사람에 대해 써보기

Talk about the person I met today who was impressive

오늘 행복했던 순간과 불행했던 순간 써보기 Write about today's happy and unhappy moments

오늘의 감정 Mood today

행복 Happy / 슬픔 Sad / 만족 Content / 화남 Angry
기쁨 Joyful / 두려움 Fearful / 자신감 넘침 Confident / 비참함 Miserable
희망 가득함 Hopeful / 걱정스러움 Worried

오늘 나의 장점을 잘 발휘했던 순간 써보기
Write an occasion that has revealed my strengths well today.

타인의 평가에 마음이 흔들렸던 순간이 있었다면 써보기 Write if there was a moment when my heart was rocked by someone else's judgment.

집어치우고 싶은 잡생각 써보기
Write down the mishaps I am trying to get rid of.

새롭게 아이디어 떠오를 때마다 5개 적어보기 Write down 5 ideas

1.

2.

3.

4.

5.

나의 버킷리스트 아이디어
My Bucket list Ideas

이번 주 중요한 일
Important things to do this week

이번 달 중요한 일
Important things to do this month

올해 꼭 만나고 싶은 사람
The person I want to meet(see) this year

내리쓰기(Freewriting): 문법이나 철자, 형식 등을 고려하지 않고 마음 가는 대로 글쓰기.

Daily Diary

Date: ____________

오늘의 할 일 Things to do today

중요한 일 Important tasks to do	급한 일 Urgent tasks to deal with

오늘 나에게 하고 싶은 칭찬의 말 Words of Encouragement to Speak to myself

오늘 만난 사람 중에 인상적이었던 사람에 대해 써보기

Talk about the person I met today who was impressive

오늘 행복했던 순간과 불행했던 순간 써보기 Write about today's happy and unhappy moments

오늘의 감정 Mood today

행복 Happy / 슬픔 Sad / 만족 Content / 화남 Angry
기쁨 Joyful / 두려움 Fearful / 자신감 넘침 Confident / 비참함 Miserable
희망 가득함 Hopeful / 걱정스러움 Worried

오늘 나의 장점을 잘 발휘했던 순간 써보기
Write an occasion that has revealed my strengths well today.

타인의 평가에 마음이 흔들렸던 순간이 있었다면 써보기
Write if there was a moment when my heart was rocked by someone else's judgment.

집어치우고 싶은 잡생각 써보기
Write down the mishaps I am trying to get rid of.

새롭게 아이디어 떠오를 때마다 5개 적어보기
Write down 5 ideas

1.

2.

3.

4.

5.

나의 버킷리스트 아이디어
My Bucket list Ideas

이번 주 중요한 일
Important things to do this week

이번 달 중요한 일
Important things to do this month

올해 꼭 만나고 싶은 사람
The person I want to meet(see) this year

내리쓰기(Freewriting): 문법이나 철자, 형식 등을 고려하지 않고 마음 가는 대로 글쓰기.

Daily Diary

Date: ______________

오늘의 할 일 Things to do today

중요한 일 Important tasks to do	급한 일 Urgent tasks to deal with

오늘 나에게 하고 싶은 칭찬의 말 Words of Encouragement to Speak to myself

오늘 만난 사람 중에 인상적이었던 사람에 대해 써보기

Talk about the person I met today who was impressive

오늘 행복했던 순간과 불행했던 순간 써보기 Write about today's happy and unhappy moments

오늘의 감정 Mood today

행복 Happy / 슬픔 Sad / 만족 Content / 화남 Angry
기쁨 Joyful / 두려움 Fearful / 자신감 넘침 Confident / 비참함 Miserable
희망 가득함 Hopeful / 걱정스러움 Worried

오늘 나의 장점을 잘 발휘했던 순간 써보기

Write an occasion that has revealed my strengths well today.

타인의 평가에 마음이 흔들렸던 순간이 있었다면 써보기 Write if there was a moment when my heart was rocked by someone else's judgment.

집어치우고 싶은 잡생각 써보기

Write down the mishaps I am trying to get rid of.

새롭게 아이디어 떠오를 때마다 5개 적어보기 Write down 5 ideas

1.

2.

3.

4.

5.

나의 버킷리스트 아이디어

My Bucket list Ideas

이번 주 중요한 일

Important things to do this week

이번 달 중요한 일

Important things to do this month

올해 꼭 만나고 싶은 사람

The person I want to meet(see) this year

내리쓰기(Freewriting): 문법이나 철자, 형식 등을 고려하지 않고 마음 가는 대로 글쓰기.

Daily Diary

Date: ____________________

오늘의 할 일 Things to do today

중요한 일 Important tasks to do	급한 일 Urgent tasks to deal with

오늘 나에게 하고 싶은 칭찬의 말 Words of Encouragement to Speak to myself

오늘 만난 사람 중에 인상적이었던 사람에 대해 써보기

Talk about the person I met today who was impressive

오늘 행복했던 순간과 불행했던 순간 써보기 Write about today's happy and unhappy moments

오늘의 감정 Mood today

행복 Happy / 슬픔 Sad / 만족 Content / 화남 Angry
기쁨 Joyful / 두려움 Fearful / 자신감 넘침 Confident / 비참함 Miserable
희망 가득함 Hopeful / 걱정스러움 Worried

오늘 나의 장점을 잘 발휘했던 순간 써보기

Write an occasion that has revealed my strengths well today.

타인의 평가에 마음이 흔들렸던 순간이 있었다면 써보기

Write if there was a moment when my heart was rocked by someone else's judgment.

집어치우고 싶은 잡생각 써보기

Write down the mishaps I am trying to get rid of.

새롭게 아이디어 떠오를 때마다 5개 적어보기

Write down 5 ideas

1.

2.

3.

4.

5.

나의 버킷리스트 아이디어

My Bucket list Ideas

이번 주 중요한 일

Important things to do this week

이번 달 중요한 일

Important things to do this month

올해 꼭 만나고 싶은 사람

The person I want to meet(see) this year

내리쓰기(Freewriting): 문법이나 철자, 형식 등을 고려하지 않고 마음 가는 대로 글쓰기.

Daily Diary

Date: ____________

오늘의 할 일 Things to do today

중요한 일 Important tasks to do	급한 일 Urgent tasks to deal with

오늘 나에게 하고 싶은 칭찬의 말 Words of Encouragement to Speak to myself

오늘 만난 사람 중에 인상적이었던 사람에 대해 써보기

Talk about the person I met today who was impressive

오늘 행복했던 순간과 불행했던 순간 써보기 Write about today's happy and unhappy moments

오늘의 감정 Mood today

행복 Happy / 슬픔 Sad / 만족 Content / 화남 Angry
기쁨 Joyful / 두려움 Fearful / 자신감 넘침 Confident / 비참함 Miserable
희망 가득함 Hopeful / 걱정스러움 Worried

오늘 나의 장점을 잘 발휘했던 순간 써보기

Write an occasion that has revealed my strengths well today.

타인의 평가에 마음이 흔들렸던 순간이 있었다면 써보기

Write if there was a moment when my heart was rocked by someone else's judgment.

집어치우고 싶은 잡생각 써보기

Write down the mishaps I am trying to get rid of.

새롭게 아이디어 떠오를 때마다 5개 적어보기

Write down 5 ideas

1.

2.

3.

4.

5.

나의 버킷리스트 아이디어

My Bucket list Ideas

이번 주 중요한 일

Important things to do this week

이번 달 중요한 일

Important things to do this month

올해 꼭 만나고 싶은 사람

The person I want to meet(see) this year

내리쓰기(Freewriting): 문법이나 철자, 형식 등을 고려하지 않고 마음 가는 대로 글쓰기.

Daily Diary

Date:

오늘의 할 일 Things to do today

중요한 일 Important tasks to do	급한 일 Urgent tasks to deal with

오늘 나에게 하고 싶은 칭찬의 말 Words of Encouragement to Speak to myself

오늘 만난 사람 중에 인상적이었던 사람에 대해 써보기

Talk about the person I met today who was impressive

오늘 행복했던 순간과 불행했던 순간 써보기 Write about today's happy and unhappy moments

오늘의 감정 Mood today

행복 Happy / 슬픔 Sad / 만족 Content / 화남 Angry

기쁨 Joyful / 두려움 Fearful / 자신감 넘침 Confident / 비참함 Miserable

희망 가득함 Hopeful / 걱정스러움 Worried

오늘 나의 장점을 잘 발휘했던 순간 써보기

Write an occasion that has revealed my strengths well today.

타인의 평가에 마음이 흔들렸던 순간이 있었다면 써보기

Write if there was a moment when my heart was rocked by someone else's judgment.

집어치우고 싶은 잡생각 써보기

Write down the mishaps I am trying to get rid of.

새롭게 아이디어 떠오를 때마다 5개 적어보기

Write down 5 ideas

1.

2.

3.

4.

5.

나의 버킷리스트 아이디어

My Bucket list Ideas

이번 주 중요한 일

Important things to do this week

이번 달 중요한 일

Important things to do this month

올해 꼭 만나고 싶은 사람

The person I want to meet(see) this year

내리쓰기(Freewriting): 문법이나 철자, 형식 등을 고려하지 않고 마음 가는 대로 글쓰기.

Daily Diary

Date: ______________

오늘의 할 일 Things to do today

중요한 일 Important tasks to do	급한 일 Urgent tasks to deal with

오늘 나에게 하고 싶은 칭찬의 말 Words of Encouragement to Speak to myself

____

____

오늘 만난 사람 중에 인상적이었던 사람에 대해 써보기

Talk about the person I met today who was impressive

____

____

오늘 행복했던 순간과 불행했던 순간 써보기 Write about today's happy and unhappy moments

____

____

오늘의 감정 Mood today

행복 Happy / 슬픔 Sad / 만족 Content / 화남 Angry
기쁨 Joyful / 두려움 Fearful / 자신감 넘침 Confident / 비참함 Miserable
희망 가득함 Hopeful / 걱정스러움 Worried

오늘 나의 장점을 잘 발휘했던 순간 써보기
Write an occasion that has revealed my strengths well today.

타인의 평가에 마음이 흔들렸던 순간이 있었다면 써보기
Write if there was a moment when my heart was rocked by someone else's judgment.

집어치우고 싶은 잡생각 써보기
Write down the mishaps I am trying to get rid of.

새롭게 아이디어 떠오를 때마다 5개 적어보기
Write down 5 ideas

1.

2.

3.

4.

5.

나의 버킷리스트 아이디어
My Bucket list Ideas

이번 주 중요한 일
Important things to do this week

이번 달 중요한 일
Important things to do this month

올해 꼭 만나고 싶은 사람
The person I want to meet(see) this year

내리쓰기(Freewriting): 문법이나 철자, 형식 등을 고려하지 않고 마음 가는 대로 글쓰기.

Daily Diary

Date:

오늘의 할 일 Things to do today

중요한 일 Important tasks to do	급한 일 Urgent tasks to deal with

오늘 나에게 하고 싶은 칭찬의 말 Words of Encouragement to Speak to myself

오늘 만난 사람 중에 인상적이었던 사람에 대해 써보기
Talk about the person I met today who was impressive

오늘 행복했던 순간과 불행했던 순간 써보기 Write about today's happy and unhappy moments

오늘의 감정 Mood today

행복 Happy / 슬픔 Sad / 만족 Content / 화남 Angry
기쁨 Joyful / 두려움 Fearful / 자신감 넘침 Confident / 비참함 Miserable
희망 가득함 Hopeful / 걱정스러움 Worried

오늘 나의 장점을 잘 발휘했던 순간 써보기
Write an occasion that has revealed my strengths well today.

타인의 평가에 마음이 흔들렸던 순간이 있었다면 써보기 Write if there was a moment when my heart was rocked by someone else's judgment.

집어치우고 싶은 잡생각 써보기
Write down the mishaps I am trying to get rid of.

새롭게 아이디어 떠오를 때마다 5개 적어보기 Write down 5 ideas

1.

2.

3.

4.

5.

나의 버킷리스트 아이디어
My Bucket list Ideas

이번 주 중요한 일
Important things to do this week

이번 달 중요한 일
Important things to do this month

올해 꼭 만나고 싶은 사람
The person I want to meet(see) this year

내리쓰기(Freewriting): 문법이나 철자, 형식 등을 고려하지 않고 마음 가는 대로 글쓰기.

Daily Diary

Date: ____________

오늘의 할 일 Things to do today

중요한 일 Important tasks to do	급한 일 Urgent tasks to deal with

오늘 나에게 하고 싶은 칭찬의 말 Words of Encouragement to Speak to myself

오늘 만난 사람 중에 인상적이었던 사람에 대해 써보기
Talk about the person I met today who was impressive

오늘 행복했던 순간과 불행했던 순간 써보기 Write about today's happy and unhappy moments

오늘의 감정 Mood today

행복 Happy / 슬픔 Sad / 만족 Content / 화남 Angry
기쁨 Joyful / 두려움 Fearful / 자신감 넘침 Confident / 비참함 Miserable
희망 가득함 Hopeful / 걱정스러움 Worried

오늘 나의 장점을 잘 발휘했던 순간 써보기
Write an occasion that has revealed my strengths well today.

타인의 평가에 마음이 흔들렸던 순간이 있었다면 써보기
Write if there was a moment when my heart was rocked by someone else's judgment.

집어치우고 싶은 잡생각 써보기
Write down the mishaps I am trying to get rid of.

새롭게 아이디어 떠오를 때마다 5개 적어보기
Write down 5 ideas

1.

2.

3.

4.

5.

나의 버킷리스트 아이디어
My Bucket list Ideas

이번 주 중요한 일
Important things to do this week

이번 달 중요한 일
Important things to do this month

올해 꼭 만나고 싶은 사람
The person I want to meet(see) this year

내리쓰기(Freewriting): 문법이나 철자, 형식 등을 고려하지 않고 마음 가는 대로 글쓰기.

Future Journal and Future Reading

Leading

지정의 노트

I.E.V. Study Note

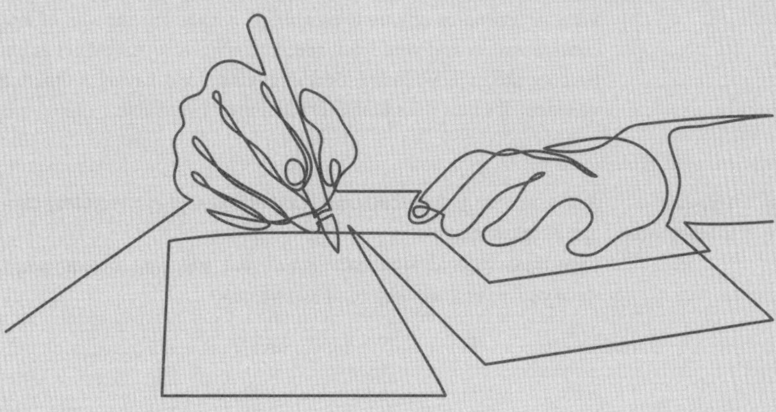

지정의知情意 노트 I.E.V. Study Note

Head/ Contextual intelligence	지知(Intellect. 새로운 통찰, 분별, 성찰, 지혜, 인지, 인식 등): 오늘 책을 읽으셨어요? 기사를 읽으셨어요? 영상을 보셨어요? 어떤 콘텐츠를 접하셨으면 그 내용을 통해 얻게 된 통찰, 분별, 성찰, 지혜 등을 적어보세요. 요약하시는 것보다는 통찰, 분별, 성찰, 지혜 등을 적으시는 게 더 유익합니다. Intellect: Did you read any book today? Did you read an article? Did you watch any video? When you come across any content, write down the insight, discernment, reflection, and wisdom you gained through the content. It is more beneficial to write insights, discernment, reflection, wisdom, etc. than to just summarize.
Heart/ Emotional intelligence	정情(Emotion, 감정, 사랑, 희로애락 등): 어떤 콘텐츠를 접할 때 그 내용을 통해 얻게 된 통찰, 분별, 성찰, 지혜 등을 적으셨지요? 동시에 어떤 감정이 생겼나요? Emotion: How have you felt from reading books or articles and watching meaningful videos. You might have felt happiness, thankfulness, sadness, passion, joy, or sorrowfulness.
Guts/ Inspired Intelligence	의意(Volition. 뜻, 의지, 결정, 선택, 비전 등): 지와 정으로 적으신 내용을 통해 나는 오늘 어떤 실천을 하기를 원하나요. 나의 일에 대한 꿈, 노력, 성실, 실천, 행함 등의 결심 등을 적어 봅니다. 의는 실천적이고 확인 가능한 그 무엇이면 가장 좋습니다. Volition: Volitional activity is considered a means to the end of intellectual contemplation and emotional touch. Loving your neighbors is volitional. Helping others is volitional. Setting a vision and having a dream are also volitional. It's best if it's a small practice and is verifiable.
Physical Intelligence	운동 노트, 건강 노트를 적어보세요. 나의 신체는 오늘 건강했습니까? 나는 오늘 평정심을 유지했습니까? Write down exercise notes and health notes. Was your body healthy today? Have you maintained your composure today?

지정의知情意 노트 I.E.V. Study Note

Intellect/
Head/
Contextual
intelligence

Emotion/
Heart/
Emotional
Intelligece

Volition/
Guts/
Inspired
Intelligence

Physical
Intelligence

지정의知情意 노트 I.E.V. Study Note

Intellect/
Head/
Contextual
intelligence

Emotion/
Heart/
Emotional
Intelligece

Volition/
Guts/
Inspired
Intelligence

Physical
Intelligence

지정의知情意 노트 I.E.V. Study Note

Intellect/
Head/
Contextual
intelligence

Emotion/
Heart/
Emotional
Intelligece

Volition/
Guts/
Inspired
Intelligence

Physical
Intelligence

지정의知情意 노트 I.E.V. Study Note

Intellect/
Head/
Contextual
intelligence

Emotion/
Heart/
Emotional
Intelligece

Volition/
Guts/
Inspired
Intelligence

Physical
Intelligence

지정의知情意 노트 I.E.V. Study Note

Intellect/
Head/
Contextual
intelligence

Emotion/
Heart/
Emotional
Intelligece

Volition/
Guts/
Inspired
Intelligence

Physical
Intelligence

지정의知情意 노트 I.E.V. Study Note

Intellect/
Head/
Contextual
intelligence

Emotion/
Heart/
Emotional
Intelligece

Volition/
Guts/
Inspired
Intelligence

Physical
Intelligence

지정의知情意 노트 I.E.V. Study Note

Intellect/
Head/
Contextual
intelligence

Emotion/
Heart/
Emotional
Intelligece

Volition/
Guts/
Inspired
Intelligence

Physical
Intelligence

지정의知情意 노트 I.E.V. Study Note

Intellect/
Head/
Contextual
intelligence

Emotion/
Heart/
Emotional
Intelligece

Volition/
Guts/
Inspired
Intelligence

Physical
Intelligence

지정의知情意 노트 I.E.V. Study Note

Intellect/
Head/
Contextual
intelligence

Emotion/
Heart/
Emotional
Intelligece

Volition/
Guts/
Inspired
Intelligence

Physical
Intelligence

지정의知情意 노트 I.E.V. Study Note

Intellect/
Head/
Contextual
intelligence

Emotion/
Heart/
Emotional
Intelligece

Volition/
Guts/
Inspired
Intelligence

Physical
Intelligence

지정의知情意 노트 I.E.V. Study Note

Intellect/
Head/
Contextual
intelligence

Emotion/
Heart/
Emotional
Intelligece

Volition/
Guts/
Inspired
Intelligence

Physical
Intelligence

지정의知情意 노트 I.E.V. Study Note

Intellect/
Head/
Contextual
intelligence

Emotion/
Heart/
Emotional
Intelligece

Volition/
Guts/
Inspired
Intelligence

Physical
Intelligence

지정의知情意 노트 I.E.V. Study Note

Intellect/
Head/
Contextual
intelligence

Emotion/
Heart/
Emotional
Intelligece

Volition/
Guts/
Inspired
Intelligence

Physical
Intelligence

지정의知情意 노트 I.E.V. Study Note

Intellect/
Head/
Contextual
intelligence

Emotion/
Heart/
Emotional
Intelligece

Volition/
Guts/
Inspired
Intelligence

Physical
Intelligence

지정의知情意 노트 I.E.V. Study Note

Intellect/
Head/
Contextual
intelligence

Emotion/
Heart/
Emotional
Intelligece

Volition/
Guts/
Inspired
Intelligence

Physical
Intelligence

지정의知情意 노트 I.E.V. Study Note

Intellect/
Head/
Contextual
intelligence

Emotion/
Heart/
Emotional
Intelligece

Volition/
Guts/
Inspired
Intelligence

Physical
Intelligence

지정의知情意 노트 I.E.V. Study Note

Intellect/
Head/
Contextual
intelligence

Emotion/
Heart/
Emotional
Intelligece

Volition/
Guts/
Inspired
Intelligence

Physical
Intelligence

지정의知情意 노트 I.E.V. Study Note

Intellect/
Head/
Contextual
intelligence

Emotion/
Heart/
Emotional
Intelligece

Volition/
Guts/
Inspired
Intelligence

Physical
Intelligence

지정의知情意 노트 I.E.V. Study Note

Intellect/
Head/
Contextual
intelligence

Emotion/
Heart/
Emotional
Intelligece

Volition/
Guts/
Inspired
Intelligence

Physical
Intelligence

지정의知情意 노트 I.E.V. Study Note

Intellect/
Head/
Contextual
intelligence

Emotion/
Heart/
Emotional
Intelligece

Volition/
Guts/
Inspired
Intelligence

Physical
Intelligence

지정의知情意 노트 I.E.V. Study Note

Intellect/
Head/
Contextual
intelligence

Emotion/
Heart/
Emotional
Intelligece

Volition/
Guts/
Inspired
Intelligence

Physical
Intelligence

지정의知情意 노트 I.E.V. Study Note

Intellect/
Head/
Contextual
intelligence

Emotion/
Heart/
Emotional
Intelligece

Volition/
Guts/
Inspired
Intelligence

Physical
Intelligence

지정의知情意 노트 I.E.V. Study Note

Intellect/
Head/
Contextual
intelligence

Emotion/
Heart/
Emotional
Intelligece

Volition/
Guts/
Inspired
Intelligence

Physical
Intelligence

지정의知情意 노트 I.E.V. Study Note

Intellect/
Head/
Contextual
intelligence

Emotion/
Heart/
Emotional
Intelligece

Volition/
Guts/
Inspired
Intelligence

Physical
Intelligence

지정의知情意 노트 I.E.V. Study Note

Intellect/
Head/
Contextual
intelligence

Emotion/
Heart/
Emotional
Intelligece

Volition/
Guts/
Inspired
Intelligence

Physical
Intelligence

지정의知情意 노트 I.E.V. Study Note

Intellect/
Head/
Contextual
intelligence

Emotion/
Heart/
Emotional
Intelligece

Volition/
Guts/
Inspired
Intelligence

Physical
Intelligence

지정의知情意 노트 I.E.V. Study Note

Intellect/
Head/
Contextual
intelligence

Emotion/
Heart/
Emotional
Intelligece

Volition/
Guts/
Inspired
Intelligence

Physical
Intelligence

지정의知情意 노트 I.E.V. Study Note

Intellect/
Head/
Contextual
intelligence

Emotion/
Heart/
Emotional
Intelligece

Volition/
Guts/
Inspired
Intelligence

Physical
Intelligence

지정의知情意 노트 I.E.V. Study Note

Intellect/
Head/
Contextual
intelligence

Emotion/
Heart/
Emotional
Intelligece

Volition/
Guts/
Inspired
Intelligence

Physical
Intelligence

지정의知情意 노트 I.E.V. Study Note

Intellect/
Head/
Contextual
intelligence

Emotion/
Heart/
Emotional
Intelligece

Volition/
Guts/
Inspired
Intelligence

Physical
Intelligence

지정의知情意 노트 I.E.V. Study Note

Intellect/
Head/
Contextual
intelligence

Emotion/
Heart/
Emotional
Intelligece

Volition/
Guts/
Inspired
Intelligence

Physical
Intelligence

지정의知情意 노트 I.E.V. Study Note

Intellect/
Head/
Contextual
intelligence

Emotion/
Heart/
Emotional
Intelligece

Volition/
Guts/
Inspired
Intelligence

Physical
Intelligence

지정의知情意 노트 I.E.V. Study Note

Intellect/
Head/
Contextual
intelligence

Emotion/
Heart/
Emotional
Intelligece

Volition/
Guts/
Inspired
Intelligence

Physical
Intelligence

지정의知情意 노트 I.E.V. Study Note

Intellect/
Head/
Contextual
intelligence

Emotion/
Heart/
Emotional
Intelligece

Volition/
Guts/
Inspired
Intelligence

Physical
Intelligence

지정의知情意 노트 I.E.V. Study Note

Intellect/
Head/
Contextual
intelligence

Emotion/
Heart/
Emotional
Intelligece

Volition/
Guts/
Inspired
Intelligence

Physical
Intelligence

지정의知情意 노트 I.E.V. Study Note

Intellect/
Head/
Contextual
intelligence

Emotion/
Heart/
Emotional
Intelligece

Volition/
Guts/
Inspired
Intelligence

Physical
Intelligence

지정의知情意 노트 I.E.V. Study Note

Intellect/
Head/
Contextual
intelligence

Emotion/
Heart/
Emotional
Intelligece

Volition/
Guts/
Inspired
Intelligence

Physical
Intelligence

지정의知情意 노트 I.E.V. Study Note

Intellect/
Head/
Contextual
intelligence

Emotion/
Heart/
Emotional
Intelligece

Volition/
Guts/
Inspired
Intelligence

Physical
Intelligence

지정의知情意 노트 I.E.V. Study Note

Intellect/
Head/
Contextual
intelligence

Emotion/
Heart/
Emotional
Intelligece

Volition/
Guts/
Inspired
Intelligence

Physical
Intelligence

지정의知情意 노트 I.E.V. Study Note

Intellect/
Head/
Contextual
intelligence

Emotion/
Heart/
Emotional
Intelligece

Volition/
Guts/
Inspired
Intelligence

Physical
Intelligence

지정의知情意 노트 I.E.V. Study Note

Intellect/
Head/
Contextual
intelligence

Emotion/
Heart/
Emotional
Intelligece

Volition/
Guts/
Inspired
Intelligence

Physical
Intelligence

지정의知情意 노트 I.E.V. Study Note

Intellect/
Head/
Contextual
intelligence

Emotion/
Heart/
Emotional
Intelligece

Volition/
Guts/
Inspired
Intelligence

Physical
Intelligence

지정의知情意 노트 I.E.V. Study Note

Intellect/
Head/
Contextual
intelligence

Emotion/
Heart/
Emotional
Intelligece

Volition/
Guts/
Inspired
Intelligence

Physical
Intelligence

지정의知情意 노트 I.E.V. Study Note

Intellect/
Head/
Contextual
intelligence

Emotion/
Heart/
Emotional
Intelligece

Volition/
Guts/
Inspired
Intelligence

Physical
Intelligence

지정의知情意 노트 I.E.V. Study Note

Intellect/
Head/
Contextual
intelligence

Emotion/
Heart/
Emotional
Intelligece

Volition/
Guts/
Inspired
Intelligence

Physical
Intelligence

지정의知情意 노트 I.E.V. Study Note

Intellect/
Head/
Contextual
intelligence

Emotion/
Heart/
Emotional
Intelligece

Volition/
Guts/
Inspired
Intelligence

Physical
Intelligence

지정의知情意 노트 I.E.V. Study Note

Intellect/
Head/
Contextual
intelligence

Emotion/
Heart/
Emotional
Intelligece

Volition/
Guts/
Inspired
Intelligence

Physical
Intelligence

지정의知情意 노트 I.E.V. Study Note

Intellect/
Head/
Contextual
intelligence

Emotion/
Heart/
Emotional
Intelligece

Volition/
Guts/
Inspired
Intelligence

Physical
Intelligence

지정의知情意 노트 I.E.V. Study Note

Intellect/
Head/
Contextual
intelligence

Emotion/
Heart/
Emotional
Intelligece

Volition/
Guts/
Inspired
Intelligence

Physical
Intelligence

지정의知情意 노트 I.E.V. Study Note

Intellect/
Head/
Contextual
intelligence

Emotion/
Heart/
Emotional
Intelligece

Volition/
Guts/
Inspired
Intelligence

Physical
Intelligence

지정의知情意 노트 I.E.V. Study Note

Intellect/
Head/
Contextual
intelligence

Emotion/
Heart/
Emotional
Intelligece

Volition/
Guts/
Inspired
Intelligence

Physical
Intelligence

지정의知情意 노트 I.E.V. Study Note

Intellect/
Head/
Contextual
intelligence

Emotion/
Heart/
Emotional
Intelligece

Volition/
Guts/
Inspired
Intelligence

Physical
Intelligence

지정의知情意 노트 I.E.V. Study Note

Intellect/
Head/
Contextual
intelligence

Emotion/
Heart/
Emotional
Intelligece

Volition/
Guts/
Inspired
Intelligence

Physical
Intelligence

지정의知情意 노트 I.E.V. Study Note

Intellect/
Head/
Contextual
intelligence

Emotion/
Heart/
Emotional
Intelligece

Volition/
Guts/
Inspired
Intelligence

Physical
Intelligence

지정의知情意 노트 I.E.V. Study Note

Intellect/
Head/
Contextual
intelligence

Emotion/
Heart/
Emotional
Intelligece

Volition/
Guts/
Inspired
Intelligence

Physical
Intelligence

지정의知情意 노트 I.E.V. Study Note

Intellect/
Head/
Contextual
intelligence

Emotion/
Heart/
Emotional
Intelligece

Volition/
Guts/
Inspired
Intelligence

Physical
Intelligence

지정의知情意 노트 I.E.V. Study Note

Intellect/
Head/
Contextual
intelligence

Emotion/
Heart/
Emotional
Intelligece

Volition/
Guts/
Inspired
Intelligence

Physical
Intelligence

지정의知情意 노트 I.E.V. Study Note

Intellect/
Head/
Contextual
intelligence

Emotion/
Heart/
Emotional
Intelligece

Volition/
Guts/
Inspired
Intelligence

Physical
Intelligence

지정의知情意 노트 I.E.V. Study Note

Intellect/
Head/
Contextual
intelligence

Emotion/
Heart/
Emotional
Intelligece

Volition/
Guts/
Inspired
Intelligence

Physical
Intelligence

지정의知情意 노트 I.E.V. Study Note

Intellect/
Head/
Contextual
intelligence

Emotion/
Heart/
Emotional
Intelligece

Volition/
Guts/
Inspired
Intelligence

Physical
Intelligence

지정의知情意 노트 I.E.V. Study Note

Intellect/
Head/
Contextual
intelligence

Emotion/
Heart/
Emotional
Intelligece

Volition/
Guts/
Inspired
Intelligence

Physical
Intelligence

지정의知情意 노트 I.E.V. Study Note

Intellect/
Head/
Contextual
intelligence

Emotion/
Heart/
Emotional
Intelligece

Volition/
Guts/
Inspired
Intelligence

Physical
Intelligence

지정의知情意 노트 I.E.V. Study Note

Intellect/ Head/ Contextual intelligence	
Emotion/ Heart/ Emotional Intelligece	
Volition/ Guts/ Inspired Intelligence	
Physical Intelligence	

지정의知情意 노트 I.E.V. Study Note

Intellect/
Head/
Contextual
intelligence

Emotion/
Heart/
Emotional
Intelligece

Volition/
Guts/
Inspired
Intelligence

Physical
Intelligence

지정의知情意 노트 I.E.V. Study Note

Intellect/
Head/
Contextual
intelligence

Emotion/
Heart/
Emotional
Intelligece

Volition/
Guts/
Inspired
Intelligence

Physical
Intelligence

지정의知情意 노트 I.E.V. Study Note

Intellect/
Head/
Contextual
intelligence

Emotion/
Heart/
Emotional
Intelligece

Volition/
Guts/
Inspired
Intelligence

Physical
Intelligence

지정의知情意 노트 I.E.V. Study Note

Intellect/
Head/
Contextual
intelligence

Emotion/
Heart/
Emotional
Intelligece

Volition/
Guts/
Inspired
Intelligence

Physical
Intelligence

지정의知情意 노트 I.E.V. Study Note

Intellect/
Head/
Contextual
intelligence

Emotion/
Heart/
Emotional
Intelligece

Volition/
Guts/
Inspired
Intelligence

Physical
Intelligence

지정의知情意 노트 I.E.V. Study Note

Intellect/
Head/
Contextual
intelligence

Emotion/
Heart/
Emotional
Intelligece

Volition/
Guts/
Inspired
Intelligence

Physical
Intelligence

지정의知情意 노트 I.E.V. Study Note

Intellect/
Head/
Contextual
intelligence

Emotion/
Heart/
Emotional
Intelligece

Volition/
Guts/
Inspired
Intelligence

Physical
Intelligence

지정의知情意 노트 I.E.V. Study Note

Intellect/
Head/
Contextual
intelligence

Emotion/
Heart/
Emotional
Intelligece

Volition/
Guts/
Inspired
Intelligence

Physical
Intelligence

지정의知情意 노트 I.E.V. Study Note

Intellect/
Head/
Contextual
intelligence

Emotion/
Heart/
Emotional
Intelligece

Volition/
Guts/
Inspired
Intelligence

Physical
Intelligence

나는 누구인가? Who am I?

이름 Name:	고향 Hometown:	부모님 Parents:
형제/자매 Siblings:	가족 Family:	절친 Best friend:

나는 '왜 공부하는가', '왜 그 일을 하는가'?
'Why do I study' or 'why do I do it'?

나의 장점과 단점은 무엇인가?
What are my strengths and weaknesses?

좋아하는 영화 속 인물, 역사적 인물은 누구인가?
Who are my favorite characters in movies or historical figures

그 인물들과 나의 장단점을 비교해 보자.
Compare them to my strengths and weaknesses.

나는 무엇을 위해 살고 있나? What am I living for?

내가 이루고 싶은 꿈은 무엇인가? What is the dream I want to achieve?

리더가 갖춰야 할 자질은 무엇이라고 생각하는가?
What kinds of qualities do I think a leader should have?

나의 리더십은 어떤 스타일인가? What is my leadership style?

내가 리더십을 발휘해 변혁(변화)를 이끌어낸 경험을 적어보자. Write down the experiences that led to transformation (change) through my leadership.

존경하는 현존하는 리더는 누구인가? Who are the existing leaders I respect?

10년 이상 알고 지낸 존경하는 지인은 누구인가?
Who are you esteemed acquaintances you have known for over 10 years?

현존하는 존경하는 인물을 인터뷰한다면 어떤 질문을 할 것인가?
What kinds of questions will you ask if you interview an existing esteemed person?

평생의 좌우명은? My lifetime motto is?

하늘 나라로 가기 직전 남길 유언은? The will to be left just before going to die

1년 후의 나의 모습은 어떨까? How will I look after a year :

5년 후의 나의 모습은 어떨까? How will I look after five years?

10년 후의 나의 모습은 어떨까? How will I look after 10 years?

30년 후의 나의 모습은 어떨까? How will I look after 30 years?

내가 학교에 다녔던(다니는) 이유는? The reason I go(went) to school is (was)

내가 대학/대학원을 다녔던(다니는) 이유는?
The reasons I go(went) to college/graduate school are(were)

나는 후회 없이 공부했나(하고 있나)? Do I regret not studying hard in school?

학업 외에 열심히 노력한 분야는? In addition to my studies, I have worked hard to

나는 부지런한가, 게으른가? Am I diligent or lazy?

미래형 대학/대학원/회사의 입학(취업) 사정관이라고 가정하면 나를 합격시킬 것인가?

나는 아침형 인간인가, 아니면 올빼미형 인간인가?
Am I a morning person or a night owl?

나만의 스트레스 해결방법이 있다면? Do I have a tension remedy for myself?

나에게 가장 편안함을 주는 장소는 어디인가?
Where is the most comfortable place for me?

의미를 두고 노력했던 봉사활동이 있는가?
Are there any volunteer activities that I tried with meaning?

우리 사회는 기부에 인색하다. 나는 어떤가? 기부에 대해 가지고 있는 나의 생각은?
What are my thoughts on donation?

나를 가장 행복하게 하는 음식이 있다면?
What's the food that makes me happiest?

나만의 맛집을 소개한다면? Introducing the best restaurant I know

건강한 습관 만들기 노하우는? How to make healthy habits?

어려움이나 좌절을 극복한 경험을 나눠보세요.
Sharing experiences of overcoming difficulties or frustrations

힘들어도 지금 버틸 수 있게 해주는 힘은 무엇인가?
What will help myself survive my tough times?

가장 기억에 남는 토론과 거기에서의 나의 주장은 무엇인가?
What are the most memorable debates and my arguments?

인생에서 가장 크게 상처 받았던 말이 있다면?
What kind of hurt I suffered the most in my life?

인생에서 가장 크게 상처 받았던 상황이 있다면? What are some of the most hurtful situations in my life?

몇 년 전과 비교하면 나는 어떤 면에서 얼마나 긍정적으로 바뀌었나? How and in what ways did I improve positively compared with a few years ago?

고치고 싶은 습관이 있는가? 왜 못 고치고 있는가?
Do I have a bad habit to break and why can't I replace it with a good one?

내 안에 경고신호가 있는가. 어떻게 신호를 인식하는가?
What are warning signs I am losing track of my life

내 삶의 소확행은 무엇인가?
Anything that will make me at least for a moment content in my everyday life?

나는 운동을 정기적으로 하고 있는가? Am I exercising regularly?

나만의 습득된 기술은? What are my skills acquired?

나만의 타고난 재능은? What are my natural talents?:

나의 자성지겸예협을 평가해 본다면? If I rate my SSPHCC,

나의 9번째 지능은? My 9th intelligence (SQ) is

AI시대에 꼭 필요한

미래저널과 미래리딩

초판 1쇄 발행
2021년 1월 1일

지은이 박병기
펴낸곳 거꾸로미디어
펴낸이 박병기
편집디자인 컬러브디자인
교정 강수연, 김미영
후원 미래교육플랫폼, 굿뉴스스프레더스, (주)킨티브, 백호진
인쇄 예원프린팅
출판등록 2017년 5월12일 제353-2017-000014호
연락처 031) 242-7442
홈페이지 http://microcollege.life / http://gugguro.com
전자우편 admin@ebpss.page / gugguro21@gmail.com
카카오톡 ID gugguro

ISBN 979-11-971750-2-2